专利添附制度研究
——以中国高铁技术创新与发展为例

陈家宏 ◎ 著

西南交通大学出版社
·成 都·

图书在版编目（ＣＩＰ）数据

专利添附制度研究：以中国高铁技术创新与发展为例/陈家宏著. —成都：西南交通大学出版社，2020.11

ISBN 978-7-5643-7893-6

Ⅰ.①专… Ⅱ.①陈… Ⅲ.①高速铁路－工程技术－专利制度－研究－中国 Ⅳ.①D923.424

中国版本图书馆 CIP 数据核字（2020）第 245319 号

Zhuanli Tianfu Zhidu Yanjiu
——Yi Zhongguo Gaotie Jishu Chuangxin yu Fazhan Wei Li

专利添附制度研究
——以中国高铁技术创新与发展为例

陈家宏　著

责 任 编 辑	赵玉婷
封 面 设 计	GT 工作室
出 版 发 行	西南交通大学出版社 （四川省成都市金牛区二环路北一段 111 号 　西南交通大学创新大厦 21 楼）
发行部电话	028-87600564　028-87600533
邮 政 编 码	610031
网　　　址	http://www.xnjdcbs.com
印　　　刷	成都蜀通印务有限责任公司
成 品 尺 寸	170 mm × 230 mm
印　　　张	15.75
字　　　数	236 千
版　　　次	2020 年 11 月第 1 版
印　　　次	2020 年 11 月第 1 次
书　　　号	ISBN 978-7-5643-7893-6
定　　　价	69.00 元

图书如有印装质量问题　本社负责退换
版权所有　盗版必究　举报电话：028-87600562

前　言

　　中国高铁从无到有，从有到优，成为世界上发展最快、系统技术最全、运营里程最长、在建规模最大的高铁。同时，中国高铁已然走出国门。高新技术的日新月异，高铁技术自身的复杂性、综合性，跨国公司知识产权国际运营与市场战略，以及相关国家知识产权与经济发展战略，在上述诸多因素的影响下，国际市场上出现了中国高铁技术"涉嫌抄袭、侵权"的言论。这种言论的背后存在政治因素，也涉及技术、商品市场国际竞争，虽然完全不符合实际，但也折射出对中国高铁技术创新重要法律问题进行研究的紧迫性和重要性。本书试图通过梳理与分析国内外添附制度，并在此基础上探讨专利添附制度，进而运用专利添附分析、探讨中国高铁技术创新的特点特征、发展规律，提出基于专利添附制度促进中国高铁技术进一步发展与"走出去"的对策措施。

　　本书除绪论外，由专利添附的基础研究、专利添附制度研究和以中国高铁技术创新为例的专利添附实证研究三个部分组成。第一部分"专利添附的基础研究"，包括"国外添附制度的借鉴研究"和"专利添附的理论基础"两章。其中，"国外添附制度的借鉴研究"一章侧重研究了罗马法中的添附、大陆法系国家添附制度和英美法系国家添附制度；"专利添附的基础理论"在探讨了添附的概念、特征，添附价值与类别，以及添附效果说的基础上提出了专利添附问题。采纳添附制度是自罗马法以来各国通行的做法，从比较法的角度来看，大陆法系国家在民法典物权编中都规定了添附制度，英美法系国家虽然没有民法典，但其财产法中也存在添附制度。添附大多数情况下是一种事实行为，不是侵权、违约或单纯的不当得利所能替代的；它是取得财产权的重要方法与制度，引起物权的变动，具有增进社会财富、充分发挥物的效用的功能；当事人首先可以协商组合物、加工物和混合物归属，但基本不区分添附人的主观状态。添附客体也有逐步扩展之趋势，罗马法《法学阶梯》中"板添画"之争，已经涉及著作权的"画"；添附包含专利等知识产权添附，人们已经开始了相关研究。

本书第二部分"专利添附制度研究"由"专利添附的正当性研究""专利添附的一般分析"和"专利添附的制度构建"三章组成。其中，"专利添附的正当性研究"探讨了专利添附及其特征，进行了专利法正当性考评与论证；"专利添附的一般分析"主要分析了专利添附的形成、价值、属性与类型；"专利添附的制度构建"侧重研究了等同原则下的专利添附和基于许可限制的专利添附，进而从专利添附的法律构成和专利添附的法律效果两方面构建了专利添附规则。专利添附属于但不同于物权添附。专利添附是科学技术进步的必然产物，是不以人的意志为转移必将发生的技术进步的客观事实。专利及其添附都是无形财产，以致非专利权人对专利（原物）进行再创新形成新物的事实。专利添附具有不吸收"原物"及其所有权，其实施与原物具有"不可分离"性，以及新物实施依赖原物的规则。专利添附有时虽构成侵权但能够证明为了显著的社会公共利益或社会经济价值不适用禁止使用措施；可以采取新方法进行原专利权人、添附人、第三人及社会公共利益的平衡。专利添附是对改进创新、专利许可再创新、集成创新现实的制度性回应，可分为专利加工、专利附合与专利混合。专利添附遵循约定优先、效用较小者许可较大者使用实施和受益者补偿原则。专利添附的价值在于鼓励不限于专利权人的任意方对专利进行改进与成果实施，在保护专利权人权利的同时也保障、促进添附人、消费者和社会公共利益，且合理定位专利权的排他性。

"中国高铁技术专利添附实证研究"作为本书第三部分，考察了高铁技术创新与发展的规律、中国高铁技术发展的国际意义,并运用前述专利添附研究的理论成果分析了中国高铁技术的发展及其特征等,进而对促进中国高铁技术持续创新提出了专利添附对策。中国高铁技术发展是从20世纪90年代乃至更早就开始进行原始创新基础上的兼容并蓄,中国高铁产业的兴起是"市场换技术",引进、消化吸收再创新是其重要但不是唯一特征。引进、消化吸收再创新是世界主要发达国家重大技术进步的一般规律。同时,中国高铁技术具有以下专利添附的表征:中国高铁技术创新是以市场需求为主导,由政府强力支持、规划与引导,以国有大型企事业单位为主要参与主体,采用多主体协作、多种模式并行的创新形式与成果归属方式的高铁技术自主创新;中国高铁技术是原始创新、集成创新与引进消化吸收再创新成果有机合而成的综合性、复杂性和创新性的技术;中国高铁技术具有自主创新性,部分核心技术具有"重大技术进步",更多的中国高铁技术具有"经济社会意义""重大民生价值"。最后,本书还从中国高铁技术国际保护的原则和措施两方面提出了加强中国高铁技术发展国际保护的专利添附对策。

  本书通过对物权添附理论的梳理提出了专利添附的概念并对其展开了相关研究,结合中国高铁技术创新与发展的实践,提出了中国高铁技术发展国际保护的专利添附对策,对构建专利添附制度、推动中国高铁技术持续创新、中国高铁"走出去"具有理论价值与实际意义。由于水平有限,研究还存在不足,如对中国高铁技术创新典型案例分析不够等,有待进一步研究。

  要说明的是,本书是教育部人文社会科学研究项目(11YJA820005)结项成果,经修改、补充成稿于2018年9月。后因需要完成主持的一项国家社科基金项目耽误了本书的修改、校稿。2020年5月28日《中华人民共和国民法典》颁布并在第三百二十二条规定:"因加工、附合、混合而产生的物的归属,有约定的,按照约定;没有约定或者约定不明确的,依照法律规定；法律没有规定的，按照充分发挥物的效用以及保护无过错当事人的原则确定。因一方当事人的过错或者确定物的归属造成另一方当事人损害的，应当给予赔偿或者补偿。"该规定确立了我国物权添附规则，对专利添附研究具有重要意义。笔者结合该规定进行了书稿复核，确定该规定与本书所阐述内容基本一致，故对相关内容仅作了些许调整。

  特别提出的是，借此机会，感谢本书所引用文献资料作者！感谢参与调查的中国高铁相关企事业单位的领导、朋友们！感谢西南交通大学出版社领导和编辑部同志的支持！同时，感谢课题组成员李永泉、饶世权、邓超、王婉的付出，感谢饶世权对本书提出的宝贵意见！感谢宋宇、刘云珍、李翰阳、刘锫、罗奎、李云飞等，你们在研究生学习期间分"国外添附制度研究""专利添附制度研究——以动产为视角""等同原则下的专利添附研究""基于专利许可限制的专利添附研究""专利添附属性研究""专利添附的类型及其保护"等六个子项目进行了文献查找与梳理、开展研讨，完成了毕业论文，也为笔者完成项目、撰写本书提供了支持、可能。因为你们，笔者才得以完成本书的所有工作，诚挚地谢谢你们！

陈家宏

于交大东苑

2020 年 6 月

目 录

1 绪 论 ··· 1
  1.1 研究背景与研究意义 ··· 1
    1.1.1 研究背景 ··· 1
    1.1.2 研究意义 ··· 7
  1.2 国内外研究概述 ·· 8
    1.2.1 国外动产添附 ·· 8
    1.2.2 国内动产添附 ·· 9
    1.2.3 专利添附 ··· 12
  1.3 研究方法与主要内容 ··· 19
    1.3.1 研究方法 ··· 19
    1.3.2 主要研究内容 ·· 20

2 国外添附制度的借鉴研究 ··· 21
  2.1 罗马法中的添附 ·· 21
    2.1.1 《十二铜表法》中的添附 ······························ 21
    2.1.2 添附有关论述 ·· 22
  2.2 大陆法系国家添附制度 ······································ 27
    2.2.1 法国添附制度 ·· 27
    2.2.2 德国添附制度 ·· 34
    2.2.3 日本添附制度 ·· 42
  2.3 英美法系国家添附制度 ······································ 45
    2.3.1 英国添附制度 ·· 46
    2.3.2 美国添附制度 ·· 50
  2.4 国外添附制度的借鉴 ··· 53
    2.4.1 大陆法系添附制度比较 ································· 53

2.4.2　英美法系添附制度的比较……………………………………54
　　2.4.3　国外添附制度的启示…………………………………………55
3　专利添附的理论基础……………………………………………………58
　3.1　添附概述……………………………………………………………58
　　3.1.1　添附及其特征……………………………………………………58
　　3.1.2　添附的价值………………………………………………………64
　　3.1.3　添附的类别………………………………………………………66
　3.2　添附的效果学说……………………………………………………72
　　3.2.1　添附物权效果说…………………………………………………72
　　3.2.2　添附债权效果说…………………………………………………76
　　3.2.3　添附效果评议……………………………………………………82
　　3.2.4　我国《民法典》中的添附………………………………………86
　3.3　专利添附的提出……………………………………………………88
　　3.3.1　知识产权与物权…………………………………………………88
　　3.3.2　专利添附研究……………………………………………………94
4　专利添附的正当性研究…………………………………………………98
　4.1　专利添附的概述……………………………………………………98
　　4.1.1　专利添附及其特征………………………………………………98
　　4.1.2　专利添附与改进专利……………………………………………105
　　4.1.3　专利添附与从属专利……………………………………………105
　4.2　专利法正当性考评…………………………………………………107
　　4.2.1　专利法正当性概念………………………………………………107
　　4.2.2　专利法正当性危机………………………………………………109
　4.3　专利添附正当性论证………………………………………………111
　　4.3.1　专利添附正当性伦理说明………………………………………111
　　4.3.2　公共利益论域中的专利权限制…………………………………114
　4.4　专利添附必然性证成………………………………………………117
　　4.4.1　必然性事实考察…………………………………………………117
　　4.4.2　必然性理论分析…………………………………………………119

5 专利添附的一般分析 ···················· 127

5.1 专利添附的形成 ···················· 127
- 5.1.1 基于专利法授权 ···················· 127
- 5.1.2 基于合同行为 ···················· 128
- 5.1.3 基于被添附人的违法行为 ···················· 128
- 5.1.4 基于第三人行为 ···················· 129
- 5.1.5 基于专利侵权的添附行为 ···················· 129

5.2 专利添附的价值 ···················· 130
- 5.2.1 鼓励持续创新与创新成果的实施 ···················· 130
- 5.2.2 实现多方利益平衡 ···················· 131
- 5.2.3 完善鼓励持续发明创造的规则 ···················· 133
- 5.2.4 合理定位专利权排他性 ···················· 134

5.3 专利添附的属性 ···················· 135
- 5.3.1 专利添附与物权请求权 ···················· 136
- 5.3.2 专利添附与侵权请求权 ···················· 138
- 5.3.3 专利添附与违约请求权 ···················· 142
- 5.3.4 专利添附与不当得利请求权 ···················· 143

5.4 专利添附的类型 ···················· 146
- 5.4.1 专利添附类型化价值 ···················· 146
- 5.4.2 专利添附的分类 ···················· 147

6 专利添附的制度构建 ···················· 156

6.1 等同原则下的专利添附 ···················· 156
- 6.1.1 等同原则的嬗变 ···················· 156
- 6.1.2 等同原则的内容 ···················· 169
- 6.1.3 等同原则与专利添附 ···················· 187

6.2 基于许可限制的专利添附 ···················· 189
- 6.2.1 许可限制的价值分析 ···················· 189
- 6.2.2 许可限制的法律规制 ···················· 193
- 6.2.3 现有法律规制的局限 ···················· 195

6.3 专利添附规则·· 205
  6.3.1 专利添附的法律构成·································· 206
  6.3.2 专利添附的法律效果·································· 210

7 中国高铁技术专利添附实证研究·························· 215
7.1 中国高铁技术创新与发展······························ 215
  7.1.1 高铁技术发展及其规律·································· 215
  7.1.2 中国高铁技术的国际意义······························ 218
7.2 中国高铁技术专利添附分析·························· 222
  7.2.1 中国高铁技术及其特征·································· 222
  7.2.2 中国高铁技术的添附类型······························ 231
7.3 中国高铁技术的专利添附对策·························· 237
  7.3.1 中国高铁技术保护的制度完善························ 237
  7.3.2 中国高铁技术发展的国际保护························ 240

1 绪 论

1.1 研究背景与研究意义

1.1.1 研究背景

改革开放以来,我国的技术贸易市场发展迅速,在加入世界贸易组织以后,技术进出口规模更是不断扩大。以技术引进为例,据商务部统计,自 1999 年实施"科技兴贸"战略以来,我国累计引进技术近 5 万项,合同总金额超过 1000 亿美元。[1]这些先进技术有效地推动了我国的科技进步和社会发展。与此同时,我国的技术出口覆盖地区也不断拓展,从原来的亚洲发展中国家逐渐扩大到了欧洲、美洲、非洲在内的几十个国家和地区。[2]技术贸易市场现在已成为我国市场经济体系的重要组成部分。

在技术贸易额大幅增长的背后,我国的技术市场也在经历着质的转变,逐渐开始从以技术输入为主的"进口型"市场转变为技术输入、输出的"进出口并重型"市场,在自主创新基础上的引进技术的消化、吸收和再创新是目前我国技术市场的重要特征之一,如中国高铁技术的发展与创新等。同时,技术贸易的产品也由以前的设备引进为主,转变为现在的设备进口、技术转让、技术许可、技术服务等多元化贸易。

在贸易额不断增长,技术出口稳定扩大,技术产品更加多元化的背景下,技术贸易市场也随之暴露出了一些问题:首先,无论在国际技术贸易还是国内技术贸易中,技术合同的重要性越来越突出,特别是在入世后,我国的知识产权保护标准明显提高,而此时的企业对知识产权国

---

[1] 人民日报[EB/OL](2006-02-10)http://finance.people.cn/GB/1037/ 4090915.html.
[2] 佚名. 我国技术贸易发展的现状、问题及趋势[EB/OL]. http://wenku.baidu.com/view/c4a11e1da76e58fafab00359.html.

际保护规则却少有系统的了解和深入的分析,以致在技术引进合同中,我们往往只重视技术价格的确定、技术资料的交付此类条款,却忽视了对"考核与验收""保密责任""限制性条款"的审核,而恰恰就是这些被忽视的"软条款",严重地影响了我国技术再创新成果的合理分配,使得这些再创新成果在出口到平行进口国时极易面临知识产权侵权诉讼。其次,对引进技术进行消化、吸收和再创新是企业技术开发的重要模式,对于这些再创新成果,以及由之引起的纠纷,法律应当如何对待?应当保护技术改进方还是原技术方?这一问题在我国技术贸易不断扩大的背景下已经显现出来,如中国高速铁路动车所面临的知识产权合法性质疑。[①]

我国正处于经济发展模式的转型时期,建设创新型国家已成为未来的必然发展方向,只有以科技化带动产业化,在具备科技竞争力的前提下,我们才能真正面对全球经济一体化带来的挑战与机遇。所以鼓励和推进科学技术创新将是我国经济转型的关键环节,这就意味着对技术改进成果的处理将深刻影响经济转型的进程,如果处理不当,我国的技术输入、消化和输出三者之间则很难形成良性循环,技术持续创新、技术进步将难以为继。

简而言之,随着我国技术贸易的不断扩大,技术引进和技术创新之间的关系将越来越复杂。诸如技术改进方与原技术方的利益纠纷问题、改进技术的归属问题,以及出口时的知识产权合法性与保护问题等,将直接影响到我国技术进步,进而影响到经济转型的历程与实现。

随着我国经济体制改革的深化,法治社会建设的不断推进,知识产权的保护水平亦不断提高。在社会经济高速发展的带动下,知识产权战略更是成为我国的国家战略,政府越来越重视通过国家知识产权战略的实现促进科技的进步与创新。近年来,我国的专利申请量呈现出飞速增长的态势。据统计,自 1999 年以来,我国的专利申请量基本保持着 20% 以上的增长速度。早在 2006 年,我国的实用新型、外观设计专利和商标的数量就已经达到了世界首位。与此同时,据全球专业信息服务提供商

---

① 张璐晶. 中国高铁技术侵权了吗?[J]. 中国经济周刊,2010-12-06:46-48.

汤森路透集团发布的一份知识产权分析报告，以及根据近年统计，中国专利活动居世界领先地位，年度专利申请总量超过日本和美国，也就是说，中国的专利数量跃居世界第一。国家知识产权局的数据也显示，在"十一五"期间，我国专利申请大幅增长，专利申请总量年均增长率达到了22%，特别是发明专利申请的年均增长率，高达24%，发明专利申请的年受理量也稳居世界第三。[①]

我国的专利数量增长迅速，2014—2018年我国专利增长情况见表1-1。我国发明专利申请自2011年连续8年位居世界首位，据世界知识产权组织发布的《2018年全球创新指数报告》，我国排名升至全球第17位，成为唯一进入前20强的中等收入经济体。

表1-1　2014—2018发明专利增长情况表（万件）

年度	申请量	同比增长率	发明授权	国内发明授权	职务发明授权	占比	非职务发明授权	占比
2014	92.8	12.5%	23.3	16.3	14.6	89.6%	1.7	10.4%
2015	110.2	18.7%	35.9	26.3	23.9	90.9%	2.4	9.1%
2016	133.9	21.5%	40.4	30.2	27.6	91.4%	2.6	8.6%
2017	138.2	14.2%	42.0	32.7	30.4	92.8%	2.3	7.2%
2018	160.2	18.1%	43.2	34.6	32.3	93.3%	2.3	6.7%

需要注意的是，在我国庞大的专利总量中，自主专利特别是核心技术领域的自主专利数量仍然偏少。具体来讲，我国专利有以下几点较为突出：首先，专利的质量与发达国家相比有明显差距。我国的专利总体结构中，实用新型占据了较大比重，而技术含量相对较高的发明专利仅占30%左右。其次，国外舶来的专利比重较高。国家知识产权局原局长田力普曾撰文称："至2010年11月底，我国受理的国内申请人专利申请量已达到585.2万件，国内申请人专利授权量为331.9万件。国外申请人在华专利申请量102.7万件，授权量50.8万件。尤其是在发明专利中，

---

① 汤森路透集团.专利在中国Ⅱ：中国创新活动的现状与未来[R].北京：汤森路透，2010.

国外专利的申请量所占比例达到了45%，如果再将发明专利划分为核心发明专利与非核心发明，那么在核心技术领域的发明专利中，国内专利的申请量仅占两成。"①可见，发展关键技术、共性技术领域的发明专利，促进科技进步，增强科技竞争力，提高创新能力，已成为我国未来经济建设的重要工作。同时，模仿创新是自主创新之前的一个过渡阶段，但在实现了以自主创新为主的模式以后，仍然需要模仿创新的存在。因此，不管一个国家或企业处于何种阶段条件下，都不可能单纯地只采取自主创新或模仿创新，而是以自主创新或模仿创新中的某一种为主，同时还辅以另外一种创新方式，两者相融，并根据实际情况，保持一定的合理比例。②在看待模仿创新能否获得知识产权保护的问题上，经济学界大都认为模仿创新应该获得知识产权的保护：模仿创新也有可能产生自主知识产权，最为典型的是日本，事实上日本正是通过模仿创新而提高了技术水准成为世界经济强国；③在知识产权保护框架中，模仿创新的法律空间很大，并可在多方面形成新的知识产权，有时模仿创新形成的知识产权在市场竞争中可能后来居上。④

根据学界理论和现有专利法的规定，专利技术依据其创新程度的不同，可以划分为四种类型：（1）首创创新，即观念上和结果上有根本突破的创新，通常是首次推出且对经济和社会发展产生重大影响的全新的产品、技术。这类创新本身要求全新的技术、工艺以及全新的组织结构和管理方法。首创创新具有革命性，对技术进步的推动作用极其巨大，通常会对领域内的行业发展产生明显的积极影响。因此，在人们的一般观念中，"创新"通常就是"首创创新"。从专利侵权的角度来看，此类技术创新完全基于发明人的原创，不会与在先的专利之间产生侵权纠纷。（2）改进创新，是指在现有的（包括自己的、他人的）技术、方法的基础上进行改进，形成有自己特色的技术、产品，即在已有的技术成果上

---

① 田力普. 发展知识产权事业，促进经济社会发展[J]. 求是，2011（1）：48-50.
② 吴昌南. 自主创新与模仿创新关系辨析及启示[J]. 科技与经济，2008，21（124）：62-64.
③ 陈昌柏. 知识产权战略[M]. 北京：科学出版社，1999.
④ 彭纪生，刘伯军. 模仿创新与知识产权保护[J]. 科学学研究，2003，21（4）：423-426.

进行提高，改进后的成果比原技术更加优良。[①]专利添附就是改进创新中的一种，"改进创新"可以是对"一切技术"的改进，而"专利添附"仅指对他人的"专利技术"进行改进而获得"专利添附成果"。（3）等同侵权，等同侵权中也包含了对原技术的改动行为，经过改动之后的产品或方法即使未落入原专利权利要求的字面范围内，但改动后的产品、方法与原专利相比，"以基本相同的方法、实现了基本相同的功能、达到了基本相同的效果"，在此种情况下，改动后的技术成果与原专利虽然并不相同，甚至有一些改进，但是仍然会被认定为侵权，这里同样可能包含专利添附。（4）相同侵权，完全落入专利权利要求的字面范围，即不加任何改变地复制、抄袭。

由上述分类可知，从专利添附到等同侵权之间必然有一条界线。二者虽然都对原技术进行了改动，但不同的是专利添附的改动较大，有"进步""实质进步"，而等同侵权的改动较小。在某些情况下，特别是结合了特定行业的技术环境时，区分专利添附与等同侵权需要较专业的技术知识，就更加不易。不同的创新模式在不同国家发挥着各自不同的作用。发达国家的技术创新多是源自首创创新，而发展中国家特别是在发展初期则更多是依赖改进创新。因此，我们有必要对专利添附与等同侵权二者进行研究加以严格清晰地辨别，这将直接影响到一项技术改进能否得到法律的承认与保护，能否被付诸实施。专利添附的不同处理方式也将对各国不同阶段的经济发展产生深远影响。

仅仅从经济发展水平与阶段的角度来看待技术发展和技术改进的问题，改进创新模式当然是我国的首选。在我国目前专利质量急需提高、国外专利大量涌入的国情下，改进创新能有效提高我国企业的技术竞争力：首先，在国内企业与国外企业的市场竞争中，改进创新模式能够帮助国内企业更快获得比肩国外企业的技术竞争力，有利于降低国内企业的技术研发成本，包括时间、人力和资金成本。其次，从国家科学技术发展的层面来看，通过改进创新的模式推进科技发展，也是一条风险较低、效率较高的捷径，有助于尽快实现以科技发展带动产业发展的格局。

---

① 张创新. 现代管理学概论[M]. 北京：清华大学出版社，2005.

因此，改进创新模式适合我国目前的经济发展现状。也正因为如此，改进创新已经成为我国专利技术最主要的产生方式。同时，我国法律也给予了改进专利与首创专利相同的保护。但"经济发展"并非法律的唯一目的，如果法律仅以经济发展为宗旨，则必将过于重视效率而忽视公平。假如为了保护改进创新而不顾公平、平衡，一味偏袒改进方，将损害专利权人的合法利益，降低发明创新的原动力，同样也不利于鼓励原始创新的技术进步。

近年来，专利权作为一种垄断性私权保护程度过高，专利权利滥用抑制了专利技术的实施和社会公益的保护，人们呼吁应当并需要对专利权的保护采取限制。当人类的认知领域越来越广，申请的基础专利数越来越多，完全原创的空间越来越小，对现有基础专利的改进就会越来越强烈，这是一个必然的趋势。过高的专利权保护门槛使得这种后续改进行为极易落入侵权的范畴而变得举步维艰，最终影响到技术持续创新、专利技术的传播与实施。为此，学者们用大量的精力希望在经济法领域中以反垄断法的形式限制专利权，以期给后续改进人改进的空间，除此之外，似乎再无他法。①技术的改进行为就是后续改进人将技术信息添加到现有的专利技术之上，这种技术信息的添加使得原有专利技术有了实质上的进步。然而，这种进步既可能是依法进行的改进，也可能是在未经许可的前提下进行的改进。这一改进成果如何确定归属？如何平衡专利权人和添附人的利益？人们于是将探索的目光移转到动产添附。动产添附探讨的是添附人将己物或劳动添附于他人之物上以后，如何确定添附形成物归属及如何补偿丧失权利一方的制度。动产添附是动产与动产的结合，技术改进行为是信息与信息的结合，共同点都是一物与一物的结合。当然技术改进的对象物是抽象的物。这种对现有专利进行的添加便称之为专利添附。专利添附制度针对的是目前大量存在的技术改进行为，围绕限制专利权的保护范围，保障专利添附人的添附权，促进技术持续创新，最终将促进技术的不断进步。

随着我国改革开放的进一步深化、科学技术的持续进步和全球一体

---

① 徐棣枫. 专利权的扩张与限制[M]. 北京：知识产权出版社，2007.

化的深入，我国在技术创新、引进—消化—吸收—再创新（简称引进消化吸收再创新），包括国内专利许可项下再创新[①]，以及集成创新中形成了在在先专利基础上的广泛的新成果，最为典型的便是中国高铁技术。这些新成果是否合法、正当？实施依赖在先专利或实施对在先专利有一定市场效用的影响，能否被许可使用？是否需要进行利益补偿以及如何补偿？现有专利制度虽然鼓励发明创造、鼓励对在先专利进行科学研究与实验、授予改进专利乃至设置了依赖专利规则，但是，这些制度还未能够一致、系统地回应与规制上述问题并鼓励技术持续创新与促进技术成果实施。

1.1.2　研究意义

中国高铁技术，尤其是其产业化、市场化采用的是在原始创新基础上的引进、消化吸收到再创新的模式，可谓国家知识产权战略行业实施的典型。中国高铁从无到有，从有到优，成为世界上发展最快、系统技术最全、集成能力最强、运营里程最长、运行速度最高、在建规模最大的高铁，且有国际化之趋势。2009年11月的《中美联合声明》提出"双方欢迎两国公共和私营机构在高速铁路基础设施建设方面进行合作"，中国原铁道部与美国通用电气公司签署了战略合作谅解备忘录。我国企业承揽的土耳其首都安卡拉至伊斯坦布尔的安伊高铁二期工程于2014年建成通车；承建的尼日利亚铁路现代化项目于2016年7月建成通车；重建的安哥拉本格拉铁路项目，于2014年8月全线完工，于2015年2月建成通车；建设的埃塞俄比亚的亚吉铁路项目，采用中国标准，于2016年10月建成通车；承建的肯尼亚蒙内铁路项目，全部采用中国铁路标准，于2017年5月建成通车。另外，中欧班列实现常态化运行。自2011年3月重庆开行首趟"渝新欧"班列以来，截至2017年11月17日，已经累计开行6000列中欧班列。2017年已开行3000列，为2011—2016年

---

① "引进吸收消化再创新"是一种普遍的国际创新模式，其中被许可项下的再创新，在专利法上，与国内专利许可被许可人进行再创新并无二致，故本文"引进吸收消化再创新"与专利许可再创新是同一意思。

开行之和。中国高铁走出去已然是大趋势、大战略。与此同时,"中国高铁技术是抄袭、侵权""中国高铁走出去是赔钱赚吆喝"等声音并未绝于耳。

"中国高铁技术涉嫌抄袭、侵权"的言论,存在政治因素,涉及技术、商品市场国际竞争,如长期以来国际政治斗争的延续与扩张,高新技术日新月异的发展,高铁技术自身具有复杂性、综合性,相关国家知识产权与经济发展战略的需要乃至高铁相关跨国公司知识产权国际运营与市场战略的竞争需要等。但是,其中也确实存在重要的专门法律问题有待研究,如中国高铁再创新技术与中国既有创新成果、国际引进消化吸收再创新成果间权利界限、关系与保护等。2020年5月28日《中华人民共和国民法典》颁布,确立了我国物权添附规则,促进了专利添附研究的发展。本书试图梳理与分析国内外添附制度、相关理论,并在此基础上研究专利添附制度,进而运用专利添附分析、探讨中国高铁技术创新的特点特征、添附类型,提出基于添附制度促进中国高铁技术进一步发展与走出去的对策建议。

1.2 国内外研究概述

1.2.1 国外动产添附

添附制度作为一个古老的物权制度首先出现在古罗马法中。在黄风(2004)翻译的《罗马法教科书》中介绍了古罗马法中的添附制度,罗马法中的添附即因两物(其中一物为主物,一物为从物)合并而发生的所有权取得,其中从物为主物所吸收。因添附的大多情形为动产添附于土地不动产上,故其认为添附是一种所有权的扩张方式,确立了"从物附属于主物的原则"。[①]《德国民法典》中对添附采取抽象概括方式,建立富有抽象性与体系性的添附体系,创设了"重要成分"概念,来逃离主

---

① [意]彼得罗·彭梵得. 罗马法教科书[M]. 黄风, 译. 北京:中国政法大学出版社, 1992: 266.

物与从物的辨异,且巧妙地将补偿规则纳入添附制度①。尹田(1997)在《法国物权法上的添附权》一文中,详细介绍了法国法中的添附制度。法国法在民法典中明确地把添附规定为一种权利,这是一种进步,但同时把孳息、善意取得制度都纳入添附制度的范围,又不免有些宽泛。《瑞典民法典》中,首次将"善恶意"纳入了加工制度中,以改变以往添附排斥考虑添附人的主观恶意因素的规定。不仅是大陆法系,英美法系中也有类似添附的概念。国外相对完善的添附制度和理论,给我国设立添附制度提供了有用的借鉴,同时也为专利添附研究提供了参考。

1.2.2 国内动产添附

1. 添附设立的必要性

添附(Accessio)不仅是一项财产请求权,也是取得财产权的重要方法与制度,引起物权的变动;与物权请求权、不当得利请求权以及违约请求权有着密切的关系;以添附确定权利归属应遵守相关原则(王利明 2006);"我国现行法上没有关于添附的规定,但在理论上及司法实践中均承认添附这种取得所有权的方式"(刘保玉,2007)。我国物权法没有添附制度,在我国司法实践中,对于有关添附的纠纷,适用侵权损害赔偿规则来解决。《最高人民法院关于贯彻执行〈中华人民共和国民法通则〉若干问题的意见》第八十六条规定:"非产权人在使用他人的财产上增添附属物,财产所有人同意增添,并就财产返还时附属物如何处理有约定的,按约定办理;没有约定又协商不成,能够拆除的,可以责令拆除;不能拆除的,也可以折价归财产所有人;造成财产所有人损失的,应当负赔偿责任。"这一规定,既包含了添附的物权效果规则("不能拆除的,也可以折价归财产所有人"),更多体现的是损害赔偿请求权规则("能够拆除的,可以责令拆除;造成财产所有人损失的,应当负赔偿责任")。此说,被认为是设立添附制度必要性的折中说。

王利明在《添附制度若干问题探讨》一文中如此评价"折中说""虽

---

① [德]迪特尔·梅迪库斯德. 国民法总论[M]. 邵建东,译. 北京:法律出版社 2000.
8:879-887.

有一定道理，但是也存在明显的缺陷"①：第一，添附制度在性质上不能理解成一种任意性规范。因为绝大多数情况下双方很难对添附形成物②的归属约定一致，故必须要对添附形成物的产权归属在法律上作出制度安排。第二，不能简单适用侵权规则。添附形成物虽然可以拆除，但拆除成本巨大，如果按照上述解释强制性拆除，显然是不利于资源的有效利用，违背添附制度本意。更何况在其他添附情形下，如混合、加工等，并不存在责令拆除适用的可能。第三，添附规则因事后没有达成协议而不适用规定不合理。王利明认为对于发生添附后，当事人能够通过约定安排添附形成物的归属是一种有效的产权安排，但不能因此而否定添附制度。因为很多情况下，很难达成这种合意，如双方都愿意或都不愿意接受添附形成物的情形。

"否定说"认为，添附制度可以由侵权制度替代。王利明认为添附行为并非都构成侵权。因为，添附发生的原因多样，可能基于侵权，也可能是合法添附或基于客观事件发生，如基于合同的房屋装修行为。所以，添附未必与侵权行为联系在一起。

关于设立添附制度的必要性论证，除王利明以外，中国人民大学法学院的李富成（2005）在其《构建明智简约的添附制度新体系》一文中以期在物权法修订之际能在物权法中构建一个明智简约的添附制度新体系。岑华春在《添附制度与侵权责任的关系》一文中，从实际案例出发，认为"如果出现不理性的当事人，坚持要求恢复（添附形成物）原状，由于法无明文规定添附制度，在成文法背景下，法官将处于两难境地"，于是提出"在我国法律中确立添附制度（包括添附的基准、添附的法律效果、添附与其他制度的衔接）已显得十分迫切"。③

2. 添附的法律效果

添附制度的法律效果包括物权效果和债权效果。物权效果即是讨论

---

① 王利明. 添附制度若干问题探讨[J]. 法学评论, 2006（1）: 49.
② 王利明等学者使用"添附物"概念，笔者认为有些不妥，添附物应为添附于他物之上的物，该物本身不存在权属纠纷。显然，添附制度中添附之后形成的物才有权属问题的探讨，故笔者称之为"添附形成物"。
③ 岑华春，徐婷姿. 添附制度与侵权责任的关系[J]. 人民司法, 2009（4）: 28.

添附形成物的归属，债权效果则为损害补偿和损害赔偿两种债权效果。汪泽（1996）认为应区分添附的善恶意，"区分善意添附和恶意添附的民法意义在于确定因添附所形成的新的财产的所有权归属。在善意添附的情况下，关于新的财产所有权的归属，当事人有约定的从其约定，没有约定的，一般可根据原有财产价值和添附财产价值在新的财产中所占比例的大小来决定。原有财产价值大的，归原所有人所有；添附财产价值大的，归添附人所有，但都应对对方因此所受的损失予以相当的补偿。在恶意添附的情况下，新的财产之所有权原则上仍归原所有人，而且恶意添附人仅就现存的添附财产有请求补偿的权利；当原所有人享有新的财产所有权已无必要时，新财产的所有权归恶意添附人，但原所有人除有权向恶意添附人请求对原财产的经济补偿外，还有权要求恶意添附人赔偿其因添附所受的损失。"[①]

李开国（1999）的观点与汪泽稍有区别。他认为"在确定添附物的所有权归属时，应充分尊重当事人的意志。……如当事人不能达成协议，在适用有关法律规定时，应侧重于添附物之合理及有效利用方面，不应苛求添附行为之为善意与恶意"。[②]言下之意，添附人主观的善恶意不影响添附形成物的权利归属，只在解决经济补偿问题时，"需要分清添附行为是善意行为或恶意行为"，且经济补偿问题的解决规则同汪泽的一样。

还有学者持相似观点。李康宁（2010）认为"如果是恶意添附，在确定损失赔偿责任时，不仅要使恶意添附人赔偿现有财产的损失，而且要赔偿因财产被恶意添附所造成的其他损失"。王泽鉴（2001）提出因添附而丧失权利，受有损害者除不当得利请求权外，尚有损害赔偿请求权。[③]

---

① 汪泽. 民法上的善意、恶意及其运用[J]. 河北法学，1996（1）：11. 该文认为，善意添附，是指经所有人或有处分权人的同意，对他人的财产进行混合、附合或加工。恶意添附，是指明知或应当知道是他人财产，又未经同意进行混合、附合或加工的。
② 彭万林. 民法学[M]. 北京：中国政法大学出版社，1999（1）.
③ 王泽鉴. 民法物权·通则·所有权[M]. 北京：中国政法大学出版社，2001：311.

1.2.3 专利添附

1. 知识产权归属动产

郑成思(1997)在《知识产权、财产权与物权》一文中,经过比较研究罗马法、英美法及法国法中有形动产与知识产权的关系后,指出在英美财产法中"知识产权已作为无形动产的一项内容出现了"。把知识产权划归到无形动产,这样的理论联系,无疑为专利添附参考动产添附的理论提供了可考依据。"因为物权法为一切财产法的基础,故并不妨碍依据物权法原理对知识产权的拥有和行使的解释,也不妨碍物权保护方法在保护知识产权中的运用"[1]。同时,"只有在不能适用《法国民法典》第 2279 条第 1 款的情况下,才有可能适用法律关于动产添附的规定,或者其涉及注册动产,或者涉及无形财产"[2]。而且,"作为规范无形财产之支配、利用关系的法律,知识产权法和其他无形产权法与规范有形财产归属关系的物权法并无本质区别,故无形产权应当作为与物权相关或相联系的一种财产权利而存在,物权法的基本原则,对于无形产权应当具有直接的指导作用"[3]。

知识产权与一般动产又有着实质性的区别,如"添附的法理基础在于物的整体性原理,该原理旨在保护物的完整性,将合成物的各个部分视作唯一一个权利客体,在这个客体上只能存在一个统一的所有权,法律排除了重要成分获得法律命运的可能性"(迪特尔·梅迪库斯,1992)。而一物之上则可能存在多个知识产权,"专利—商标"是智力成果,是无形的,可同存一物,专利交叉许可也是体现。同时,知识产权添附包括专利添附的形成是必然的,是符合人类社会科学技术发展规律的,无论是从自然技术属性、社会发展属性,从自然法角度还是实证主义法角度,知识产权添附的存在不可避免。因此,简单地移植添附制度显有不妥、不够,也有待专门、深入研究。

---

[1] 尹田. 论物权与知识产权的关系[J]. 法商研究,2002(5):16.
[2] 尹田. 法国物权法[M]. 北京:法律出版社,2009:154-155.
[3] 尹田. 论物权与知识产权的关系[J]. 法商研究,2002(5):16.

2. 专利添附

明确提出专利添附概念的文献还很少见，一般都是在技术创新、合作发明等研究中提及了一些专利添附问题，大多是使用的"模仿创新""技术改进""改进发明"这些提法。如杨武、王玲（2005）提出："改进发明是指人们在已有的创新技术和产品发明基础上提出实质性革新的技术方案，得到了优于现有发明的技术和产品。基于改进发明的创新与已有的创新技术和产品发明的区别在于：它并不是全新产品的创制和新方法的创造，而是使已有的产品或方法及其要素关系产生了新的特性或新的部分质变。"他们进一步论证了改进发明的法理基础：首先，作者举例论证了改进发明对技术发展的促进作用，"由于其（改进发明）数量巨大，它们具有更大的经济价值和技术进步作用，如对白炽灯泡的累积性创新使成本自其引入以来已经降低了 80%以上"。然后，作者提出改进发明的权利范围，"这种新的实质上的改进内容具有专利性，但是它的技术权利要求仅限于改进的内容部分，原有的专利技术仍具有专利产权。判断改进的创新产品是否侵犯原有专利技术产权，不是看该产品和已有专利权的创新产品有多少不同的地方，而要看该产品是否具有原专利技术所要求保护的必要的技术特征"[①]。

任广科（2010）在其文章中提出了"无合作意图共同完成的发明创造"与物权的添附制度具有相似性："（物权法中）确定添附物归属的一个基本原则就是有利于物的充分利用，在确定非合作共同完成的发明创造所形成专利权的归属时，也应适用该原则，即有利于发明创造的充分利用。这与专利法立法目的之一'推动发明创造的应用'也是吻合的。"[②]文章中所提及的"无合作意图共同完成的发明创造"是指合作技术开发的双方或多方之间并未对技术成果的归属进行事先约定，并进一步引申为"技术开发的各方对于发明创造的完成没有合意"。同时，文章对如何确定技术成果的归属提出了十分细致的判断方法，首先应准确确定每

---

① 杨武，王玲. 基于专利权界定下的技术创新分类与产权关系研究[J]. 科学学与科学技术管理，2005（7）：72-74.
② 任广科. 无合作意图共同完成发明创造的专利权利归属[J]. 电子知识产权，2010（7）：52-56.

一个技术特征的提出者，其次考察权利要求能否通过创造性检验，再次考察每个技术特征对权利要求的创造性贡献大小①，最终根据以上这些因素来确定技术成果的归属。可见，这一论述已经包含了专利添附的情形，专利添附的形成过程之一也是一种"无合作意图的共同完成的发明创造"，只不过由于专利添附是对专利技术进行改进，还涉及了专利法中的相关制度，如等同原则、许可使用等。可见，专利添附所处理的纠纷更加具体，但是在根本宗旨上，专利添附与"无合作意图共同完成的发明创造"是一致的，都是追求发明创造的充分利用。

李扬（2008）在《修理、更换、回收利用是否构成专利权侵害》一文中更具体地探讨了修理、更换、回收利用专利技术、专利产品的问题，提出了判断修理等行为是否构成专利侵权首先应当考虑被修理的专利技术、产品是否已经处于权利穷竭的领域内，在专利权利已经穷竭的情形下，"不管该所有权人利用其所有物从事何种生产经营活动，其对专利产品进行的修理或者零部件更换行为，即使达到了'再造'一个专利产品的程度，也不会构成专利权侵害。而在专利权利用尽范围之外，以专利产品为对象出于生产经营目的的修理、零部件更换和回收利用是否构成专利权侵害，必须进行法政策的综合考量"。在专利权尚未穷竭的领域内，"以生产经营为目的、以专利产品为对象的修理、零部件更换或者回收利用是否构成侵害专利权的实施行为，私见认为，关键还是要看修理、零部件更换或者回收利用后的专利产品是否仍然落入专利权利要求的范围内"②。文中继续对专利权利要求的范围进行了划定，即"字面侵权+等同侵权"，同时在等同判断时还应当考虑禁止反悔、多余指定和全面覆盖三项限制原则。李杨认为就专利添附的层面来讲，修理、更换、回收利用是专利添附的某些具体表现形式，专利添附除了这些形式以外，还包括了其他很多常见的形式，如优化专利技术的参数、在原有专利的基础上增加新的技术特征等。故对专利产品进行修理的行为虽然具有其特殊性，但这一行为也包含了专利添附的一般特性，故李杨所提出的思路非常值得借鉴。

---

① 同上。
② 李扬.修理、更换、回收利用是否构成专利权侵害[J].法律科学，2008（6）：78-88.

陈小奇、李湘云（2005）提出了知识产权添附概念，"知识产权中的添附制度是指在先权利与在后权利冲突适用中止侵权、恢复原状显失公平时，以价值较大者吸收价值较小者，强行重新划分所有权，受益者向受损者支付费用，给予补偿"①。

司法界对专利添附的问题也有一定探索，2003年最高人民法院将"专利侵权判定基准问题"作为重点调研课题之一，并于当年向19个省的高级法院展开了调研、收集各级法院典型案例、组织专家进行研讨，最终形成了一份《关于审理专利侵权纠纷案件若干问题的规定》（征求意见稿），其中提出了大量有关等同原则的条款，特别是在第十五条的全面技术特征原则第二款中规定："被控侵权物在包含了与权利要求记载的全部技术特征相同或者等同的技术特征之外，又增加了其他技术特征的，不论增加的技术特征本身或者与其他技术特征相结合产生的功能和/或效果如何，人民法院应当得出与前款相同的结论（构成专利侵权）。"这一款条文明显就是针对专利添附而做出的规定，虽然没有使用专利添附的概念，但已经描述了专利添附的大致状态，即技术特征的增加。显然，最高人民法院在此稿中对专利添附的独立性采取了否认态度，即添附后的成果即便功能效果有所改进，但若仍然全面覆盖了原专利技术，则仍然应该获得原技术的许可方得实施。第三次《专利法》修改完成后，最高人民法院对该征求意见稿再次进行了调整和修改，并于2009年正式颁布了司法解释，其中关于专利添附的内容并未有所调整，只在语言表述上做了简化，全面覆盖原则被完全保留了下来。由此可见，目前国内已有很多学者注意到了专利添附问题，并基于不同概念，从不同角度对其进行了研究。

国外学者 Peter Lee②、Mark A. Lemley③、Robert Merges④研究认为专

---

① 陈小奇，李湘云．"秀水街"纠纷可否另辟蹊径——补偿法规则与添附制度的引入[J]．说案，2005（12）：27-30．
② Peter Lee. The accession insight and patent infringement remedies[J]. Michigan law review, 110 (175): 221-222.
③ Mark A. Lemley. Property, intellectual property, and free riding[J]. Texas law review, 83, 1031, 1035 n. 8 (collecting additional sources) (2005): 1058.
④ Robert Merges. Intellectual property rights and bargaining breakdown: the case of blocking patents[J]. Tennessee law review, 62, 75 (1994): 79-80.

利添附符合专利制度的目标,具有能促进新技术实施、转化以及改变双方协商地位等作用。以判例法为核心的英美法系国家,也有较多的案例和司法人士探讨了专利添附的问题,如美国在1898年的Boyden Power Brake Westinghouse诉Boyden Power Brake公司一案中就提出了"逆等同原则"这一实际上描述专利添附的理论,该案法官提出:"我们曾经反复指出,被控侵权物即使不在权利要求的字面范围内,侵权指控在某些情况下仍然成立。反之,亦然。专利权人可以证明被控侵权物落入了权利要求的字面范围,但如果被控侵权物在原理上已经发生了如此大的改变,使得专利权利要求的字面范围与专利权人的实际发明之间出现了脱节(即发明内容不足以支持权利要求,权利要求的范围过于宽泛),那被控侵权物就不在专利的保护范围之中,没有侵犯专利权。"[1]该案所确立的逆等同原则说明了专利添附是等同原则的逆向,即既然有等同侵权的存在,那么就必然有真正的有价值的技术改进行为的存在。

等同原则和许可合同是与专利添附密切相关的两个问题。等同原则(Doctrine of Equivalents)及其发展与知识产权添附是技术成果权属研究同一问题的不同视角。美国1853年首次提出了等同原则,主张"针对权利要求中的各个技术特征"、强化禁止反悔等原则对等同原则的限制,区别了抄袭(copying)、绕过专利权的设计(designing around the patent claims)和独立开发(independent development)三种情况来判断被控侵权者的意图(李明德,1999)。换个视角,专利侵权判断标准明显严格化,专利保护范围的逐步准确化,便是给在先成果基础上知识产权添附留得了越来越大的空间、越来越明晰的界限;被控侵权者除了"抄袭",还可以合法"绕过专利权的设计""独立开发",以及运用专利权用尽理论和默认许可,促进科学技术的发展,实现与社会公共利益的平衡(胡开忠,2006)。我国专利法并未对等同侵权原则作出规定,但人民法院已经审理了大量适用等同侵权原则的案例(张广良,2009)。我国立法采用折中限定原则,司法中及时吸收美国等同原则及其进展形成了中国专利等同的司法原则,因此也逐步明晰、明确了知识产权添附法律事实的正当性和空间。

---

[1] 何晓平. 论专利侵权判定中的逆等同原则[J]. 知识产权,2011(1):53-57.

另外，司法界关于等同原则的研究十分丰富。首先我国司法界一直在运用等同原则审理专利侵权案件。对等同原则，司法界的认识是：第一，等同原则扩大的不是权利要求的范围，而是专利权的保护范围，即相同侵权的范围并未改变，接着在相同侵权的这一保护范围之外，又用等同原则划了一个更大的保护范围。这就是说，专利权的保护范围是由权利要求的相同范围和由等同原则确立的等同范围共同组成的。第二，专利权保护范围的扩大不宜笼统地以该权利要求的等同物来确定，而须根据权利要求书中明确记载的必要技术特征的等同特征进行确定，即等同原则必须落实到权利要求的各项具体技术特征上，而不能适用于发明创造的整体。换言之，等同原则中的"等同"指的是权利要求中具体技术特征的等同，而不是完整的技术方案之间的等同[①]，即我国对等同原则采用了"三一致标准"，同时利用"全面技术特征原则"与"禁止反悔原则"对等同原则给予适当的限制。

在等同原则与专利添附的冲突领域内，我国尚没有直接的立法，但司法实践目前已有了相关的审判经验。最高人民法院民三庭指出，在我国专利审判实践中，运用等同原则判定侵权主要有以下几种情形：第一，产品部件的简单移位或者方法步骤顺序的简单变换。产品专利的权利要求书里载明的技术特征通常是产品的部件以及部件之间的组合方式；方法专利的权利要求中，技术特征则通常是原材料的组合以及具体做法的顺序、工艺。如果该专利技术的相关领域中的普通技术人员认为改进成果的部件、组合关系或者工艺与原专利没有本质的区别，且与专利技术相比是"三一致"的，则应当认定改进成果为等同侵权。第二，等同替换。如果在权利要求中记载的某个技术特征，在被控侵权的产品或者方法中也存在一个对应的技术特征，这两个技术特征在产品或者方法中所起的作用或者效果基本相同，并且所属领域的普通技术人员一般知道这两个技术特征能够相互替换，则应当确认侵权。第三，分解或者合并技术特征。分解是指被控侵权的产品或者方法的两个技术特征代替权利要求中记载的某一项技术特征，合并是指被控侵权的产品或者方法的一个

[①] 最高人民法院民事审判第三庭，《如何理解最高人民法院关于专利法（2001）法释字第21号司法解释（三）》。

技术特征代替权利要求中记载的某两项技术特征。如果这种分解或者合并对所属领域的普通技术人员来说，可以不经过创造性的劳动就能够联想到，并能够实现专利技术的积极效果，则应当确认等同侵权。①

在国外对等同原则的探索主要是通过司法界的判例来进行的，美国联邦最高法院在 Halliburton 案中曾提出："不容否认的是，当被宽泛地适用时，等同原则会与权利要求的界定范围和告知公众的法定功能相冲突。""包含在权利要求中的每一个技术特征对于确定专利权的保护范围而言都是至关重要的，因此等同原则应当针对权利要求中的每一个技术特征来适用，而不是适用于作为一个整体的整个发明。必须强调的是，即使是在针对单个技术特征适用等同原则时，也不允许将保护范围扩大到实际上忽略该技术特征的程度。"②此项意见，表明了美国司法界十分重视对全面技术特征原则的详细阐释与细化，使其更为准确。可见，随着美国社会技术的进步，司法审判对等同原则的适用采取了越来越科学的限制，进一步合理化等同原则影响下的专利权保护范围，这非常值得借鉴。

另外，许可合同（Licensing Agreement）限制条款的规制是知识产权添附的重要基础。"引进、消化吸收、再创新"是在国外先进成果基础上的知识产权添附。国际许可协议中的限制性条款主要表现在许可方对被许可方在许可技术的使用、改进、产品销售等方面进行限制，涉及保护技术被许可方及其所在国家的利益，各国、国际社会也都进行相应立法加以规制（赵小平，2004）。2004 年我国《对外贸易法》在对许可协议限制性条款进行规制的同时还规定了相应救济措施（李顺德，2004）。发明创造都是在人类文明和科学技术进步的基础上进行的，许可合同限制条款的规制给在在先成果基础上进行知识产权添附提供了合法性和可能，从而进一步促进科学技术发展。

其他国家和地区的相关立法、司法经验对研究包括专利许可在内的专利添附问题仍然有借鉴价值。各国对专利添附问题虽然并无专门的制度，但大都已经设立了物权添附制度。一般而言，在动产与不动产附合

---

① 同上。
② 李新芝. 专利侵权判定中等同原则的适用[J]. 人民司法，2011（2）：49-54.

的情形下，对合成物的所有权归属实行动产从属不动产的原则，如我国台湾地区所谓"民法典"第811条规定：动产因附合而为不动产之重要成分者，不动产所有人，取得动产的所有权。《德国民法典》第946条、《日本民法典》第242条也有类似的规定：动产与不动产附合形成的合成物，由原动产所有人按其动产附合之价值共有合成物，但若两种动产中，一为主物，一为从物，由该主物所有人取得合成物之所有权。而关于混合物的所有权归属，德、日等国都规定准用动产附合之规定。对加工物的所有权归属问题，早在罗马法中就存在材料主义与加工主义之争。所谓材料主义，即主张加工物之所有权归属原材料所有人；加工主义则指加工物之所有权由加工人取得。这种思想及立法直接影响到现代各国之立法实践。现代各国立法多采"折衷主义"原则，其又有两种模式：一是以材料主义为原则，以加工主义为例外的模式，即加工物之所有权原则上归属于材料所有人，但若因加工人之加工改造致使加工物之价值显著超越材料价值的，加工人取得该物的所有权。法国、日本的相关规定即采此原则。二是以加工主义为原则，以材料主义为例外的模式，其规定加工物的所有权原则上由加工人取得，但若加工或改造行为本身的价值显然低于原材料价值的，则由原材料所有人取得该物的所有权。上述处理添附形成物归属的原则及方法等添附研究成果是经过长期的学术注释、评价和实践发展而来的，对我国的添附、知识产权添附的性质、类型、归属原则等添附制度构建具有重要的借鉴意义。

1.3 研究方法与主要内容

1.3.1 研究方法

本研究的基本思路是：基于文献梳理，在对物权添附进行研究的基础上开展专利添附研究，在对专利添附的基础理论、专利添附的正当性、专利添附的一般问题进行分析研究后初步构建专利添附制度，进而运用专利添附理论观察、分析中国高铁技术创新的相关问题，提出中国高铁技术进一步创新与发展的针对性对策。

为此，研究主要采用文献梳理、逻辑分析，理论研究、调查求证，以及法解释学、法经济学、比较研究等研究方法。

1.3.2 主要研究内容

本书除绪论外，主要由三个部分组成：添附制度的基础研究、专利添附制度研究和以中国高铁技术创新为例的专利添附实证研究。

添附制度的基础研究，包括国外添附制度的借鉴研究和专利添附的理论基础两部分。国外添附制度的借鉴研究，是通过对罗马法中的添附、大陆法系国家添附制度与英美法系国家添附制度等研究及其评析为专利添附研究提供启示。专利添附的理论基础，是在对添附的理论基础、添附的效果学说研究的基础上提出专利添附问题。专利添附制度研究包括三个部分：（1）专利添附的正当性研究，在界定专利添附的基础上通过专利法正当性考评、论证进行专利添附正当性的证成；（2）专利添附的一般分析，进行了专利添附的构成、价值、属性与类型的探讨；（3）专利添附的制度构建，包括专利添附的形成、等同原则下的专利添附、专利许可限制下的专利添附，以及专利添附的规则。以中国高铁技术创新为例的专利添附实证研究，由中国高铁技术创新的专利添附实证分析和中国高铁技术创新发展专利添附制度的对策建议组成。

2 国外添附制度的借鉴研究

2.1 罗马法中的添附

罗马法一般是指罗马奴隶制国家法律的总称。罗马法首次对法律进行了公法、私法的划分,其中私法的内容尤其丰富。私法又可分为人法、物法、诉讼法,关于添附的内容存在于物法之中。有关添附的规则不仅是罗马法的重要组成部分,而且对后世特别是大陆法系的物权添附的建立与完善起着基础性的作用。

2.1.1 《十二铜表法》中的添附

罗马法由法律、皇帝的命令、元老院的告示、习惯等组成。罗马法最为代表性的法律是《十二铜表法》,其中关于添附的制度见于第 6 表(获得物、占有权法)的第 7 条和第 8 条。第 7 条规定,[所有者]不得触动或取去[属于他的],而被[他人]用作建筑房屋或培植葡萄园用的木料[或木柱]。①第 8 条规定,不许取去或要求把被偷窃去的并用作建筑或培植葡萄园用的木材或木柱作为自己的所有,但同时允许按[这些材料的价值]之双倍对负有使用材料之责者起诉。②

该法中的这两条是关于动产附合不动产、动产附合动产(木材或木桩用于建筑房屋或葡萄园架)的规定。但不管是附合于不动产还是附合于动产,添附的材料都不得强制恢复及归原所有权人所有;即使该材料是被偷窃的也不允许原所有人取回并归其所有,而只能要求使用材料之

---

① 世界著名法典汉译丛书编委会. 十二铜表法[M]. 北京:法律出版社,2000,3(1):25. 方括号里的内容是译者补充进去的,目的是在于避免一些条文过于简单难懂。
② 世界著名法典汉译丛书编委会. 十二铜表法[M]. 北京:法律出版社,2000,3(1):26. 圆括号里的内容来自于古文献研究者。

人双倍的损失赔偿。可见，罗马法中的添附：第一，原物与用于添附的物来自不同的主体；第二，原物已经不能回复到原来之状态，甚至包括是被第三人恶意导致，添附后的物明显不能恢复到原来的状态，可能是恢复将导致物的毁损，或者强制恢复到原物状态会造成不经济之后果而不得为；第三，添附导致的结果——物权发生变动，即主物（原物）所有权的扩大和增加，主物的所有权扩张至从物，使主从物添附之前的各所有权均消灭而成立新的添附物整体且新的所有权；第四，用于添附的物的所有人可以获得原物人的补偿，而且可以获得双倍的损失赔偿；第五，还没有论及添附物人可能获得新物所有权的情形。

2.1.2 添附有关论述

古罗马时代，出现了诸如盖尤斯（约130—约180）、J.保罗（？—约22）、D.乌尔比安（约170—228）、A.帕皮尼安（约150—212）和H.莫德斯蒂努斯（？—约244）等伟大的法学家，他们被并称为罗马的五大法学家。他们关于法律问题的解答具有法律效力，凡法律问题未经明文规定的，悉依五大法学家的解答加以解决；如他们的解答并不一致，取决于多数；人数相同时则以帕皮尼安的解释为准。其中，保罗、盖尤斯等在《教科书》《论告示》《日常事务》等著作中对添附进行了专门论述。

保罗关于添附的论述。保罗在《教科书》第1卷中提道："一物连接或增添于他物上为添附（accessio）"①，在《论告示》第54卷 D.41.3，4.20中提到，如果你用盗窃的羊毛加工一件衣服，那么鉴于原材料是盗窃之物，那件衣服也是盗窃物。在《论告示》第54卷 D.17，2，83论述到，应提出的问题是：如果一棵树生长在地界上，一块石头位于两块土地上，那么在树被砍掉时或在石头被搬掉时它们按什么比例属于土地所有人？两块土地的所有人是根据它们占据土地的面积按比例对之享有所有权，还是像属于两个所有人的两块金属熔合在一起而变成一个不可

---

① [意]桑德罗·斯其巴尼. 物与物权（第二版）[M]. 范怀俊，费安玲，译. 北京：中国政法大学出版社，2009：37-38.

分割的共有物一样在它们从地上被砍掉或搬走后具有一个不可分割的物体的性质而被不分份额地共有？符合自然理性的是两个所有人对石头和树享有的份额与树或石头所占的土地面积一致。保罗的添附的含义包括增添（加工）和连接，原物属性决定新物属性，提出连接物依据自然理性按原物主所占份额一致。

盖尤斯关于添附的论述。徐国栋（2011）《画落谁家？》①一文依据相关文献梳理认为盖尤斯有关添附共有两个文本。盖尤斯有关添附的第一个文本是其于161年左右出版的《法学阶梯》2，78："但如果某人在我的画板上绘画，比如画了一幅肖像，人们则持相反的看法。实际上较多的人认为，画板添附于图画。关于这种差异，很难讲出令人信服的道理。当然，根据这一规则，如果你向作为占有人的我主张画是你的，同时又不支付画板的费用，你的主张可能因诈欺抗辩被驳回。如果占有人是你，则应当允许我针对你行使扩用诉权；在这种情况下，如果我不支付画资，你可以采用诈欺抗辩对抗我的请求，当然，只要你是诚信占有人。显然，如果你或其他人窃取了我的画板，我有权提起盗窃之诉。"②

盖尤斯有关添附的第二个文本是晚于《法学阶梯》、用来解释其《法学阶梯》的著作《论日常事物或金言集》③，其中又谈到了同一问题，有如下列："但不像字母添附于纸和羊皮纸，绘画通常并不添附于木板，相反，人们决定木板添附于画。但授予板主扩用诉权对抗占有木板的绘画人绝对适当，如果他支付了画资，他可据此有效地实现自己的权利。反之，如果绘画人是支付了木板价值的诚信占有人，板主会受到恶意诈欺的抗辩的阻碍。我们说，绘画人对真正的板主享有正当的物件返还之诉，但他应偿付木板的价金，反之，他会受到恶意诈欺抗辩的阻碍。"④

两个文本共同的内容是：其一，自公元161年许盖尤斯在其《法学

---

① 徐国栋. 画落谁家？——处理用他人材料绘画问题的罗马人经验及其现代影响[J]. 法律科学，2011（3）：122-131.
② [古罗马]盖尤斯. 法学阶梯[M]. 黄风，译. 北京：中国政法大学出版社，1996：104
③ Antonio Guarino, L'Esegesi delle Fonti del Diritto Romano, Jovene, Napoli, 1982：220.
④ Mommsen, Alan Watson. The Digest of Justinian[M]. Philadelphia：Pressof Pennsylvania University，1985：490.

阶梯》中提出"板添画"（或"画添板"）规则以来，已画之板（Tabula picta）成为一个世界性的话题。其二，"板添画"（或"画添板"）都排除了恢复原状的可能。把画从板上刮下来，一者画家的劳动将荡然无存，甚至不复成其为原来的颜料；二者，不仅画板之上的画不复成其为画，甚至板也可能在刮擦的过程中蒙受损害，可以说两物俱伤，社会财富遭受损害。当然，把画从板上刮下来，画和原来的颜料不复存在，但板可以得到恢复是有可能的，但立法者不能放任他们如此，于是便有了添附制度。其三，"板添画"（或"画添板"）也都排除了设立新物共有的可能。在不能恢复原状的条件下，在画家与板主间也排除设立对新物共有的可能，包括罗马人以为共有是争讼之源尽量避免也是其原因之一。只因为排除设立新物共有形成了单一物权，于是产生了直接诉权（物权诉讼说）。同时，又因排除了恢复"画"与"板"原状的可能，便产生了扩用诉权。其四，"板添画"（或"画添板"）讨论的是动产之间添附的情形。这里的"板"也好"画"也好都限于动产，讨论的仅仅是一个动产添附于另一动产，不涉及作为著作权的"画"添附于不动产问题。现实中，"板"若是房屋的墙壁、天花板、玻璃窗，添附规则就会有变化，如果"画"是挂上去的"画"或者"画"是非艺术品则添附规则又不一样。

　　两个文本不一样的是：其一，后一文本对前一文本调整了例示顺序，前一文本以板主占有画的情形为先，画家占有画的情形为后；后一文本则以画家占有画的情形为先，以板主占有画的情形为后。这样的调整合乎逻辑，因为既然画为尊，板为卑，先考虑作为新物的画归画家的可能，再考虑它归板主的可能，当然更顺。其二，后一文本相较于前一文本明示了画家享有的诉权的名称是物件返还之诉（Rei vindicatio），这样就让我们明白了前后两个文本中都提到的扩用诉权的直接诉权为何。其三，后一文本去掉了前一文本中关于盗窃之诉的说明，把板主与画家的关系从侵权法中拉出来，还归物权法。另外还去掉了第三人（"其他人"）"顺走"他人画板让画家画的情节，把法律关系简化为画家与板主之间的关系。其四，后一文强化了画家的主观状态的意义。前一文本大致按"画在谁占有下"的路径设想对"画落谁家"问题的处理方案，最后一带而过地谈到了画家占有画板时的主观状态的意义，后一文本继承这一路径，但把"画家占有画"的情形按"画家是否诚信得到板"的路径细化为两种子情形。第一，是画家诚信得到板的情形；第二，是画家恶信得到板的情形，给这两种情形不同的处理。当然，在盖尤斯的后一个文本中并未明言第二种子情形中的画家为恶信，但这可从他对第一种子情形中的画家为诚信的描述反推出来。由于后一文本增加了对诚信的强调，造成了两个文本给予板主和画家法律处遇上的较大差异：前一文本假定只有在板主占有画的情形才有可能奢望得到画幅，后一文本则强化了板主的地位，强调他只要支付画资，就可有效地实现自己对画的权利，板主的地位何其强势也！

由上可见，盖尤斯在出版其《法学阶梯》后到出版其《论日常事物或金言集》间隔的时间不会很长，其对同一论题的看法有了调整，变得更倾向于保护板主的利益，更倾向于对恶信画家科加不利的法律处遇。应该说这是一个更成熟的思考的结果，但富有意味的是，533 年的优士丁尼《法学阶梯》继受的是前一文本而非后一文本，将之转化为如下文字：I. 2, 1, 34."如果某人在他人的木板上作画，有些人认为木板添附于画；另一些人则认为：画，无论是怎么样的，添附于木板。但朕认为，木板添附于画较好。事实上，阿佩勒斯或帕拉修斯的画添附于一块极廉价的木板[①]，是可笑的。可见，优士丁尼的添附归属规则增加了对添附物的价值评判，阿佩勒斯或帕拉修斯两位著名的画添附于"极廉价的木板"是说不过去的。

根据周枏《罗马法原论》，罗马法上的添附分为以下类别[②]：(1) 不动产与不动产的添附——淤涨、冲断、沙洲、河床改道；(2) 动产与动产的添附——结合、融合、混合、混杂；(3) 动产与不动产的附合——种植、建筑；(4) 加工。添附的法律效果[③]是：(1) 不动产与不动产：① 淤涨：无偿地归沿岸的土地所有人所有；② 冲断：归原所有人所有，归被添附者所有；③ 沙洲：两岸所有人按份所有；④ 河床改道：原河床变成土地的归属，成为新河道的土地的原所有人，河流改道分为两支

[①] 阿佩勒斯、帕拉修斯是罗马两位著名的画家，在此强调画的价值很高时添附的情形。
[②] 周枏. 罗马法原论[M]. 北京：商务印书馆，1994：340-347.
[③] 同上。

之后又汇合时中间的土地,河流改道后又改道回来。(2)动产与动产:在结合、融合、混合、混杂中,对权利分配要考虑他们是否出于合意、善意或恶意以及合成物之间有无主从关系、能否分离和是否易于分离而定。(3)动产与不动产:有约定按约定,没有约定按种植、建筑的具体情况而定。

罗马法中所有这些规定都没有进行抽象的归类,只是以单纯描述性分类的形式出现的,添附一词是罗马法学家们在论述法律现象时所提出,"所有权扩大或增加是指主物的所有权扩张至从物,使主从物添附之前的各所有权均消灭而成立新的添附物整体且新的所有权"[1]。其中,罗马法中的"加工"是单独的一个体系,是指"未经同意,用他人的原料,而以所有的意思'制成新物品'(speciem novam facere)的行为"[2]。被视为所有权的取得方式。后世罗马法学者总结出:"如果某一物(从属物)的属性被合并并且丧失在另一物的属性中(主物),主物所有主拥有整个物,这被称为添附(accessio)。"[3]由此可以看出,罗马法上的添附其外延并没有涵盖加工和混合。但无论是所有权扩大或增加还是所有权的取得,在"添附"和加工发生后,都需解决新物所有权的归属和利益补偿问题,这应该是日后将"加工"归入添附之中的缘由之一。按照罗马法对添附的分类,罗马法意义上的添附的发生,只存在于物与物的结合;加工的发生,仅存在于单一的物中。这说明了罗马人初步地意识到了单纯的劳动与单一物的结合(加工)与物物结合(添附)是不同的。罗马法意义上加工物的归属,强调了加工人劳动的价值与材料价值的对比,并分情况规定了以其中一种价值为基准确定其归属;而罗马法意义上添附物的归属,则从当事人的协议情况、主观善恶、主物从物和建筑水平的高低等方面确定了其归属。[4]这些认识从法学家们的著作中可以看出。

罗马法对添附与加工进行了区别划分,却凸显并证明了至少从罗马

---

[1] 王文杰.变动中的物权法[M].北京:清华大学出版社,2004:30."主物之所有权扩张于新并入之从物所有权而言,似亦无法否认此一所有权已非原本之所有权,故谓各动产所有权均消灭,而成立一新的所有权。"
[2] 周枏.罗马法原论[M].北京商务印书馆,1994:344.
[3] [英]巴里·尼古拉斯.罗马法概论[M].黄风,译.北京:法律出版社,2004:145.
[4] 周枏.罗马法原论[M].北京:商务印书馆,1994:340-347.

时代开始罗马人对鼓励劳动创造这一当今添附制度功能就有了强烈的认识。事实上,"板添画"(或"画添板")涉及知识产权或者准确地说涉及著作权问题,罗马法仅仅把"画"作为动产来讨论其添附而已。

2.2 大陆法系国家添附制度

大陆法系,一般是指具有欧陆国家法律特点的法律历史类型,大陆法系国家主要包括法国、德国、瑞士等欧陆国家,以及日本、韩国等。这一类型法律制度的特点之一是以成文法为这些国家的主要法律渊源。这些国家都制定有完备的法典,这些法典涵盖了宪法、民法、商法、诉讼法、行政法等几乎所有法律部门。这些法典一般都具有概念明确、逻辑清晰、内容详尽、体例完备等特点,因而这些国家的具体的法律制度都能较容易地被发现和了解,并有利于进行进一步的分析及借鉴。同时,也只有在大陆法系国家才有明确的所谓的"物权""添附"之称,而且这些国家的物权添附制度也是比较有代表性的,这对理解该制度是非常重要的。因此,我们能通过它们的民法典对其物权添附制度做一个比较详尽的了解,这里主要阐述、分析法国、德国和日本三个国家的物权添附制度。

2.2.1 法国添附制度

法国添附制度主要见于《法国民法典》,添附制度被规定于该法典的第二卷第二编,即第544条到577条,该编的标题为"所有权",且该章的标题又以"添附权"规定之,所以《法国民法典》中的添附权可以看作所有权具体的适用原则之一。

2.2.1.1 添附主要内容

1."添附权"

《法国民法典》第546条规定:"(第一款)无论是动产还是不动产,物之所有权,对该物所生一切以及因自然地或者人工地添附而与该物结合（s'unir accessoirement）之物，均产生权利。（第二款）此种权利称为'添附权'。"①

在其他大陆法系主要国家的法律中，添附并未像法国法这样被明确为一种权利，②添附权可作以下解析。

首先，"添附权"的适用情形。添附适用"对该物所生一切与该物结合之物""因自然地与该物结合之物""因人工地与该物结合之物"三种情形。"对该物所生一切之物"，是指我们通常所说的孳息，把孳息加入添附的情形，意味着《法国民法典》上添附的内涵和外延已经不限于附合、混合、加工了。所以说，"添附权"是诸多所有权取得方式的一种合称。它不仅包含了传统意义上的添附或在这里称作狭义上的添附，还包含了孳息。"因自然地与该物结合之物"和"因人工地与该物结合之物"，是指添附制度传统上所适用的两种情形，即"自然添附"或者叫"天然添附"以及"人工添附"。从立法上说，该法典中的"添附权"的产生有两种依据，一种是通常所说的添附，另一种是孳息。

其次，"添附权"的客体。《法国民法典》用的是"无论是动产还是不动产"，也就是说，传统意义上的添附以及孳息的客体包括动产和不动产。孳息包含自然孳息与法定孳息。自然孳息是指因物的自然属性而获得的收益，如果树结的果实、母畜生的幼畜。法定孳息是指因法律关系所获得的收益，如出租人根据租赁合同收取的租金、贷款人根据贷款合同取得的利息等。前者是有形财产，后者是无形财产。因此，该法典第546条"物之所有权，对该物所生一切以及因自然地或者人工地添附而与该物结合（s'unir accessoirement）之物，均产生权利"这一句话中的"物"，似以法典通用的"财产"概念代之更为妥帖。同时，在《法国民法典》中，以"财产"（la propriete）来定义物权的客体，它既包含了有形财产"物"（les choses），也包含了无形财产"权利"（les droits），而"权利"又可分为物权、债权、无形财产权③，所以除了上述的租金、利

---

① 法国民法典[M]. 罗结珍，译. 北京：北京大学出版社，2010：176.
② 《德国民法典》第946条至第952条关于添附的规定中没有"添附权"的规定，《日本民法典》第242至第248条关于添附的规定中没有"添附权"的规定，英美的判例法中也未见到"添附权"的规定。
③ 尹田. 法国物权法[M]. 北京：法律出版社，2009：78.

息之外，还包括比如营业资产、文学艺术产权、发明专利等。另外，该法典第516条还规定："一切财产，或为动产，或为不动产。"①可见，这里的动产和不动产，当然的也就包括无形财产。进而，"无论是动产还是不动产"这句应该既适用于传统的添附和孳息，也适用有形与无形的财产。

2. 添附及其适用

添附，是指分属于两个不同所有权的物相互附合或混合后形成的添附。对动产添附的适用，《法国民法典》专门在其第565条规定了自然平衡的原则，即"个案平衡原则"，是指在处于同一位阶上的法的价值之间发生冲突时，必须综合考虑主体之间的特定情形、需求和利益，以使得个案的解决能够适当兼顾双方的利益。因此，法官在处理动产添附案件时具有非常大的自由裁量权。显然，如果完全凭借法官自身的道德修养和法律素养来进行案件的裁判，而不进行制度上，尤其是法律程序上的约束，显然是很容易出差错的。因此，法典在接下来以12条条文来对具体的添附情形进行详细的规范，以"为法官在法律没有规定的情况下按照特殊情形作出判决提供范例"。②下面，我们结合附合、加工和混合的通常分类进行动产添附的适用分析。

（1）附合。

"附合，是指不同所有人的物结合在一起而形成新物的添附方式……但非经毁损不能分离或虽能分离但耗费过大。"③《法国民法典》第566条至第569条④规定了动产附合的适用：（1）不能分离或难以分离或"可

---

① 法国民法典[M]. 罗结珍，译. 北京：北京大学出版社，2010：171.
② 法国民法典[M]. 罗结珍，译. 北京：北京大学出版社，2010：180.
③ 陈小燕. 物权法研究[M]. 北京：人民出版社，2008：148.
④ 法国民法典[M]. 罗结珍，译. 北京：北京大学出版社，2010：180.《法国民法典》第566条：分别属于不同所有人的两物虽附合成一个整体但仍然可以分开，一物即便脱离另一物仍可存在时，该整体属于构成其主要部分之物的所有人，但应向另一人支付其被附合之物的价金，价金按支付之日评估。第567条：一物附合于另一物，仅仅是为使用、装饰或补充另一物时，该另一物视为主要部分。第568条：一物虽附合于另一物，但其价值远比作为主要部分的另一物的价值贵重，且所有人并不知道其物已被使用时，所有权人可以要求将附合于另一物的该物分开并归还其本人，即使在此情况下可能对其附着之物有所损坏，亦可请求之。第569条：两物附合形成一个整体，无法区分主从时，其中价值较高之物视为主物，或者两物的价值大致相同时，体积较大之物视为主物。

以分开"但会"耗费过大",该整体属于构成其主要部分之物的所有人；（2）获得物的所有人应向另一人支付其被附合之物的价金；（3）价金按支付之日评估。其中，"主要部分"的标准是：（1）一物附合于另一物，仅仅是为使用、装饰或补充另一物时，该另一物视为主要部分；（2）两物附合形成一个整体，无法区分主从时，其中价值较高之物视为主物；（3）二物的价值大致相同时，体积较大之物视为主物。同时，特别规定的是，一物虽附合于另一物，但其价值远比作为主要部分的另一物的价值贵重，且所有人并不知道其物已被使用时，所有权人可以要求将附合于另一物的该物分开并归还其本人，即使在此情况下可能对其附着之物有所损坏，亦可请求之。

  附合后物权归属是依据主从物的判断，主从物是从一物的效用、价值、体积方面来区分；获得物的所有人应当按支付之日评估的价金向另一人支付其被附合之物的价金。这是法国法物权附合的主要规则。但是，在"所有人并不知道其物已被使用时"，换句话说，只要所有人不知情、没有经过其同意；同时虽然这也并不意味着附合人主观上就是恶意，附合人也有可能不知情，此时附合人的主观状态可能是恶意也可能是善意，此种情形并不能确定附合人的主观状态。法国法规定"其价值远比作为主要部分的另一物的价值贵重"，所有权人则可以要求将附合于另一物的该物分开并归还其本人；甚至在此情况下，即（1）"所有人并不知道其物已被使用时"，（2）"其价值远比作为主要部分的另一物的价值贵重"，（3）"即使可能对其附着之物有所损坏"，所有权人仍然可以要求将附合于另一物的该物分开并归还其本人，排除了添附的适用。同时也可以理解：如果其价值"并非"远比作为主要部分的另一物的价值贵重"，则不论所有人是否知情、是否同意，按照从一物的效用、价值、体积方面来区分主从物事，主物所有人包括附合人可以获得附合后的物，获得物的所有人应当按支付之日评估的价金向另一人支付其被附合之物的价金即可。可见，法国法上的附合制度并没有明确附合人的主观善恶对附合效果造成的影响，相反，其为恶意附合人取得附合之物提供了可能性，当然也包含了善意附合人。

（2）加工。

加工是指在他人的动产上进行劳作，从而使其成为新的价值更高的动产的行为。①加工物原则上属于材料所有人所有，材料所有人向加工人支付手工费。②但当"手工费用很高，远远超过被使用的材料的价值"时，加工人取得加工物的所有权，向材料所有人支付材料的价值。③

（3）混合。

不同所有人的动产互相结合成为一物，不能识别或者识别需要的费用过大的，称为混合。④动产混合后，混合物的归属规则为：（1）混合物中任何一物均不能视为主物时，若能分开，则均能请求返还原物；若不能分开，则各方按比例共有此物，即按份共有，所以这种情形不适用第 575 条规定的拍卖规则。（2）混合物中一物之价值远远高于其他物的价值的时候，该物所有人取得该混合物的所有权，同时对其他人按材料价值进行偿还。

需要说明的是，《法国民法典》中关于动产添附的规则通常是极少被使用的。因为"《法国民法典》第 2279 条第 1 款对占有人的占有赋予一种整体性，即当事人对动产占有包括动产之添附。在善意占有情况下，返还动产仅为例外。⑤因此，只有在不能适用《法国民法典》第 2279 条第 1 款的情况下，才有可能适用法律关于动产添附的有关规定"。⑥所谓善意占有，指误信为有占有的权利且无怀疑而为的占有。⑦

2.2.1.2 添附的特点

1. 添附制度为"添附权"

首先添附制度以权利的形式表现出来，明确地将添附设定为一种权

---

① 马俊驹，陈本寒. 物权法[M]. 上海：复旦大学出版社，2007：182.
② 法国民法典[M]. 罗结珍，译. 北京：北京大学出版社，2010：180-181. "手工业者或者其他任何人使用不属于自己的材料作成某种新物，不论被使用的材料能否恢复原有形态，其所有人偿还手工费用，即有权请求已作成之新物。"
③ 同上.
④ 马俊驹，陈本寒. 物权法[M]. 上海：复旦大学出版社，2007：181.
⑤ 尹田. 法国物权法[M]. 北京：法律出版社，2009：154.《法国民法典》第 2279 条第 1 款的规定，"对于动产，占有具有与权利证书相等的法律效力"。
⑥ 尹田. 法国物权法上的添附权[J]. 法商研究，1997（3）：90.
⑦ 申卫星. 物权法原理[M]. 北京：中国人民大学出版社，2008：192-193.

利。所谓权利，就是为法律所认定为正当的利益、主张、资格、力量或自由。"利益"是指，添附权的成立赖于其保护了某种利益，而这种利益就是行为人因添附而获得的利益，添附权是受保护的利益。这种利益它是属于个人的，是物质上的而非精神上的。"主张"是指，因添附而获得的利益的保护是需要权利人自己提出主张的，公权力在这个时候是不会主动为某个人的利益和权利提供保护的，需要个人为之，而且这种主张通常是有期限的，一旦过了此期限，该权利就会丧失公权力对它的保护而成为"自然权利"或"裸权利"；甚至会因期限的经过而丧失权利本身，如《法国民法典》第559条规定："……，被卷走的土地的所有权人得请求其所有权，但应当在当年内提出此请求，过此期限提出的请求，不予受理"[①]。这里的"不予受理"的规定是对当事人所主张权利存在与否的直接否定。通常情况下，当事人超过了诉讼期限提起诉讼，法院也是必须受理的，而是否真的超过了诉讼期限是必须经过法院审理后才能做出判定的。"资格"是指，提出利益主张要有凭据，即要有资格提出要求。而这种资格既是一种法律资格，也是一种道德资格，而这里所谓的道德资格是近代人权的核心，实际上是人作为人应有的权利。具体到《法国民法典》里，添附权就是人作为人应有的权利，是一种天赋的人权。《法国民法典》之所以强调添附是一种权利并以法典的形式将"添附权"确定下来，是与其尊重自由、保障人权的精神一脉相承的，而且这种精神也是被深刻地烙在法典的每一个制度之中的。"力量"是指法律为权利的保护和利益的主张提供了强有力的制裁措施，使得该权利在遭受侵犯时能得到及时、公正、有效的救济。"自由"是指行为人有履行和放弃这种权利的自由，其在作出决定时不受外来的尤其是公权力的干涉和胁迫，完全出于其自由意志。《法国民法典》之所以将添附制度以权利的形式来规定的另一原因，就是强调行为人添附利益获得的自主选择性，从形式上排除公权力或法定规则的约束，如法典关于"动产添附"的规定，明确指出这种类型"按照自然平衡的原则处理""为法官在法律没有规定的情况下按照特殊情形作出判决提供范例"。这也是法典尊重自由、保障人

---

① 法国民法典[M]. 罗结珍, 译. 北京：北京大学出版社, 2010：179.

权的精神的重要体现。所以，单从这些方面来看，法典以权利的形式来建立添附制度，是有些很重要的理由的。

其次，添附权的范围与传统的添附制度相比更加广泛，它包含了孳息。这里要重申的是，"添附"发生后原物增值了，为权利人带来了额外利益，为社会经济增添了新的财富，这一点，孳息与传统的添附是没有区别的。这里面包括自然原因和人工原因，特别是在人工孳息的情形下，在鼓励劳动和创造这一本质特点上，孳息与传统的添附也是没有区别的，而且与包括专利制度在内的知识产权制度的目标是一致的。法典添附范围的扩大并不是没有意义的，而恰恰是一种对添附制度有了实质理解后的慎重决定。

2. 以动产和不动产来划分

添附的类型通常分为附合、混合和加工，在《法国民法典》上还直接将其分为不动产添附与动产添附两大类。这与法国历来重视对不动产财产的规定有关，进而反映在了添附类型的划分上。一方面，可以将不动产和动产其他方面的制度加以直接的关联，也就是说可以将添附制度归为不动产和动产总的制度下的一个子项，这样一来，有利于分别从不动产和动产的角度对添附进行整体上的把握；另一方面，它为我们提供了添附类型划分的另一个可行的范例，如知识产权添附。

3. 添附客体为"财产"

法国物权上的客体，与其他主要大陆法系国家相比，有一个重要的区别，那就是它用"财产"（bien）代替了"物"（les choses）的概念。而在其他国家，比如德国、日本，都是用"物"来直接定义物权客体。"法国法意义上的财产描述了一种'利益'，它可以满足人类的物质需求。"① 它包括了"物""权利"，其中的"权利"包含了文学产权、营业资产和发明专利权等无形财产。而在德国法上，根据《德国民法典》第90条"物的概念"的规定，"法律意义上的物，仅为有体的标的"②。而《日本民

---

① 尹田. 法国物权法[M]. 北京：法律出版社，2009：115.
② 陈卫佐. 德国民法典[M]. 北京：法律出版社，2010：30.

法典》作为《德国民法典》的直接继受者也有着与其类似的规定。

单从字面上看，法国法上的物权客体的范围是大于德国和日本的，而且法国学者还对"财产"做了一个注解，它只要包含两个要素就可成为财产：其一，它是一种"利益"；其二，它可以满足人类的物质需求。所以，法国法上的物权客体不仅直接包含了有形财产和无形财产，而且学者还对这种财产做了一个开放性的定义，即将来只要符合上述两个条件的"利益"都可以成为财产。而我们再看一下德国法和日本法上的物权客体，它们都只包含了"物"这一有体的类型。但同时，在《德国民法典》上，"物"被进一步分为不动产（unbewegliche sache）和动产（bewegliche sache），其中"sache"这个德语单词它既有"物"的含义，又有"财产"的含义。[1]在日本，"原则上物权的客体是物，这个物是有形物。……但近年来，电、热、光……也得到了认可"[2]。所以，德国和日本物权的客体也是有补充和发展的，也是可以包含无形财产的，但总的说来，没有像《法国民法典》这样旗帜鲜明地将物权客体直接扩展到无形财产。

可以说，《法国民法典》在这一点上具有很强的科学性、先进性和开放性，是值得我们借鉴的。这一点也为前述所论证的添附权的客体包含无形财产提供了基础。另外，我们从相关学者的著作中也能发现，添附权的客体是包含无形财产的："只有在不能适用《法国民法典》第2279条第1款的情况下，才有可能适用法律关于动产添附的规定，或者其涉及注册动产，或者涉及无形财产。"[3]

2.2.2 德国添附制度

德国的民事制度主要见于作为大陆法系集大成者的《德国民法典》之中。在该法典中，对添附制度的概念并没有如同《法国民法典》那样统一的规定，而是对附合、混合、加工这三种主要的添附类型分别作出

---

[1] 郑成思. 知识产权、财产权与物权（续）[J]. 中国专利与商标，1998（3）：4.
[2] [日]田山辉明. 物权法（增订本）[M]. 陆庆胜，译. 北京：法律出版社，2001：10.
[3] 尹田. 法国物权法[M]. 北京：法律出版社，2009：154-155.

规定，而且篇幅亦不如《法国民法典》那样壮观；但它所规定的内容、体现的法律精神和价值取向都有自己的独到之处并蕴含着丰富的思想，同时也不逊于《法国民法典》，可以说是短小精悍，是精华的浓缩。

2.2.2.1　添附的主要内容

1. 重要成分

《德国民法典》第93条规定："凡物的成分，不毁坏或在本质上改变其中一个成分或另一个成分就不能互相加以分离的，不得为特别权利的客体。"[①]这便是德国法有关添附的规定，以下从"物的成分""重要成分（verbindung）""特别规定"等对此进行分析。

"物的成分"，是从物的整体性角度来讲的，即该"物的成分"中的"物"并不是指一个通常的个体物，而此"成分"也是可以为个体物的。比如说，甲购买了一个企业A，它所购买的就是该企业整体，而不是如土地、厂房、机器等这样一个个单独的物。又如，乙购买了汽车B，他所购买的也是该车整体，而非组成该车的变速器、发动机、轮胎和方向盘。[②]此即为"物的成分"。

"物的成分"满足以下任一条件时，就成为"重要成分"：（1）将物分离时必然导致一个或另一个成分的毁坏；（2）将物分离时必然导致在本质上改变其中一个或另一个成分。同时，在"物的成分"满足这种条件的情况下，就"不得为特别权利的客体"，即成为"重要成分"。

德国法还专门对"重要成分"作出了特别规定。这一规定是针对建筑物、特别建造物和出产物作出的。对于建筑物与土地的出产物，要成为土地的"重要成分"还需满足一个条件，即"只要它们与地面连在一起"[③]就可以。需要注意的是，法典的这句话中用的是"只要"这个词，也就是说，建筑物与土地的出产物要成为土地的"重要成分"，不必满足前述的两个条件，也就是说即使将建筑物或土地的产出物与土地分离不会导致其毁损或改变其本质属性，也能仅因它们已与土地连在一起而成

[①] 陈卫佐. 德国民法典[M]. 北京：法律出版社，2010：32.
[②] [德]联邦最高法院民事判例集，第61卷，81.
[③] 陈卫佐. 德国民法典[M]. 北京：法律出版社，2010：32.

为其"重要成分"。比如说将土豆从地里挖出，并没有导致土豆茎、杆、枝、叶任何部分的毁损或导致土豆本质属性的改变，此时并不因此否定其为土地的重要成分。在其被挖出之前，设于该土地上的一切权利（包括限制物权）的效力当然地及于该土豆。①特别建造物指的是"为建造建筑物而附加的物"②，在这种情况下，该特别建造物属于建筑物的重要成分，当然该重要成分还需满足前述的两个条件，即不得被毁损或改变其本质属性。

通过上述分析，德国物权法上"重要成分"的成立在于"不毁坏或在本质上改变其中一个成分或另一个成分就不能互相加以分离的"，此时添附发生。物权在发生添附并成为重要成分之后就很难单独就原来的物加以利用。

同时，"不毁坏或在本质上改变其中一个成分或另一个成分就不能互相加以分离的"这个定义的反面是，不毁坏或在本质上改变其中一个成分或另一个成分就能互相加以分离的，不是物的"重要成分"。例如："房屋的墙是重要成分，但汽车的马达不是重要成分。"③如例所示，不毁坏或在本质上改变其中一个成分或另一个成分就能互相加以分离的物是可以轻易地大批量替换的。

另外，德国法还规定了"表见成分（scheinbestandteile）"，它主要针对的是附合于土地和附合于房屋两种情形，但这些附合都不是永久性的，而是"仅为临时的目的"④或"行使他人土地上的权利"，这些附合物虽然表面上看是重要成分，是紧紧地与土地或房屋联系在一起的，但在法律上是独立的。即使是用益权人在他人的土地上为临时的目的而建造了房屋，该房屋也不因此成为该土地的重要成分，也就是说该用益权人永远地保留了该房屋的所有权。

可以看出，表现成分是重要成分的一种例外，也就是说它实际上符

---

① [德]鲍尔·施蒂尔纳. 德国物权法（上册）[M]. 申卫星，王洪亮，译. 北京：法律出版社，2006：26.
② 陈卫佐. 德国民法典[M]. 北京：法律出版社，2010：32.
③ Vgl. Der Brockhaus Recht, 2002, S. 131; Kohler, BGB Allgemeiner Teil, 27. Aufl. 2003, S. 344. 转引自陈卫佐. 德国民法典[M]. 北京：法律出版社，2010：32.
④ 陈卫佐. 德国民法典[M]. 北京：法律出版社，2010：32.

合重要成分的构成要件，但因为法定的"仅为临时的目的"或"行使他人土地上的权利"这一原因而排除适用重要成分的规则。

2. 动产附合

《德国民法典》规定，若物相互附合并成为重要成分，这些物的原所有人就丧失了其对原物的所有权。这是动产附合的原则规定。同时，（1）如果这些动产相互附合而成重要成分但没有主从之分的时候，那么各原物所有人确定的为该合成物的共有人，按各动产在附合时的价额的比例予以确定；（2）如果这些动产相互附合而成重要成分但其中一物被看作主物的，其所有人取得单独所有权，并且其效力最终得以及于整个附合物，其他人的动产所有权随之消灭。[1]

同时，动产附合效力及于第三人：首先是当添附物为某一单独个人所有时，属于其他人的物的所有权就随之消灭，同时存在于物上的其他类型的权利亦随之消灭；其次，该单独获得添附物所有权的人，存于其原有物上的其他类型的权利的效力随着所有权的扩张而延伸至其他物之上；最后，当物被共有时，存在于其上的各项权利仍然存在。这里所指的物上其他类型的权利包括限制物权等。而且该条规定是强制性的，即对于是谁添附的、是怎样添附的，行为人的行为是否正当，以及行为人的主观意志如何概不考虑。[2]

另外，在德国法上，对所有附合的情形都做了统一规定，对于当事人的主观状态也没有明确地做出丝毫的要求，即只要一物被看作主物，其所有人取得单独所有权。

3. 加 工

加工的成立及其规则的适用[3]需要满足三个条件：首先，这里的加工或改造是指人对物的劳动性的作用之后，物本身发生了改变。加工是

---

[1] 陈卫佐. 德国民法典[M]. 北京：法律出版社，2010：338.《德国民法典》第947条规定："（1）动产以这样的方式互相附合，以致它们成为合成物的重要成分的，原所有人成为该合成物的共有人；应有部分按各动产在附合时的价额的比例予以确定；（2）其中一物须看作主物的，其所有人取得单独所有权。"

[2] [德]鲍尔·施蒂尔纳. 德国物权法（上册）[M]. 申卫星，王洪亮，译. 北京：法律出版社，2006：443.

[3] 陈卫佐. 德国民法典[M]. 北京：法律出版社，2010：339.

一种事实行为而不是法律行为。前者并不考虑行为人的意志，而后者是需要考虑行为人的意志的，即并不考虑行为人意思的正当性，即使他是使用不法手段进行了加工活动。其次，加工之后所获得的物应该是新物。对于何者为"新"，一个重要的参考标准就是交易观念。在交易观念中，如果一个产品或多个产品被加工为具有另一个名称的物的时候，这个物就被称为新物。比如，木头被加工成椅子，水和粮食被加工为白酒，等等。但是，在新房子上涂上油漆，或者将小羊养成壮硕的大羊，则不能称为加工，而最多称为附合。最后，"加工或改造的价值不显著小于材料的价值"，实际上就是劳动的价值与材料价值的比例关系。通过这一规定我们可以很明显地看出，该条规则更倾向于对劳动者的保护。而且与其他国家的规则相比，其对劳动者的保护强度更高。如《法国民法典》第571条："但是，如手工费用很高，远远超过被使用的材料的价值，则视加工技艺为主要部分"，加工人据此才获得加工物的所有权。

  同时，加工的适用范围，德国法还明确包括其他的类型："书写、做记号、绘画、印刷、雕刻或对表面的其他类似处理。"这里大部分指的是文学艺术创作及其类似的成果，这些成果又都是可以复制的。在这些情形下因"加工"而获得的权利其实不是一般意义上的所有权，而是知识产权（著作权）。可见，德国法上的加工适用知识产权。另外，加工在相关权利得失方面的规则与附合一致："在新物的所有权被取得时，现存于材料上的权利消灭。"

  还有，关于所有权的取得有以下三个方面需要注意：

  （1）关于"制造人"的确定。在德国法上，从交易观念和语言惯用法上考虑，并不将实际进行加工的人视为加工意义上的制造人。德国的加工情形大多数发生在企业中，如果工人是在工作时间或因职务上的业务而为加工行为，那么该工人与加工物的关系相对于企业主而言，实际上是辅助占有的关系[①]，真正的占有人是企业主。但是，因为交易习惯

---

① [德]鲍尔·施蒂尔纳. 德国物权法（上册）[M]. 申卫星，王洪亮，译. 北京：法律出版社，2006：459.《德国民法典》第950条是这样规定的："（1）以加工或改造的价值不显著小于材料的价值为限，通过加工或改造一件或一件以上材料制作新动产的人，取得新物的所有权。书写、做记号、绘画、印刷、雕刻或对表面的其他类似处理，也视为加工。（2）在新物的所有权被取得时，现存于材料上的权利消灭。"

和语言惯用法这两个因素的存在已经能够充分支持"制造人"在于企业主而非加工人，所以从法律上将加工人拟制为辅助占有人也就没有必要了。作为例外，将加工人直接视为制造人也是存在的，比如说加工人的加工行为不是在工作时间或不是为了完成职务上的业务，甚至是加工人直接将企业中的材料偷偷拿入家中进行加工，加工人仍被视为制造人，从而享有对加工物的所有权，而企业只能请求债法关系上的损害赔偿。

（2）关于承揽合同。单纯根据《德国民法典》第950条的规定，承揽人很容易成为加工物的所有权人，只要他的加工价值不显著低于材料价值即可，而且该条没有对行为人的主观意志作出限定。但是，从联邦最高法院的判例看来，在确定"制造人"的问题上又有不同的规定，即在承揽合同中定作人被视为"制造人"，①在这种情况下，定作人实际上是在"让别人去制造"。②由此看来，《德国民法典》第950条关于加工权属的规则，其实是任意性规范而不是强制性规范，也就是说该规则是可以被当事人的合意否定的。具体的说就是在加工承揽合同的情形下，由定作人和承揽人自主决定加工物的归属。但前提是，此种情形只能在法典没有改变的情况下通过判例的形式来确定，而不是说任何合同行为均能构成此法律效果。因此，在德国法上，关于加工的权属规定并非完全地按照事实行为的性质来做决断的，相应地，规范该制度的法典第950条也不是强制性的条款。于是，关于加工物的权属，在当事人有约定的情况下，按照约定；在当事人没有约定或约定不明或约定无效的情况下，则严格按照法典去对加工物的最终归属进行确定。但要说明的是，加工承揽与添附中的承揽实际上并不是同一个性质的问题，前者其实属于债权法上的合同问题，而后者其实属于物权法上的添附问题，而在德国的物权法上有一个重要的物权理论，那就是物权的无因性，该无因性旨在将物权行为从事实上限定在事实行为的范围内，所以关于物权下的所有制度都应该遵循该理论，包括添附制度及其加工制度。

（3）关于所有权保留中加工物所有权的取得。在这种情况下，卖方

---

① [德]联邦最高法院民事判例集．第14卷，114、117；第20卷，159、163．
② [德]鲍尔·施蒂尔纳．德国物权法（上册）[M]．申卫星，王洪亮，译．北京：法律出版社，2006：461．

的所有权继续地存在于加工物之上,也就是说,卖方也有机会取得对加工物的所有权。但这里所约定的内容,并不是直接决定加工物的最终归属,而是仅对原物所有权进行的约定。所以,加工物的最终归属也并不存在于当事人双方的约定,有多种可能。①

2.2.2.2 添附的特点

德国法的添附具有以下特点:

1. 重要成分理论

德国添附制度,首先通过"物的成分"即新物来确定添附的成立,继而以"重要成分"作为新物归属的原则,并通过"重要成分"的例外"表见成分"补充该规则,"重要成分"理论成为德国添附制度的一大特色。

其中"重要成分"理论贯彻于各类添附规则之中:动产附合而成重要成分则其所有人取得单独所有权;动产附合而成重要成分但没有主从之分则合成物共有;不考虑添附时当事人的主观状态。

2. 无因性贯穿于添附制度

物权的无因性源于德国物权契约的概念。所谓物权契约,它是物权行为的一种,而且是最重要的一种,有"物权行为之王"②的美誉。萨维尼认为,以履行买卖契约或者其他以转移所有权为目的的契约而进行的交付,并不仅仅是一个纯粹的事实履行行为,而是包含一个为转移所有权为目的的物权契约。所有权的转移不仅要有当事人之间的债权契约行为,而且还应当有双方当事人之间的所有权转移的合意,此外还需转移所有权的交付行为。其中,物权契约即双方当事人之间的所有权转移的合意。《德国民法典》不仅没有强调基础法律关系对添附行为的影响,甚至没有像《法国民法典》那样提及关于添附行为人的主观上的善意与恶意对添附权属的影响,也就是不考虑行为人的动机而只考虑其目的,

---

① [德]鲍尔·施蒂尔纳. 德国物权法(上册)[M]. 申卫星,王洪亮,译. 北京:法律出版社,2006:463.
② 陈华彬. 外国物权法[M]. 北京:法律出版社,2004:89.

而其目的往往就是获得添附物的所有权，这也正是萨维尼物权契约"取得权源"的内容。所以这种摒除主观动机善恶上的结构显然是与物权契约的无因性一致的，但它可以看作是一种广义上的无因性或对传统无因性的发展。

不考虑当事人添附的主观状态，动产附合而成重要成分则其所有人取得单独所有权，动产附合而成重要成分但没有主从之分则合成物，以及动产附合效力及于第三人，其他人存在于物上的其他类型的权利亦因原物主失权随之消灭或原物主得权而扩张，也因共有存在于其上的各项权利仍然存在，等等，都体现了物权变动的无因性。

3. 添附客体的延伸

《德国民法典》与其他国家的民事法律相比，明确规定了权利与物之间的添附规则，按照鲍尔·施蒂尔纳的观点，是"一个物与一个权利附合的情况"。[1]根据《德国民法典》第90条"物的概念"的规定，"法律意义上的物，仅为有体的标的"[2]。但是在《德国民法典》上，"物"被进一步分为不动产（unbewegliche sache）和动产（bewegliche sache），其中"sache"这个德语单词它既有"物"的含义，又有"财产"的含义。[3]财产包括有形财产和无形财产，而权利是包含在无形财产里的，所以权与物之间的添附规则实际上是无形财产与有形财产之间的添附。

《德国民法典》第950条第1款甚至明确："书写、做记号、绘画、雕刻或对表面的其他类似处理，也视为加工。"[4]同时，德国法规定"加工或改造的价值不显著小于材料的价值"，与其他国家的规则相比，如法国法强调"如手工费用很高，远远超过被使用的材料的价值，则视加工技艺为主要部分"，该规则更倾向于对劳动价值、劳动者的保护，对无形财产的保护。这是《德国民法典》对添附制度创造性的发展，使添附制度的客体延伸到了无形财产。

---

[1] [德]鲍尔·施蒂尔纳. 德国物权法（上册）[M]. 申卫星，王洪亮，译. 北京：法律出版社，2006：489.
[2] 陈卫佐. 德国民法典[M]. 北京：法律出版社，2010：30.
[3] 郑成思. 知识产权、财产权与物权（续）[J]. 中国专利与商标，1998（3）：4.
[4] 陈卫佐. 德国民法典[M]. 北京：法律出版社，2010：339.

2.2.3 日本添附制度

《日本民法典》主要继承了《德国民法典》的相关制度，这里主要分析其与《德国民法典》的不同之处。

2.2.3.1 添附主要内容

1. 添附类别

日本添附分为附合、混合和加工。

（1）附合。

附合分不动产附合与动产附合。

第一，不动产附合。《日本民法典》第二百四十二条规定："（不动产的附合）不动产的所有人，取得作为其不动产之从的附合物的所有权。但是，不妨碍他人因权原而使其物附属的权利。"

很显然，"不动产的所有人，取得作为其不动产之从的附合物的所有权"，与《德国民法典》规定一样。不动产所有人依该权利取得的附属的权利包括"对不动产使用权和对不动产之从的附合物之所有权"[①]。但是，"不妨碍他人因权原而使其物附属的权利"，其中"权原"是指诸如地上权、永佃权、租赁权之类的权利[②]，与德国法规定不一样。德国法规定原所有人的所有权的效力得扩张至其他动产之上，并且其效力最终得以及于整个附合物，不仅其他人的动产所有权随之消灭，而且其原附于动产之上的限定物权的命运亦同于所有权，即因主物的存在而使其限定物权的效力得以扩张，并使原存于其他动产上的限定物权被消灭。

第二，动产附合。《日本民法典》第二百四十三条、二百四十四条分别规定："（动产的附合）分属于数个所有权人的数个动产，因附合致非毁损不能分离时，其合成物的所有权，属于主物动产所有人。因分离需要过巨费用时，亦同。""（动产的附合之二）附合的动产，不能区别其主从时，各动产所有人，按其动产附合当时价格的比例，共有合成物。"

---

① 邓曾甲. 日本民法概论[M]. 北京：法律出版社，1995：197.
② [日]田山辉明. 物权法（增订本）[M]. 陆庆胜，译. 北京：法律出版社，2001：175.

与德国法相比其不同之处在于：德国法把动产附合物所有权的共同所有的情形规定在前面，把动产主物所有人单独所有的情形规定在后面，日本法则恰恰相反。这反映出了德国法实际上在努力避免所有权的消灭而以共有制度保存之（即使动产之间在价值与作用上有巨大差异），而日本法更倾向于避免物被共有而授予某人单独的所有权。对于动产的附合物的归属应该避免被共有的命运，因为：从发挥物的效用的角度出发，单独所有物比共有物更能发挥其价值；在共有物的情形下，要发挥物的效用往往存在许多限制；而且共有容易发生纠纷是共识。单从共有的角度讲，如果是按份共有，虽然理论上某一共有人可以自由地使用、收益、处分属于该共有人所有的份额，但在动产附合的情况下，由于动产不能分离，动产附合后是作为一个整体而存在，这样的使用、收益、处分势必导致该整体下的其他份额受到影响，从而影响其他人的利益。

要提出的是，德国法下加工人单独取得所有权的机会比其他国家而言要大得多。这与德国法上（立法上和判例上）关于动产附合单独取得所有权的态度是迥然不同的。那么，此不同之处的原因在哪里呢？附合与加工的最大的不同之处就在于添附人付出的劳动或者说智慧及其程度，后者比前者付出的努力要大，在附合的情况下，甚至可以没有人力作用。所以从本质上讲，德国法决定添附规则后面的价值取向是不同的，附合更注重公平而加工更注重效率，强调对劳动的保护。

（2）混合。

《日本民法典》第二百四十五条规定："（混合）前二条的规定，准用于属于数个所有人的物混合至不能识别情形。"这一条与德国法关于混合的规定从内容到形式都是一样的。形式上都是准用性法律规则，而且都是准用动产附合的规则。内容上，德国法用的是"重要成分"，即无法分离或分离所费甚巨；日本法是以"不能识别"定义的，二者本质是一致的。

（3）加工。

《日本民法典》第二百四十六条规定："（加工）（一）为他人动产加工时，加工物的所有权属于材料所有人。但是，因加工致其价格显著超过材料价格时，加工人取得该物的所有权。（二）加工人曾提供部分材料时,以其价格加上因加工而产生的价格超过他人材料价格为限,加工人取得该物所有权。"

关于加工规定,日本法是"显著超过",法国法是"远远超过",德国法是"不显著小于",显然日本法和法国法与德国法有价值比较的明显差异。要说明的是,日本法该条前款规定与法国法(《法国民法典》第570条至第572条)相同,但该条第二款——因循第一款的规定,只要加工的价值显著超过材料的价值时,该加工物的所有权由加工人取得——,与法国法加工物由材料所有人共有不同,与德国法则又保持了一致。因此,日本法关于加工的规定是介于法国法和德国法,即坚持了公平价值,又强调了效率,强调了对劳动的保护。

2. 添附效果

关于添附效果,《日本民法典》第二百四十七条、二百四十八条规定:"(添附的效果)(一)依前五条规定,物的所有权消灭时,于该物上存在的其他权利也消灭。(二)前款物的所有人,成为合成物、混合物或加工物的单独所有人时,前款的权利,以后存在于合成物、混合物或加工物上,其人成为共有人时,则存在于应有部分上。""(添附的效果之二——不当得利)因适用前六条规定而受损失者,可以依第七百零三条及第七百零四条的规定,请求偿金。"

添附效果有三个方面:一是物权上的效果,表现为添附物所有权的归属,日本法规定不动产所有人取得合成物所有权,主物所有人取得合成物、混合物所有权,加工物由材料所有人取得,价值"显著超过"原物时由加工人取得。二是第三人的物权效力,原物所有权消灭时,于该物上存在的其他权利也消灭;成为合成物、混合物或加工物的单独所有人或成为共有人时,原物上存在的其他权利则存在于应有部分上。三是债权上的效果,表现为对失权人金钱上的补偿。关于权属与权利补偿方面的规定,除但书"不妨碍他人因权原而使其物附属的权利"外,与德国法基本一致,即其他权利随着所有权的灭失而灭失、随之转移而转移,对失权人的利益补偿以得利人所得利益为限,但并不排除因侵权或恶意而造成的额外赔偿。

2.2.3.2 添附的特点

日本添附制度的特点：继受德国法制度，这一点从前面的分析可以看出；独具特色，日本法更倾向于避免物被共有而授予某人单独的所有权。还比如在不动产附合的规则上，规定了因权原而获得的权利，这一点是对德国添附制度中"重要成分"的发展和简化。要成为德国法上的"重要成分"的一个条件就是"该成分不能是因临时目的而存在的"，如果这样，就视为"表见成分"，添附人可以当然地保持对该成分的权利，而日本法上的"权原"就是指如"租赁权"之类的"因临时目的而存在的"权利。另外，日本法不同类型的添附有不同的价值取向，进而适用不同的规则，这也是日本法的重要特色。

2.3 英美法系国家添附制度

英美法系，又称普通法法系，是指以英国普通法为基础发展起来的法律的总称。它首先产生于英国，后扩大到曾经是英国殖民地、附属国的许多国家和地区，包括美国、加拿大、印度、巴基斯坦、孟加拉国、马来西亚、新加坡以及非洲的个别国家和地区。到18世纪至19世纪时，伴随英国殖民地的扩张，英国法被传入这些国家和地区，英美法系发展成为世界主要法系之一。但英美法系国家在法律分类、宪法形式、法院权力等方面也存在一定的差别。英美法系的主要特点是注重法典的延续性，以判例法为主要形式。

判例法虽然不具有概念明确、逻辑清晰、内容详尽、体例完备等特点，但其涉及的内容是非常广泛和细致的。英美法系国家法律虽然没有明确的所谓的"物权""添附"概念，但是，在这些国家的财产法中是会涉及与添附制度相当的制度的，并且有自己的特色。这里主要分析英国、美国的添附制度。

英美法系国家既没有"物权法"的概念，更没有《物权法》或包含物权制度的民法典的成文法的存在，是以"财产法"或《财产法》的概念、判例或部分制定法的形式呈现出来，而且关于"物"或"财产"的调整范围与大陆法系也是不尽相同的。英美法系国家和地区的添附主要是针对财产的，为了行文的统一和理解的方便，这里还是将其称为"添附制度"。

2.3.1 英国添附制度

2.3.1.1 财产客体

英国法上的财产，是无法指望通过一个确定的概念来认识的。不过可以借鉴"物"作为中介来理解什么是财产，如"凡是可被称为财产的物必定是可以被人拥有的和可以交易的"①。因此，英国法上的财产至少包含两个方面的要素，第一是"可以被人拥有"，第二就是"可以交易的"。

从这一不算定义的解读我们可以看出，英国法上的财产并不明确其是否为有形财产，单从这一解读的字面上我们也不难推断出该财产是可能包含无形财产的。事实上也是如此，财产法律对我们日常生活中随处可见、触手可及的不管是以不动产还是动产形式出现的有形财产的关注甚少；但对无形财产包括权利在类的关注却很多。②这与大陆法系，以德国、日本为代表，明确将物的客体定义为有形物是截然不同的。

在英国法中,将财产的客体范围扩展到无形财产的传统是很悠久的，而且是尽量地将其扩展到无形财产之上。英国法律史学家梅特兰曾说过："任何单独的或一组的权利都可以被看作一批财物……在中世纪的法律中抽象的无形财物比比皆是。"③所以说，到目前为止，英国法上财产的范围与大陆法系等值概念的物的范围相比，显然是大得多了。但是我们前面也讲过，在法国法上，也是以财产的概念替代物的概念的，而且显

---

① [英]F. H. 劳森，伯纳德·冉得. 英国财产法导论[M]. 曹培，译. 北京：法律出版社，2009：19.
② [英]F. H. 劳森，伯纳德·冉得. 英国财产法导论[M]. 曹培，译. 北京：法律出版社，2009：15.
③ Pollock Maitland. History of English Law[M]. 2nd ed. Cambridge university press，1968：3-4，124-149.

然是包含无形财产的，虽然法国法对于无形财产的关注度并不如英国法那么高；在德国法和日本法上，也已经以不同的形式承认了无形财产或无形财产的物权地位了。这样看来，英美法系至少英国法与大陆法系相比较而言，更重视无形财产，而大陆法系则是从仅关注有形财产或有形财产逐渐地过渡到了二者兼顾的程度。

从英国法上财产的类型划分来看，无形财产也占了绝大多数，其类型有：权利证书式的无形财产（如商业票据）、书证式无形财产（如证券）、非书证式的无形财产（如应收账款）、知识产权、货币、基金、资本与收入①，其他的就是对有形财产作出的粗略的划分：包括不动产、动产、有形的财产。

2.3.1.2 添附制度

英国法上的添附制度属于财产权益的取得，而财产权益的取得又分为初始权益和派生权益。②所谓初始权益，就是指通过自然或人的行为而产生的财产权益，它包括生产、创作、发现、占有、添附和改造。派生权益，是指因转让而产生的财产权益，它包括买卖、赠与、借贷、继承等。所以，英国法上的添附和改造规则属于初始权益。

为了便于理解和表述，我们还是借鉴大陆法系上的附合、混合、加工概念来对其进行讨论：

1. 附合于不动产

当一个动产被附合在不动产上时，该动产上原来的权利消灭，就属于不动产了，而无论当事人的意愿如何。③但是承租人因承租关系而将不动产或动产添附于不动产时，该承租人在租约结束后或保持该不动产的所有权或将该动产取走，④很显然，这一点与德国法上的"表见成分"的制度是类似的。因此，英美法系虽然没有大陆法系那样高深的理论，

---

① [英]F. H. 劳森，伯纳德·冉得. 英国财产法导论[M]. 曹培，译. 北京：法律出版社，2009：22.
② 同上：54。
③ 同上。
④ [英]F. H. 劳森，B. 拉登. 财产法[M]. 施天涛，等，译. 北京：中国大百科全书出版社，1998：21-22.

但点滴细致的规则中也常常蕴含着深刻的普适的真理。

2. 附合于动产

附合于动产即当动产附合于动产之时，主物的所有人获得整个添附物的所有权。①这里动产的附合也是根据主从物的区分来确定添附物权利的归属，但没有明确当主从物不能分别时应该如何确定权利归属。

3. 混 合

如果动产之间发生了混合，则法官首先会根据双方当事人的意愿来确定权利的归属；如果不能据此作出判断，法官则会判决由双方共有混合物的财产权利。②

4. 改造（加工）

在加工物能被恢复原状的情况下，由材料所有人享有该物的所有权；在加工物不能恢复原状的情形下，则由加工人获得所有权。但无论如何，材料所有人都能从加工人那里获得因材料被侵占所造成损失的补偿。③

通过初始权益和派生权益内涵与外延的对比，我们不难发现，借鉴大陆法系的理论，初始权益的产生方式实际上通常基于事实行为，即当事人并非有意愿产生法律关系的行为，或者参照德国物权契约的理论，从某种角度上讲，也是可以视为无因性的行为。派生权益的产生方式则是基于法律行为，即当事人有意愿产生法律关系的行为。所以英国法上的添附制度的性质和定位与大陆法系是一致的。

英国添附制度有自己的特点。英国的添附制度准确地说应该是"添附和改造"制度，并不意味着其与其他国家相比多了一个类型，而是英国的"添附和改造"中的添附与其他国家的"添附"在语义上存在区别。首先，通过前文分析，英国添附制度的具体类型与其他国家没有区别，它也包括附合（包括附合于不动产）、混合、加工等类型，只是因为英美

---

① 同上：72-73.
② [英]F. H. 劳森，伯纳德·冉得. 英国财产法导论[M]. 曹培，译. 北京：法律出版社，2009：58-59.
③ [英]F. H. 劳森，B. 拉登. 财产法[M]. 施天涛，等，译. 北京：中国大百科全书出版社，1998：73.

法系法律对法律概念不像大陆法系国家那样进行准确、严格、统一的规范，所以在英国法里添附制度没有和大陆法系国家一一对应的概念和类型，但基本的具体类型是一致的。其次，从相关的文献①对英国添附制度的描述可以看出，英国法"添附和改造"中的"添附"包含了附合和混合这两种情形。而改造就是指加工。另外，在英国法上，"添附"（accession）一词并不像大陆法系那样囊括了附合、混合、加工所有的类型，该"添附"仅指附合、混合两种情形，而加工另以"改造"（alteration）一词来定义。②因此，英国法上的添附制度，准确地说应该是"添附和改造"制度。无论从汉语还是英语的角度看，汉字"添附"和英文accession的字面意思就是指物的增加或结合，并没有对物进行改进、改造、加工的意思，而alteration就是指变更、改造的意思。

由当事人首先自主协商添附形成物的归属，是英国法的另一特色。英国添附制度的附合与不动产的权利归属与大陆法系的国家是一致的，也是附合于不动产，而且有与德国法"表见成分"类似的制度。附合于动产时也依据物之主从来确定权属。动产混合，英国法首先不以物或份额的主从来确定该混合物或由主物所有者独有还是有各所有人共有，而是首先由当事人自主协商以作决定；在不能形成一致意见时，再由法官决定由当事方共有。这种制度安排体现了公平精神，即避免在法定情况下一概地将混合物归属于某一个人，而是由当事方协议，这又体现了民法意思自治的精神，体现了法律对个人利益的尊重。对于普通物权而言，这样处理混合法律问题，降低了当事人完全丧失物权利益的概率。英国法处理混合问题的协商制，优势也是明显的。因为这样可以让当事人就添附形成物的权属、利益补偿、利益分配、管理、运用等各方面的问题进行充分的讨论，如果能达成协议，会使问题的解决方式更适当、更有针对性、更有效，更好地兼顾各方的利益，最终也更好地定纷止争。

---

① [英]F. H. 劳森，B. 拉登. 财产法[M]. 施天涛，等，译. 北京：中国大百科全书出版社，1998：72-73. [英]F. H. 劳森，伯纳德·冉得. 英国财产法导论[M]. 曹培，译. 北京：法律出版社，2009：58-59.

② [英]F. H. 劳森，B. 拉登. 财产法[M]. 施天涛，等，译. 北京：中国大百科全书出版社，1998：58.

2.3.2 美国添附制度

与英国一样，在美国法上并不存在物权添附的概念，所谓的添附和加工只是财产所有权的一种取得方式。因此，美国法也是以财产法的形式来规定添附行为的。

2.3.2.1 财产法理论的变迁

英美法系深受个人财产理论、劳动价值论等理论影响，这些理论是英美财产法的理论基础。每一种法律制度建立的背后肯定有其相关理论的支撑，每一个具体的规则包括添附规则也是由理论推演而来的。美国的财产理论大体分为两个阶段：一是18、19世纪的个人自然财产权和个人绝对财产权理论；二是20世纪以后的财产权理论对社会价值的重视。

个人自然财产理论来源于英国哲学家约翰·洛克的思想。洛克的思想除了受到英国的法律传统思想影响外，还受到了自然法思想的影响。自然法理念，就是强调人的"自然权利"、个人志向和幸福的支配地位。[1]自然法思想强调的从来都是以个人的利益和幸福为出发点和依归的，是彰显个人主义的思想。另外，洛克还受到了英国另外一位伟大的学者——培根的创造与征服世界思想的影响。他在《政府论》（下篇）这样表述："只要他使任何东西脱离自然所提供的那个东西所处的状态，他就已经掺进他的劳动，在这上面参加他自己所有的某些东西，因而使它成为他的财产。"[2]

洛克的理论贯穿于18至19世纪北美殖民地的开发、美国的西进运动以及各种规章制度的建立。美国著名的法学家汉密尔顿认为：美洲大陆的开发、工业制度的建立，使人人都有发财致富、成为有产者的希望，而这一希望是永存不灭的；以至于个人主义思想在美国大为盛行，而洛克的个人自然财产权理论和劳动价值与征服理论在美国就成了个人"自

---

[1] [美]E.博登海默.法理学：法律哲学与法律方法[M].邓正来,译.北京：中国政法大学出版社,1999,：39.
[2] [英]洛克.政府论（下篇）[M].叶启芳,瞿菊农,译.北京：商务印书馆,1981：19.

由与财产的福音"。①

个人绝对财产理论则是对洛克财产理论的巨大发展并对美国的财产观念造成了直接性的和更为巨大的影响。完成这一发展的是英国的另一位伟大的法学家威廉·布莱克斯通。具体而言，布莱克斯通将洛克的个人自然财产权利进一步明确为"独有的和专断的支配权"的绝对财产观念，将洛克的劳动与征服理论发展为劳动—占有理论，即个人只要对某物付出了劳动就有权对其占有。但无论是劳动与征服理论还是劳动—占有理论，都排除了在私有财产权产生过程中基于同意的必要性。②在19世纪，布莱克斯通的个人绝对财产观念发展到了顶峰并极大地影响着美国法官们的司法理念，大法官肯特甚至认为：法律要注重保护对既得财产拥有的权利，更要注重保护获得财产的权利。③

但是，到了20世纪，美国开始更加关注财产的社会性保护，也就是更加关注社会利益与公共利益。在美利坚合众国中，"对个人利益不受限制的追求"被视为"是与保护公共财富不相容的"。④这并不是说美国法对个人的关注开始让位于对社会的关注，而是一如既往地将个人的追求摆在首位，只是相对于过去而言更加地关注社会的利益和追求社会经济价值了。

2.3.2.2 添附制度

美国法没有对添附制度作出统一的理论与规则。添附的理论与规则通常散见于判例、法律汇编和各州各自的立法之中。美国法上添附的分类只能从相关的文献中发现并进行归纳和总结。美国法上的添附⑤主要可以具体地分为以下几类：

附加，行为人付出劳动或增加材料使原所有人之动产价值增加的物。

---

① Walton, H. Hamilton. Property: according to Locke[J]. Yale law journal, 1932(41): 873.
② 王铁雄. 美国财产法理论的历史基础[J]. 宁夏社会科学, 2010(3): 6.
③ 同上: 8。
④ 王铁雄. 美国财产法理论的历史基础[J]. 宁夏社会科学, 2010(2): 7.
⑤ [美]约翰·G. 斯普兰克林. 美国财产法精解[M]. 钟书峰, 译. 北京：北京大学出版社, 2009: 70-71, 491-492; 李进之, 等. 美国财产法[M]. 北京：法律出版社, 1999: 50-55.

附加物通常与原动产不可分，相当于附合、加工。附加的法律效果通常是这样的：①行为人善意时，且附加物之材料属性被改变或价值剧增，则行为人取得附加物之所有权，但原所有人可请求损害赔偿，如魏泽比诉格林的判例②；行为人恶意时，原所有权人可请求返还原物，并请求恢复原状或赔偿损失。例外情况是，行为人既付出了劳动又付出了材料且此材料占主导地位时，即使该行为人为恶意，仍然能获得添附物的所有权。

混合，不同所有人所拥有的不同动产相互混合而不能区分、不能识别。混合，混合物同种类、同数量混合，按份共有，无论混合如何发生、当事人是否有故意或欺诈；混合物数量未知，非当事人的恶意造成（第三人、不可抗力、双方合意），共同共有；混合物数量未知，一方当事人（其代理人、管理人、受托人）故意造成的，负举证责任，否则混合物均由非过错方所有，但允许经过错方举证取回属于自己的物。③

美国法上附加规则有一个转化过程。美国法关于附加的规定，传统上以"最后所制成的产品在'种类上和性质上'"④的标准处理附合和加工问题，即如果原物和附加的物在"种类上和性质上"已经完全不一样，那么由附加人获得附加物的所有权。譬如将苹果做成苹果汁或将粮食酿成酒。现代的许多裁定都已废弃了传统的"种类和性质"的检验规则，而是注重添加了劳动力和材料之后所制成产品的价值变化，⑤即当附加物最后的价值比原物的价值更高，则附加物的所有权由附加人所有。美国法上附加规则的标准发生了由"质变"向"量变"的转化。这种变化使得按美国法附加人取得附加物的难度降低了，可能性加大了。这是一种利于个人创造财富的规则变化，与美国传统强调保护个人利益的财产观念是一致的，只不过这种变化似乎与美国财产观念由倾向保护个人利益转向注重保护社会利益或公共利益的大趋势相悖。

---

① 李进之，等. 美国财产法[M]. 北京：法律出版社，1999：52-53.
② [美]约翰·E. 克里贝特，等. 财产法：案例与材料[M]. 齐东祥，陈刚，译. 北京：中国政法大学出版社，2003，11（1）：145-148.
③ 李进之，等. 美国财产法[M]. 北京：法律出版社，1999：54-55.
④ 同上；51.
⑤ 同上；51.

事实上，附加仍然反映了美国法注重公平的一面，即附加人若要取得附加物的物权还需符合一个条件，就是该行为人必须是善意的。若是恶意，则在大部分情况下，原物所有人仍可主张返回原物并赔偿损失。美国法关于混合的规定也首先从行为人主观上的善恶为考虑的出发点，而且只以此来考虑。

关于无形财产或无形财产的添附，特别是对于专利权的改进，美国法上还存在具体的判例。比如1988年的Texas Instruments Inc.诉U.S. Int'l Trade Comm'n案，"被控侵权物虽然包含了权利要求中所记载的每一个技术特征，但对每一个技术特征都进行了技术上的改进和提高"[①]。即使如此，法院也认定被控侵权物并未侵权，专利改进人或称添附人却由此获得改进后的专利权利。在"佩恩奥尔特公司诉杜兰德-韦兰公司案"中，美国最高法院驳回了原告的诉求，否定了被告侵犯了原告的专利权。比斯尔法官在判决中指出："……作为事实，被指控的装置上没有任何部分起着与第一位置指示手段等同功能。由于缺少这一关键要素，因此被指控的装置既没有构成文字上专利侵权，也没有构成以等同原则的专利侵权。"[②]而在1991年的Scripps Clinic & Research Foundation诉Genentech, Inc.案中，美国联邦巡回上诉法院进一步指出："即使被控侵权物落入了权利要求的字面范围，但如果其在原理上与发明已经如此不同，以至于是通过实质不同的方式，实现相同或相似的功能时，则被控侵权物不构成侵权。"[③]

2.4 国外添附制度的借鉴

2.4.1 大陆法系添附制度比较

大陆法系各国添附制度，主要有以下相同点：（1）在附合类型下，

---

① 何小平. 论专利侵权判定中的逆等同原则[J]. 知识产权, 2011 (1): 53.
② 张乃根. 美国专利侵权的等同原则——案例分析及其比较[J]. 比较法研究, 1995 (2): 164.
③ 何小平. 论专利侵权判定中的逆等同原则[J]. 知识产权, 2011 (1): 54.

德国法和法国法说明了主物与从物的区别在于某一物是否为另一物的装饰、补充，如果是，则另一物为主物；否则，各物在这一标准下没有主次之分。（2）在混合类型下，从各国的法律条文不难看出，混合的规则基本与附合的规则一致。（3）在加工类型下，各国都规定了在加工价值与材料价值相比达到一定比例时，加工之物的所有权由加工人所有。（4）德国、日本都明确了以不当得利即法定债权制度对物权的失权人进行利益平衡，对添附制度在这一方面的缺憾作出了补充，物权与债权相结合，使得添附制度同时具有了公平的属性。（5）各国都以不同形式包含了无形财产添附的存在。

不同点表现为：（1）各国以不尽相同的形式规定了添附制度。具体而言，法国法以"添附权"的形式对添附制度进行了规定，并且包含了孳息这一物权取得制度；德国法和日本法则没有相关概念，甚至对添附制度本身没有统一的界定。（2）各国以不尽相同的类型规定了添附制度。法国法虽然也包含了附合、混合、加工等添附的基本类型，但其法典却明确地以不动产与动产的结构将这些基本类型展现出来，这与法国对不动产重视的传统与现实是密不可分的。从这一点可以看出，在保留添附三种基本类型的规则基础上，可以根据各国的传统与现实对具体的添附类型作出重新安排。（3）各国物权制度的法定客体的范围不尽相同。法国法明确以"财产"的概念来定义其财产权客体，德国法与日本法则将法定的物权客体限定为有形财产。财产包含了动产与不动产、有形财产与无形财产，该规定不仅符合现代社会无形财产价值逐渐超越有形财产的历史趋势，而且为添附制度的客体向无形财产扩张提供了坚实的基础；德日法虽然在法律上如此限定物权客体，但在学理上及司法实践上已经承认了物权客体向无形财产的扩张。（4）各国对加工人取得加工物所需达到的标准（即加工价值与材料价值的比例）不相同。德国的要求最低，日本次之、法国要求最高。

2.4.2 英美法系添附制度的比较

英美两个国家的添附制度的特点与大陆法系国家相比是鲜明的，无论从法律传统、法学理论、法律渊源直至具体的规则都有与众不同的地方。英美两国的添附制度都是存在于财产法的形式当中,这是其共同点,也不同于大陆法系的物权体系(法国法除外)。从两大法系的对比中发现,以财产形式规定添附存在于两大法系,而以物权形式规定添附仅存在于大陆法系。故以财产形式进行添附规定可能更为合理。

英美深受财产法理论中个人主义的影响,不管是理论上还是实践中两国都存在不考虑当事人的意愿而确定财产权的情形。在英国添附制度中,很明显的,没有对当事人的主观意愿作出明确的说明;在美国添附制度中,虽然存在对当事人善意恶意的划分,但是,更多的情形是即使添附人为恶意,在一定情形下,也能取得对添附财产的所有权。而且这种善意恶意的划分也只是在保持个人主义主体地位不变的情形下适当地加强了对社会利益、公共利益的考虑而已。

2.4.3 国外添附制度的启示

每一个国家法律制度的建立都与其法学理论、历史背景与社会发展等相联系。本书以国别方式对添附进行探讨,其好处在于,可以不必囿于现有添附体系,而针对每个国家的具体添附制度进行研究,进而完整地把握每个国家的制度特点,从国外添附制度中得到更为科学的启示。

1. 添附制度的设立

采纳添附制度是自罗马法以来各国通行的做法。尽管各国因为社会经济制度、历史文化差异等原因而使添附制度的具体内容各不相同,其适用范围也有所差异,但是,从比较法的角度来看,大陆法系国家在民法典物权编中都规定了添附制度,英美法虽然没有民法典,但其财产法中也存在添附制度。根据各国添附的相关规则可见,添附大多数情况下是一种事实行为,不是侵权、违约或单纯的不当得利所能替代的,其功能在于确定添附形成物的归属,发挥物的效用,增进社会财富;以强制性规范为主,虽然英美法强调当事人首先可以协商组合物、加工物和混合物归属,但基本不区分添附人的主观状态。

新物形成时添附产生。各国关于添附的表述各异：罗马法"[所有者]不得触动或取去[属于他的]，而被[他人]用作建筑房屋或培植葡萄园用的木料[或木柱]"，法国法"但非经毁损不能分离或虽能分离但耗费过大"，德国法"不毁坏或在本质上改变其中一个成分或另一个成分就不能互相加以分离的，不得为特别权利的客体"，日本法"附合致非毁损不能分离时？……因分离需要过巨费用时"。其本质在于：附合不能分离、分离（改变或恢复）损失更大，混合不能识别，加工则成为"新的价值更高的物"时，即"成一整体""特殊权利的客体"发生添附，添附大多数可分为附合、混合和加工等类型。

2. 添附客体的扩展

从罗马时代开始就已经有了添附规则，而且这些规则都不同程度地被后世所继承、演变。这些演变不仅是规则方面的，添附制度的性质方面也是有较大变化的。最开始，罗马法添附只是所有权的扩张而并非所有权的取得，并将加工排除在外。后来其性质转变成了所有权的取得，加工也被包含在了添附的制度之中。所有权扩张与所有权取得的区别在于前者主要适用于从物添附于主物，而所有权取得则更倾向于从添附整体与添附前的客体的价值比和效能比来确定添附人是否取得所有权。

从添附的这一性质看，理论上并没有将该所有权取得的客体限定在有形财产的范围内。所有权的客体包含无形财产，比如以知识产权为代表的智力成果，是典型的民法理论上的所有权的客体。从英美法系上看，某些权利既是权利又是财产的客体，比如股权、期权、专利等。它们作为财产的根本原因就在于它们能被交易，而以专利权为代表的知识产权就是能被交易的权利。从各国物权添附的规定、相关的理论以及司法实践上看，添附的客体是可以为无形财产的。为此，物权添附某种意义上说与财产添附是一说。

3. 添附效果

不论何类添附，添附发生后都会涉及添附形成物的归属以及原有物上权利状态，以及失权人补偿等效果问题。虽然各国法律因其历史文化、法律背景等各异，影响添附效果的因素也不同，乃至表述不一，如法国法的"主要部分"、德国法的"重要成分"，以及日、美英法等提"主物"，但是，主要因素还是有些共性。

首先，是"主物"的确定，从罗马法开始就通过价值比较确定添附形成物的归属，法国法则明确"仅仅是为使用、装饰或补充另一物时"不是主要部分，价值较高之物、价值大致相同体积较大之物视为主物，德国法以"重要成分"确定形成物的归属，"仅为临时的目的"[①]或"行使他人土地上的权利"的"表见成分"例外，可见确定"主物"是添附效果的关键因素。还要注意的是，主物还不一定就是价值较大之物，而且价值大小程度要求各国也不尽相同，有的甚至差别很大。

其次，各国都对"主物"确定添附形成物的归属进行了适当限制。罗马法提到"恶信"，区分"画添板""板添画"，即添附形成物在画家手中还是在板主手中是有区别的；法国法则明确提出如果其价值远比作为主要部分的另一物的价值贵重，且所有人并不知道其物已被使用时，所有权人可以要求将附合于另一物的该物分开并归还其本人，即使在此情况下可能对其附着之物有所损坏，亦可请求之；德国法规定了"表见成分"规则，不一而足。

再次，添附形成物共有情形、添附形成物归属对原有物上权利的效果各国法规定差异很大，德国法原物之上权利与原物权直接相关，得则存、失则灭，而日本法则有特别规定。还有，失权人的补偿各国法虽都有规定，但补偿诉由、金额多少是有区别的，有的国家还规定添附人的主观状态与形成物的归属、补偿有关联性。

---

① 陈卫佐. 德国民法典[M]. 北京：法律出版社，2010：32.

3 专利添附的理论基础

3.1 添附概述

3.1.1 添附及其特征

1. 添附的概念

在罗马法上，添附（Accessio）是指属于不同所有人的物合成一体的法律事实[①]。也有学者认为，添附是指不同所有人的物结合在一起而形成不可分离的物或具有新物性质的物。[②]不同所有人的物产生了结合而形成了新的物，是将这个新的物恢复到原来的初始状态，归还给不同的原所有人呢？还是保持这个新的物且归属一方，由所得一方给予另一方一定的补偿呢？添附显然是保持这个新的物且归属一方，由所得一方给予另一方一定的补偿，以促进社会财富的增值。一般意义上说，添附是指不同所有人的物结合在一起的一种行为，也是不同所有人的物结合在一起的一个过程，一种事实状态。这一事实状态，既可能是大陆法系物权法中规定的所有权取得方式，也可能导致物权扩张等物权变动；同时，法律规定保持这个新的物且归属一方，由所得一方给予另一方一定的补偿。其中，归属哪一方、是否补偿、如何补偿便构成该制度的规则内容。显然，添附一词被提及并不仅仅指前述之事实，有时也被用以指代一项法律制度。

添附，通常是指不同主体的物或劳动与物的结合形成社会交易观念的一物，结果发生物权变动的事实或法律制度。最早提出的添附并不包含加工，为现今民法中所称附合和混合。附合，即动产与不动产、动产

[①] 周枏. 罗马法原论[M]. 北京：商务印书馆，1994：367.
[②] 王利明. 添附制度若干问题探讨[J]. 法学评论，2006（1）：47.

与动产、不动产与不动产的附合,以及物和物的无法区分其成分的混合,包括罗马法中"画添板"中"画"仍作为动产物来理解、认识的。大陆法系的学者把加工也纳入添附制度的体系中,使得添附纯粹为学术上的称谓,即添附者,为附合、混合及加工三者在学术上之总称。其缘由是附合、混合为物与物的结合,加工为劳力与物的结合,三者之间均为添加结合的关系,在法律效果上有相通之处,而且三者又均是所有权取得、扩张的原因,所以将三者统称为添附加以论述。将添附概念的外延解释为上述三者的统一,其实仍是狭义上的添附,广义上的添附还包括埋藏物、孳息。比如,法国法将添附归纳为一项权利而将大部分所有权的取得方法都纳入其中,如孳息的取得、占有等。其实,添附和孳息的取得、占有等制度有所不同。添附制度解决的是当两个所有权人的物发生结合时,如何解决两个所有权的冲突问题,而孳息的取得、占有等制度始终都没有发生物的结合,也没有所有权的冲突问题。因此,添附的范围应限定在附合、混合、加工三种情形为宜,何况大多数国家的立法例也是如此。本书要论述的是狭义上的添附。

2. 添附存废说[①]

在添附的情况下,由于物或财产密切结合在一起,将添附的财产加以分离在事实上不可能或者很困难,对于这一事实在法律上如何解决,就涉及是否需要设立添附制度的问题。在我国物权立法中,对于是否设立添附制度的问题,存在三种不同的看法:

第一,"否定说"。"否定说"认为,任何人利用他人财产进行添附,无论是基于善意还是恶意,都构成对他人财产所有权的侵害。因此,财产被添附的一方都有权主张物权请求权排除妨害,并要求对方赔偿损失。从这个意义上说,不存在所谓添附的问题,也不需要重新确权。添附制度可以被侵权行为制度所替代。在我国司法实践中,对于有关添附的纠纷并没有适用真正的添附规则,基本上都是适用侵权损害赔偿的规则来解决纠纷,因而没有必要在物权法中另外设立添附制度解决此种问题,因为无论是基于善意还是恶意,都未得到他人许可,或者利用他人财产

---

① 王利明. 添附制度若干问题探讨[J]. 法学评论, 2006(1): 47-56.

事后未得到他人追认，所以都构成侵权，权利人有权要求拆除添附物，恢复原状。

第二，"肯定说"。"肯定说"认为，添附制度具有实际的必要性。为发挥物的利用价值，兼顾当事人的利益公平，在物权法中应根据添附的不同情形对添附物的所有权归属进行规定。所以，有必要通过添附制度确立产权的归属。社会经济生活中大量的附合、混合及加工问题需要法院裁判，由于我国没有明确的添附制度的规定，法院往往借口法无规定而拒绝裁判，致使法律对社会关系的调整留下了相当大的空白地带，因此需要建立完整的添附制度。①

第三，"折中说"。"折中说"认为，添附制度虽有其设立的必要性，但发生添附以后，首先应当确认是否构成侵权，如果符合侵权的要件，就排除添附制度的适用，如果不构成侵权，或者被添附的一方没有提出侵权的情况，就需要通过双方协议确定产权的归属，或者根据添附的规则加以处理。

《最高人民法院关于贯彻执行〈中华人民共和国民法通则〉若干问题的意见》第八十六条规定："非产权人在使用他人的财产上增添附属物，财产所有人同意增添，并就财产返还时附属物如何处理有约定的，按约定办理；没有约定又协商不成，能够拆除的，可以责令拆除；不能拆除的，也可以折价归财产所有人；造成财产所有人损失的，应当负赔偿责任。"该意见实际上包含了三方面含义：首先，该意见将添附制度规定为任意法，即当事人通过约定可以排除添附规则的适用，在发生添附的情况下，一旦当事人已经事先作出约定，便不再适用添附规则，当事人的约定具有优先效力。第二，在当事人没有约定的情况下，首先考虑适用侵权规则，也就是说，法官要首先确定是否构成侵权，如果当事人同意则可以通过约定解决产权的归属和责任的承担，如果没有约定，则依照侵权处理。第三，如果对添附物无法拆除，可以适用添附规则，通过将财产折价归财产所有人，而造成财产所有人损失的，应当由添附另一方负赔偿责任。可见，添附制度在我国的适用范围非常狭窄。据此可见，

---

① 梁慧星. 中国物权法研究（上）[M]. 北京：法律出版社，1998：533.

我国的司法实践至今实际上采纳的是折中说的观点。

否定说认为添附可以由侵权制度所替代。此种看法是不妥当的。第一，添附行为并非都构成侵权。从实践来看，添附是一种客观存在的现象，其发生的原因较为复杂，可以基于违约或侵权，甚至基于合法行为乃至法律鼓励、保护行为而发生。不构成侵权的添附包括但不限于：（1）可以基于合同的依约合法行为而发生的添附，如甲乙丙三方订立合同，约定对房屋承租后进行装修，添附的结果完全是基于依约合法行为，不存在所谓违约或侵权的问题。（2）基于客观事实而发生的添附，如一方向另一方基于合同交付了标的物，另一方对标的物进行改进，合同被宣告无效之后，标的物即发生添附问题；还如在所有权保留中买受人对出卖人保留所有权的标的物进行改良，这些行为也未必构成违约和侵权。（3）基于某些法律鼓励、保护的行为而发生的添附，如对专利技术进行科学研究而获得的新成果。由于添附是各种原因引起的，未必与侵权行为必然联系在一起，所以需要法律制度对添附物的归属进行重新认识、确认。第二，违约请求权、侵权请求权和不当得利请求权并不能解决所有添附情况下的财产归属问题。如果没有添附制度，就无法对添附形成物产权的归属进行确认；在归属不能确认的情况下，也不能适用物权请求权和不当得利请求权。

折中说虽有一定道理，但是也存在明显的缺陷，主要理由在于：第一，添附制度在性质上不能理解成一种任意性的规范。此种观点认为在发生添附以后首先看是否构成侵权，以及必须在双方协议的情况下才能适用添附。事实上，绝大多数情况下当事人事先没有或很难对添附物的归属作出约定，在发生添附之后，又必须要对添附物的产权归属在法律上作出安排。通过制度化的安排可以节省当事人进行协商的成本，正是因为这一原因，通说认为有关添附的规则具有强制性质，属于强行性规定。设立添附制度的目的就是不允许当事人要求恢复原状，使添附物能够为社会经济利益而继续存在。甚至有学者认为，如果当事人事先存在着恢复原状的特约可以被认为违反公序良俗而应该被宣告无效。当然这个尺度所说的强行性规范是指确定添附归属的规则，即禁止当事人在发生添附之后请求恢复原状和要求返还原物，因为添附是基于鼓励创造和维护财产使用效率而对社会财富进行的强制性的分配。①第二，在发生添附并产生了添附形成物之后，也不能简单地适用侵权的规则。《最高人民法院关于贯彻执行〈中华人民共和国民法通则〉若干问题的意见》中规定"没有约定又协商不成，能够拆除的，可以责令拆除"，简单地适用侵权这在经济上并不一定合理，也是违背添附制度本意的。实际上，在添附的情况下，很多是可以拆除的，但法律从经济效益考虑和维护现有的秩序，并不允许当事人拆除，因为在可以利用的情况下，将添附的财产强行拆除，必然造成社会财产的损失和浪费，所以，法律为维护添附物所有权的单一化，使这种规则具有强行性的效力，甚至不允许当事人随意变更。②例如，对装修的物并非不能拆除，但显然许多情况下简单地拆除在经济上是极不合理的。如果依照最高人民法院的上述解释而进行拆除，显然是不合理的。因为拆除已装修的材料将会造成巨大的浪费，所以在添附的情况下，应考虑的是，如果添附物不容易拆开，就应保持其结合状态，而不应强行拆除。③更何况在其他添附情形下，如混合和加工等，并不存在或无法责令拆除适用的可能。第三，添附规则因事后没有达成协议而不适用也不恰当。根据《最高人民法院关于贯彻执行〈中华人民共和国民法通则〉若干问题的意见》，添附规则在事后不能达成协议的情况下才有适用余地。应当承认，在发生添附之后，如果当事人能够通过约定作出安排，这的确是一种有效率的产权安排，但并不能因为当事人对添附物的归属进行约定而否定添附制度。如果双方同时愿意或者不愿意获得添附物的所有权，则双方很难达成协议。因此，在法律上规定了添附制度之后，首先有利于促使当事人达成协议；其次即使在当事人协商未果的情况下，该制度也可以作为一种裁判规范确定添附物的权利归属。

总之，添附类纠纷在实践中大量存在，需要物权法确认添附制度来解决产权纠纷和利益平衡的问题。添附制度与物权请求权、侵权、不当

---

① 谢在全. 民法物权论（上册）[M]. 台北：台湾三民书局，2003（2）：507，509.
② 同上：294.
③ 吕玉宝. 论对装修他人房屋形成附合物的处理[M]//万鄂湘. 物权法理论与适用 [M]. 北京：人民法院出版社，2005：79.

得利等其他制度不同，添附并不完全考虑如何恢复物权人对财产的圆满支配，而主要考虑如何确定物的归属。在一般情况下，如果没有添附制度，就无法对产权的归属进行确认，也就无法对纠纷进行准确的处理。在归属不能确认的情况下，适用物权请求权和不当得利请求权都会发生一定的困难。因此添附制度不能为侵权请求权、物权请求权和不当得利返还请求权制度所替代，而必须在物权法中建立独立的添附制度。

3. 添附的特征

"概念之意义设定为：概念所欲描述之对象的特征，已经被穷尽地列举。……这些特征是将一个具体事项涵摄于某一概念下的充要条件。"① 因此，下面有必要对添附特征进行探讨。

添附一般包括附合、混合和加工。附合，是指两个或两个以上不同所有人的物结合在一起，虽能辨认原物，但已不可分离或强行分离所费过大的添附形式。混合，是指两个或两个以上不同所有人的动产，互相混杂合并，不能识别；或虽能识别，但分离所费过大的添附形式。而加工是指对物加入人工，使之成为新物品的行为。② 虽然对这三个概念的定义存在争议，但是忽略细节上的差别，可以对此三者的共同特征作一个归纳。

第一，用于添附的物或者劳动来自不同的主体。两物或多物如果是同一主体便不存在添附形成物的归属，也不发生原物之上的权利存与灭的问题。因此，附合、混合的物应当来自不同的主体。同样，如果加工人是原物的主人便也不存在加工形成物的归属问题。

第二，原物已经不能回复到原来之状态，或者虽然能回复到原来的状态但是会造成不经济之后果。不论是自然力的原因，形成物不能恢复原物状态或不能辨识原物，或是人力虽然能回复到原来的状态但是会造成不经济，确认为新物，则发生添附。否则，则可能是侵权、违约行为等。"板添画"是"画"而不是涂鸦，"添附权"是"整体""价值更高的物"，"特别权利的客体"乃是可以被人"拥有""交易"的物，等等，形成新物且为社会所确认是添附发生的标志。

---

① 黄茂荣. 法学方法与现代民法[M]. 北京：中国政法大学出版社，2001：39.
② 田山辉明. 物权法（增订本）[M]. 陆庆胜，译. 北京：法律出版社，2000：177.

第三,添附法律效果。罗马法的添附导致所有权扩展或是大陆法添附导致所有权变动,以及原物之上权利效果变化,失权人获得补偿是添附效果,以及受侵害则应获得赔偿。添附法律效果包括物权效果和债权效果,以此区别单一的物权请求权或债权请求权、不当得利请求权。

3.1.2 添附的价值

添附的价值主要体现在以下方面。

1. 增进财富,提高效用

添附是将两个同性或者不同性的物发生了不可分的结合,或者如果一定要将其分开恢复到原来状态,必将造成两个物的损坏。[①]恢复原状不可能或发生费用,不但不利于双方当事人,而且由于分开所花费的代价巨大,会造成社会资源的浪费。如果不分开,那么添附形成物不管归属于任何一方,都将发挥其形成物的功能与作用,使整个社会的价值财富得到提高,同时双方当事人也可从中得到利益。因此,添附具有增进财富、充分发挥物的效用的价值。

同时,添附可以取得所有权,以此维护经济价值,避免财产的损失浪费,并维护财产的秩序。现代各国民法规定添附制度,很大程度上是因为在产生添附物以后,由一人取得物的所有权,而不允许恢复原状,能够使添附物为社会经济利益而继续存在。[②]

2. 完善制度,确定归属

物权法中的添附制度作为一种取得所有权的方法,为罗马法以来的各国物权法所公认。从比较法的角度来看,大陆法系国家在民法典物权编中都规定了添附制度,英美法虽然没有民法典,但其财产法中也存在添附制度,这实际上表明,一部完善的物权法应当规定独立的添附制度。毫无疑问,添附制度作为一种物权变动的方法,其存在价值是毋庸置疑的。[③]

---

① 温世扬,等. 物权法通论[M]. 北京:人民法院出版社,2005:329.
② 陈华彬. 物权法研究[M]. 北京:国家行政学院出版社,1998:455.
③ 王利明. 添附制度若干问题探讨[J]. 法学评论,2006(1):47-56.

同时，添附制度通过完善制度确定财产归属。在添附的情况下，由于财产密切结合在一起，使财产分离在事实上不可能或者很困难，因此有必要运用添附规则确认添附形成物的归属，并使添附形成物在形态上继续。所以，添附实际上是一种确认产权的规则，与物权法的基本价值相吻合。物权法的一个重要价值取向即减少权属复杂状态，明晰产权，这集中在一物一权原则中，添附制度体现了该基本原则。

3. 定纷止争，维护秩序

完善物权变动制度，明确添附形成物归属，本身就是定纷止争的重要内容。如果没有解决不同所有人的物结合在一起时新物的归属问题，就有可能发生产权不明的情况，法官将难以找到合适的根据，从而无法解决纠纷。这也是添附制度独立存在的价值之一。违约请求权、侵权请求权和不当得利请求权并不能解决添附情况下的财产归属问题，如果没有添附制度，就无法对产权的归属进行确认，在归属不能确认的情况下，也不能适用物权请求权和不当得利请求权。确立添附制度也有利于解决实务中存在的一些产权纠纷。在实践中，因为没有添附制度，被迫通过侵权制度和不当得利制度来解决相关案件，但此种方法显然具有缺陷，往往不能够起到确认权属的目的。

同时，添附将形成物归属一方，另一方原物所有权丧失，便出现新的纷争。法律只有通过一定的制度安排，将添附物强行规定归属于一方，才能更好地保障相对人的相互利益。只有将添附形成物的归属问题解决了，才会使占有该物的所有权人更好地运用该物。需要强调的是，法律不是直接赋予这种更有利于社会制度的权利优先于与之相冲突的权利，而是通过创设一种具有优先效力的新权利来解决各种正当利益（权利）之间的冲突，即它已经被明确为优先于相应的其他权利。①通过添附行为，一方的所有权无故消灭，另一方却获得他方部分的所有权，这种利益的纠纷，添附制度是通过补偿的制度创设来完成的，通过对失权一方进行一个利益的补偿，完成一个利益的平衡过程，减少因利益而发生的确权纠纷。另外，添附中还可能存在第三人权利，如原物之上的他项权

---

① 彭诚信. 主体性与私权制度研究[M]. 北京：中国人民大学出版社，2005：257.

的出现等,出现新的法律问题也依赖添附制度的确定、解决。如日本法添附中就有明确的规定,最终有利社会秩序的维护。

3.1.3 添附的类别[1]

从根本上说,一项法律制度构成要件的设计,取决于该项法律制度的功能。添附制度的功能在于物发生结合以后维护新物的社会经济价值,而不仅仅在于定纷止争。那么,在何种状态下物的结合应予重定所有权就成为关键。本部分将通过分析添附的一般分类来探讨相关问题。

1. 附 合

附合是添附中最典型的一种。学者们在探讨附合时通常将其分为动产与不动产附合、动产与动产附合、不动产与不动产附合[2]三大类分别加以讨论。实际上这三种附合方式都符合以下构成要件:

(1)原物分别属于不同的所有人。

原物分别属于不同的所有人这一要件似乎是不言自明的[3],因为将自己的物附合于自己的物之上并不发生所有权转移的问题。但是,以史尚宽先生为代表的一些学者却持不同意见。他们认为:"在动产附合于不动产时,无须二物异其主体,其附合物因失去其独立存在而消灭,不动产之所有权扩及于附合物,其附合物为第三人权利之标的时,其第三人之权利仍存在于合成物上,否则第三人将蒙受其不利也。"[4]实际上,假设第三人在原动产上享有抵押权[5],那么按照这种观点的逻辑思路可以这样分析:动产附合于不动产时,动产与不动产结合,原动产归于消灭,那么所有原动产上的权利也归于消灭,当然包括第三人在该动产上的抵押权。如果说原动产和不动产属于不同人所有,那么原动产所有人会因为丧失所有权而获得补偿,根据抵押权的物上代位性,那么该第三人的

---

[1] 刘娟娟. 添附制度研究[D]. 重庆:西南政法大学,2007:9-14.
[2] 有些学者并没有讨论不动产与不动产附合,因为他们认为并不存在不动产与不动产附合的情形,后有详述。
[3] 法国法没有此项规定,因为法国法上的添附是一项权利,其是所有权的自然延伸。
[4] 史尚宽. 物权法论[M]. 北京:中国政法大学出版社,2001:142.
[5] 动产通常属于质押权。

利益仍然没有受到损害。但是，如果二物同属于一人，那么当二物结合时，所有人并没有发生变化，就不存在补偿的问题，也就没有物上代位了，第三人的权利就此消灭。

实际上，动产与不动产同属一人时，即使为保护第三人的利益，当二物结合为一物也无须将其认定为附合。第一，根据抵押权的原理，抵押权关注的是物的交换价值，而不是物的使用价值。那么物的物理形态抵押权人并不在乎，他关注的是物所表彰的价值。因此，当同一人的动产与不动产结合以后，动产的价值融入不动产，而享有这个价值的人仍然为原权利人，这部分价值仍然有担保的作用；第二，同样是两物结合为一物，动产与动产附合的要件必须二物异其主体的原因又何在？在动产与动产结合，能区分主从时，同样会有一项动产消灭而其上的其他权利随之消灭，其发生的法律效果跟动产与不动产附合的效果无异，为何只对动产与不动产的结合作特殊规定？因此，前述观点并不具合理性。

（2）两个或两个以上物相结合并成为社会交易观念的一物①

根据物权法的基本原则——一物一权原则，一个物上只能存在一个所有权，一个所有权的客体也只能是一物。因此，两个物结合成一物时，必须就所有权进行调整，重新确权。同时，添附制度本身的功能是维持物之社会经济价值，其目的在于提高整个社会对物的利用效率，而在当代社会效率与交易密不可分。因此，不能仅仅依据物理性质的变化，按照社会交易观念来处理物与人之关系，这非常重要。

动产与不动产结合，如何认定其为社会交易观念上的一物？大致有三种标准即客观标准、主观标准和法律标准。根据三者组合的不同在判断是否构成附合时又有三种观点，即客观标准、客观标准＋主观标准以及客观标准＋主观标准＋法律标准。

所谓客观标准，是指动产因附合成为不动产之重要成分而丧失独立性，而是否丧失独立性依靠固定性和继续性来判断。在固定性的问题上，学者们有不同见解。一些学者认为固定性，指二物相互结合，非经毁损

---

① 法国法认为两个要素可成为财产：其一，它是一种"利益"；其二，它可以满足人类的物质需求。英国法上的财产至少包含两个方面的要素：第一是"可以被人拥有"；第二就是"可以交易的"。这里主要借鉴了英国法。

或变更其性质不能分离者而言[①]；另一些学者则认为重要成分，指两物相结合，非经毁损或变更其性质不得分离者，或分离需费过巨者[②]。《德国民法典》采纳的前一种观点，其第 946 条规定：动产附合于土地而成为土地的重要成分的，土地所有权即及于该动产。所谓重要成分，第 93 条规定如是：凡物的成分，如不毁坏或在本质上改变其中一个成分或另一个成分就不能互相加以分离的，不得成为特别权利的标的物。同时，添附制度追求的就是效率，虽然在分离需费过甚的情况下分离并不会影响原物的物理性质，但从整个社会经济来看，足以破坏物之整体经济效用。因此，后者更符合添附的制度价值。此外，虽然有学者从交易观念出发来判断是否构成一物，可能会与分离需费过甚的情况有所交叉，但是并不能涵盖所有需费过甚的情形。因此，应当将分离需费过甚者剔出。两派学者虽然在固定性上观点不同，但都认为动产与不动产结合要适用添附的规定以非暂时性为必要，即必须有继续性。比如浮植树株、堆积肥料以及修建临时性建筑等都不具继续性，因而不适合有关添附的规定。

通说认为在物理标准以外，还需从主观上考虑二物是否结合为一物：如果物理性质上仍可以拆分二物，但交易观念上认为动产丧失独立性的仍然认定为附合；物理性质上结合，但是交易观念上认为动产并不失独立性的，不认为是附合。从交易观念来考虑独立性，同样是基于效率的考虑物的现状和经济价值。但是，交易观念存在于人们的意识之中，在实务上并没有很明确的标准。因此，如若发生纠纷，判断是否形成交易观念中的一物主要取决于法官的自由心证。

除以上两个标准外，还有学者主张法律标准。所谓法律标准是指当发生附合时，要认定动产仍具独立性，"不独经济上可保其独立性，并须于法律上得独立所有，始可不适用附合之理论，即本其权利或其他法定原由，得使其定着于土地或以法律规定的保有其所有权时，始得与土地分别另为他人权利之客体"。虽然这个观点在维护社会经济利益，以及解决因"民法"系将建筑物与土地定为个别之不动产而带来之土地使用权

[①] 王泽鉴. 民法物权·第一卷·通则·所有权[M]. 北京：中国政法大学出版社，2001：298.
[②] 郑冠宇. 动产之混合及混合[M]//王文杰. 变动中的物权法[M]. 北京：清华大学出版社，2004：23-24.

问题上，颇有可取之处。但是，这种观点必须有相关制度的支撑。事实上这种观点源于《日本民法典》的规定。该法典第242条规定：不动产所有人，取得作为从属附合于不动产的物的所有权。但不妨碍基于权原而附属于该物上的他人的权利。对于这种例外情况，有下面两种对立的观点："第一种观点认为附着的物作为附合的例外，不构成不动产的内容，而是把动产所有人所有的动产作为独立的动产所有权对象保留着；第二种观点认为附着的物在物权法上成为不动产的内容，动产所有人对不动产所有人只不过具有分离、归还的请求权而已。"第二种观点虽然更加符合附合的基本原理，但是在有权原而利用不动产时，本身就当然地包含着分离、归还的要求。

动产与动产只要符合非经毁损不能分离或分离需费过甚的条件即可认定其成为社会交易观念的一物，就可适用关于附合的规定。

对不动产与不动产附合的情形是否存在，学界也存在争议。世界各国民法典多未设不动产与不动产附合的规定，因此主流观点认为不存在不动产之间的附合。实际，不动产与不动产之间的结合，只要符合附合的构成要件，仍然是可以发生附合的。

2. 混　合

混合同动产与动产的附合极其相似，唯一的区别在于，两个以上的物混合后不能识别或识别需费过甚，而附合的二物通常是可以识别的只是不能分离或分离需费过甚。因此，通说认为混合的构成要件是：第一，必须是动产与动产发生混合。第二，发生混合的动产分别属于不同的所有人，其理由如前附合部分的说明。第三，两个以上的物结合以后不能识别或识别需费过甚。当两个以上的物结合以后，原所有权人若欲维持其原有之所有权就必须将其原有之物予以识别并加以分离。在不能识别或识别需费过甚的情况下，不是没有分离的可能。如两种气体的混合，不能识别，但是可以通过化学手段进行分离，这就可能导致需费过甚。换言之，不能识别或识别需费过甚导致不能分离或分离需费过甚，如前所述出于维持物的社会经济价值的考虑，当不能分离或分离需费过甚时，不强行将其分离而是重新分配所有权。

3. 加　工

（1）加工的理论基础。

在讨论加工的构成要件之前，有必要对加工制度的理论基础进行探讨，一是因为较之附合、混合，加工的法理基础有其特殊性；二是加工理论基础的论争由来已久，理论基础之不同将导致构成要件的变化。

添附制度的功能主要是通过所有权的重定来实现的，因此不管添附各制度的构成要件如何，其最终落脚点都是所有权的归属。加工亦然。就加工物归属的争论可以追溯到罗马法时期，不同学者持不同见解的关键就是所依据之理论有所不同。

在《十二铜表法》中，加工和先占、交付等所谓自然法的取得所有权的方式一起存在于万民法体系中，因而有学者认为加工应该是基于与先占、埋藏物的发现一样的理由，也就是法律要鼓励价值的创造。然而，从罗马学者的争论来看，对这样的经济目的论述甚少，而主要是从哲学上进行争论的。普罗库勒学派（Proculus）认为，加工物的所有权归属应采取"加工人主义"，因为加工人基于新的目的，改变了原物使之成为新物，那么原物就不存在了，以原物为物质载体的原所有权随之消灭，此时，加工人基于先占对此新物享有所有权。萨宾学派（Sabinus）则认为加工物的所有权归属应当采取"材料所有人主义"。原物经过加工人的加工，虽然发生了一定的变化，但是其本质未变，故而材料所有人应当保留原所有权。

虽然两大学派对于加工的所有权归属有分歧，但是正如前文所述，对于添附，不管是罗马法律还是罗马学者的论述看重的都是所有权如何归属更加符合自然理性，对所有权的尊重才是它的重心。因此双方争论的焦点是所有权的客体是否发生了质变，而不是价值创造与否。两个学派之间之所以对物是否发生质变有分歧，归根究底是双方所抱持的哲学观念不同。普罗库勒学派深受亚里士多德的"具象"观念的影响，在亚里士多德那里，物的存在系之于目的，目的已经完成的即是具象，物可以说便是目的和材料的结合。因此，在加工的问题上，加工人将其目的加诸材料上，那么该材料的存在目的已与原物不同，是为新物。萨宾学派则承袭斯多噶学派的观点，认为材料是主物，因此前后两物形异而质同，所有权状态自然不变。两大学派就此问题的争论持续了很长的时间，但《查士丁尼法典》最终却采取了折中观点，规定假如物能够还原为用来制造它的原材料的，原材料所有权不消灭，加工物归原材料所有人所有；反之，若不能还原为用来制造它的原材料的，则加工物的所有权由加工人取得。虽然这种折中观点对双方的争论有所缓和，但是在根本上它的理论基础仍旧未加入经济目的，在加工物的归属上仍然是材料主义。

进入近代，各国民法典关于加工的规定出现了新的趋势，就是加工物的归属从材料主义走向加工主义，如果说《法国民法典》还是非常注重罗马法的传统而采取"材料主义"的话，那么从《德国民法典》开始，"加工主义"就占据了主要地位。究其缘由，在于进入近代以后，各国民法典在处理加工问题时，除了从哲学角度处理新物的认知问题，还加入了近代思维。第一，加入了经济因素的考虑。主要表现在，自德国法以后，各国民法典都采取了只要加工或改造的价值不明显低于原材料即由加工人获得新物的所有权归属原则。这主要是基于两方面的经济考量：一是维持物的现有价值和效用。当原物经过加工或改造以后，其产生了新的经济价值，为了维持这种经济价值就不必将新物还原成原来的模样。二是鼓励创造经济价值。当加工人的加工或改造价值高于原材料的价值时就由加工人获得新物的所有权。在鼓励人们通过加工发挥物的经济效用的同时，防止了人们滥改造而导致的不经济（加工人的加工或改造价值不高于原材料的价值时并不能获得新物所有权）。第二，加入主观因素的考量。虽然不是大部分国家都采取了这样的立法，但是可以看到这样的趋势。《瑞士民法典》第七百二十六条但书规定，加工人为恶意人时，即使加工费高于原料本身的价值，仍应将加工物判与原料所有人。这就表现出基于近代市场经济的大环境，人们为了自身利益而利用近代立法中加入经济因素这一点导致了一些不公平，但这并未妨碍"加工主义"成为加工归属的主流原则。由以上分析可见，在近代，加工制度的理论基础已经由纯哲学上的认识论判断过渡到经济价值判断。

综上所述，加工的构成要件是：第一，加工的客体须为他人所有；第二，加工的客体须为动产；第三，加工须制成新物或加工价值显逾原材料的价值。

3.2 添附的效果学说

添附效果学说包括添附物权效果说和添附债权效果说。

3.2.1 添附物权效果说

3.2.1.1 添附物权效果

添附物权效果的性质界定是研究添附物权效果的起点。如果添附是所有权的扩张和增加,那就根本不存在确权的问题,要解决的只是后续的债权债务关系;如果添附是所有权取得的一种方法,那么就存在影响其产生多种权属的可能性。[1]只有明确了添附的物权效果才能明确所有权归属,学术界对添附的物权效果性质上存在着以下几种观点:

第一种观点认为添附是所有权原始取得的方式。一个物只有当发生了特定的法律事实,才能从原始状态的无主物转化为具有所有权的物。《德国民法典》在动产的附合、混合、加工作为所有权取得的方式中也突破以前的理论框架,以所有权原始取得的方式进行了立法。日本等一些大陆法系国家也持这种观点,都将添附视为动产所有权取得的一种重要方式来进行论述,我国的许多学者也持这种意见。

第二种观点认为添附是所有权的扩张。罗马法对添附主要持此观点,认为主物所有权人取得添附形成物是主物所有权的扩张,在主物与从物无法区分的情况下则由各方共有。《法国民法典》第546条规定"所有权扩张至该物因天然或人工而产生或附加之物",并将此种权利视为添附权。

第三种观点认为添附所有权具有混合性。此观点以《德国民法典》为基础发展而来,认为原始取得仅在加工与合成中存在,而其他情况的添附行为则是所有权的扩张,将原始取得与所有权的扩张人为地进行了区分。

通过对三种观点的比较发现:添附的性质所引起所有权的变化在不

---

[1] 董学立. 物权法研究[M]. 北京:中国人民大学出版社,2007:271.

同情况下具有不同的情形,因此,对添附的性质不能一概而论,而应当具体情形具体分析。在添附发生后,首先要对物进行一个确定,以附合、混合而产生的物,由于在物理形态上独立地存在,只是无法进行区分,而且所谓的新物与原物在性质上是一致的,故更应该看作所有权的扩张;而加工中,由于不同性质的物进行结合,产生了一定的变化,不能再恢复到初始的状态,且新物性质与原物也不相同,从物理与化学形态上来看是一种新物的产生,故这应当看作原始的取得。可见,第三者观点更为客观。

3.2.1.2　影响物权效果的因素

下面对影响物权效果的因素试做分析。

1. 新物的构成

新物归属、新物归属的限制以及原物上权利效果首先涉及添附形成物是否形成。首先,添附适用的前提是有新物形成,没有新物并无所谓添附。大陆法系强调附合不能分离、分离（改变或恢复）损失更大,混合不能识别,加工则成为"新的价值更高的物"时,即成新物。英美法系主张是可以被人拥有的和可以交易的物。新物的构成实质是价值大小的判断。新物较原物没有新价值或甚微,则无所谓新物。当然,价值比较既可能是原物与新物比较,也可能是附合物与新物比较、分离成本与新物价值或效用比较,还可能是所有人的原物价值与社会效用的比较,等等。需要根据添附的具体类型、情形作分析。

其次,才是新物形成后的归属原则。新物的归属便是德国法的"主要成分"、法国法"添附权"等,需要进一步判断原物在新物中的成分、价值大小、社会效用,乃至添附的目的、作用,加工添附价值较之原物的价值多寡,等等。

2. 意思自治的可行性

添附制度作为一项制度,自然是以法定主义体现出来的,具有强制性的效果。而物权作为民法的一项重要权利,意思自治是最重要的基本原则，是贯穿整个民法体系的核心，那么强制制度与意思自治之间又是一种什么样的关系呢？

物权法定主要是指物权类型强制、内容固定、物权效力法定和物权变动公示方法法定。意思自治是指民事主体在自己意思支配下进行民事行为，其核心是自由、不受外界因素的控制。从法律规定对意思自治的指导、影响来对比会发现：第一，人们应当承认意思自治，也将意思自治作为主要决定方式，法定只是在意思自治无法决定时才适用，是意思自治的有效补充。添附使物的形态发生了变化，价值得到了提升，当事人因此都有可能争取，在意思自治无法合理解决或疏忽没有约定，相互无法调和的情况下采用法定主义，能够更快、更高效的解决争端。因此，当事人可以约定添附发生时新物的归属与补偿。第二，法定更多的是对权限的规定，并没有对人的行为进行规定。由于添附形成物价值的提升，不仅对当事人有利，而且对整个社会的发展也有益，如果恢复到最初状态，表面是最大程度上的意思自治，但同时也对社会利益造成了伤害，故设定一个范围在更大程度上是保障了整个社会的更大权益，而当事人也能在权限内行使意思自治的权利。比如，当事人不能约定添附发生时无视经济成本、资源效能强行分离添附形成物。第三，将添附形成物的最终归属视为自由选择性规范。当事人可以通过协商确定添附形成物的归属而放弃法定规定，只要能更大程度上地发挥资源的效能，达到定纷止争的目的，双方又能够接受，那么法定规定只能作为选择性的规范，而不再是确定性的规定。

添附规则看上去是一个法定的义务性规定，但也可以看作一项权利性规定。一方面，添附形成物自身价值的提升，对整个社会的财富是一个积极作用，同时对将取得添附形成物的一方来说也是价值的增加，取得所有物的一方也有权利要求保持这样一种状态。作为义务性规定来看，是对于当事人中没有取得添附形成物一方来讲的，是为了保障失物者的利益，通过对失物者进行一定的补偿，保障其权利权益。另一方面，在添附时，双方有时并没有确定主物与从物价值的能力，而不知道谁为主物，谁为从物，而法律只规定由主物所有权人取得，这样当事人双方的权利是平等的，这也是添附行为一开始时就平等地对这种行为给予了保护，对双方来说都是一种权利的规定，并没有义务的确定。所以，将这样的一个规定视为权利性规定更为合适。

3. 主观善恶的确认性

恶意添附是指明知是他人之物的情况下为了自身的利益而不经他人同意对他人之物进行添附。恶意的添附更像是一种剥夺，只是借用添附的名义将自己的物强制附合、混合、加工进别人的物中，从而产生法律上的关系，以便有机会取得添附的合成物。从罗马法角度来看，善恶不对所有权的归属产生影响，但当时主要以物尽其用、发展社会经济为出发点；而近现代社会，法律不仅追求经济的发展，还追求一种社会的稳定、公平与正义，因此，将主观上的善恶纳入所有的考虑范围是符合实际情况的。

在各国添附的立法中，《瑞士民法典》就将添附人主观善恶纳入添附制度，添附人的主观态度决定着添附形成物的最终归属，也是决定恶意添附人能否得到补偿或者能得到多少补偿的依据。在美国，加工者必须是善意，故意或者过失使动产混合，那么要么失去其所有权，要么承担哪部分是他的动产之证明责任。如果他不能证明，他同样失去其份额。[①] 我国台湾地区相关规定中也就主观善恶进行了说明，规定出于恶意的附合、混合、加工不得取得所有权或者成为共有人。可见将主观善恶纳入立法正在成为一种趋势。

将主观善恶纳入立法是一个好的趋势，其在更大的范围内保障善意者的利益，并通过对善意人的权利保障来限制恶意添附人的利益。在对待添附形成物时，应当优先充分保障善意者的选择权，就是说善意者可以在取得添附形成物所有权或者恶意人取得添附形成物的所有权而给予善意方补偿的方式之间进行选择。也有人认为，从保障物尽其用的角度出发，或者从物的价值出发，不应当将主观的善恶意纳入立法；认为只要恶意添附人添附物的价值大于原物，为保障物尽其用的原则则恶意添附人就可以取得添附形成物，同样如果恶意添附人添附的物的价值小于

---

① [美]布瑞克. 动产法[M]. 董安生，译. 北京：中国人民大学出版社，2002：370.

原物，则原物所有人能取得添附形成物，也是为了保障物尽其用。这种观点是不恰当的：第一，从民法的公平正义原则出发，民法的基本精神是保障正义的、善良行为的，而让恶意取得人用物尽其用来抗辩违背了民法的基本原则，于理不服。第二，只有对恶意添附人进行更严厉的利益限制才能保障善意人的利益及维护法的尊严，如果恶意添附人通过强制的添附行为以很小的代价而达到了赚取更大利益目的，将会使更多的人去效仿，那将对整个社会的稳定、秩序造成重大的伤害，法将成为这些人的保护伞，不利于社会公序良俗的形成。第三，公正是相对的，而不是绝对的，法律只保护在相同条件下的利益双方的利益，如果一方在主观上产生了恶意，那么相对于善意人一方就不再是平等的法律主体，法律是不应当对恶意方进行保护的。第四，防止"强迫获利"。一方恶意添附，被添附人强迫接受添附形成物，还得补偿恶意添附人，公平正义则尽失。因此应当区分添附的善恶，授权被恶意添附人有选择添附形成物的权利，以保护其权利，保障公平正义。

3.2.2 添附债权效果说

添附的立法目的是鼓励价值创造与平衡双方当事人之间的利益，通过立法技术人为地将添附设计成为一项法律制度。由于在添附的物权效果中，法定为其中一方取得添附形成物的所有权，那么另一方必然要失去自己所有物的所有权，为了平衡添附双方当事人之间的损益关系，就必须要明确因添附丧失权利的一方的救济方式。因此，赋予其相关的请求权去实现自己的权利，这就是添附的债权。

3.2.2.1 添附债权效果

添附的债权效果，主要体现为添附中一方失权而另一方得到利益，与不当得利请求权很相似，在恶意添附中与侵权损害赔偿请求权有很强的相似性，以及因合同可能发生添附债权效果。现就添附与不当得利请求权、侵权赔偿请求权等进行探讨。

1. 添附与不当得利请求权

添附制度的物权效果说明，添附制度是以法律的形式规定一方取得新物的所有权，一方失去原物的所有权，故在法律上提供了不当得利的可能依据。不当得利的成立要件主要包括：一方得利益，一方失去利益，得到利益一方与失去利益一方存在因果关系，且无法律上和约定的依据。在国内一些学者主张不当得利说，认为添附中将发生不当得利请求权，下面就不当得利请求权与添附进行一个比较：

首先，根据不当得利的构成要件来看，要求获得利益与失去利益之间无法律上的依据，而添附制度的设立是人为立法，在一些情况下的归属是以法律的形式进行规定，并确定了失物人享有受到补偿的权利，故添附制度的产生并不违法且是依法依约而为，或者说是有法律上的依据。不当得利则是以法律无明文规定的取得方式取得了失权一方的利益，从而依据不当得利的形式进行返还。从构成来看，这两者是不一样的制度规范。

其次，添附制度中产生的新物可能存在共有关系，而不当得利中却不可能存在共有。添附行为发生后，在当事人之间协商一致的情况下，添附形成物可能成为当事人之间的共有物，由双方共同占有，共同享受权利。不当得利则是由于一方失去利益，一方无偿取得利益，由取得利益一方返还给失去利益一方，这只是利益的返还而不存在共有的可能。

再次，添附以补偿为主，不当得利以返还原物为主，赔偿为辅。添附发生后由于形成了新的物，为保持物的价值与社会财富的增值，一般不可能再使物恢复到初始的状态，那对失权人一方而言主要是以金钱的补偿为主。不当得利由于原物存在返还的可能，故物主主要是以取回原物为主要方式，在原物受到损害的情况下，才会要求不当得利人进行赔偿。这个赔偿与补偿显然不是同一性质的恢复方式。添附中的补偿是一种利益的平衡，不当得利请求权中的返还则是一种恢复原状的恢复方式。

最后，添附中主观恶意的添附人承担的结果通常是善意人选择后所要承担的责任，承担的结果都是以善意方失去的利益为限，不存在少于失去物价值的情况；不当得利中的恶意受益人的返还责任是以全部不当得利为限，其中善意受益人却只以尚存的利益为限。

2. 添附与侵权损害赔偿请求权

侵权的构成要件主要包括四个方面：一是行为具有违法行为，二是行为有损害后果的发生，三是损害后果与违法行为之间有因果关系，四是行为人有主观过错。未经他人同意，在他人的所有物上进行了添附，希望获得他人之物则构成侵权；未经他人同意，也有可能并非恶意，如由于第三人原因、客观原因等在他人的所有物上进行了添附，则既可能是侵权，也可能是添附，需视具体情形进行分析。

侵权与添附也存在着诸多的不同，主要体现在以下几个方面：

第一，二者价值功能不同。侵权法作为保护权利的法律，主要体现在是通过保护受害人的权益、制裁不法行为人来实现公平正义的价值，并维护社会正常的生产和生活秩序。侵权法主要是保护权利的法律，而不是财产和交易的规则，因此它一般不体现"物尽其用"的效益原则。添附独有的价值就在于促进物的有效利用。添附制度也要反映公平正义的价值，但它更应当强调促进"物尽其用"，提高物的使用效率。在添附的情况下，要恢复原状往往在事实上已不可能，因此，从增进财富、充分发挥物的效用的原则出发，须承认添附可以取得所有权。使该添附物继续维持，也有利于维护经济价值，避免财产的损失浪费。所以，添附只是通过一定的规则确定添附物的所有权归属，它本质上是一种确认产权的规则。

第二，二者形态结果不同。添附制度的适用前提是发生了附合、加工、混合等事实而产生了新的物，从而有必要确认物的产权归属。而在确认权利归属时，其首要的价值取向在于"物尽其用"而非公平正义的考虑，所以在确认添附物的归属时，添附一方的主观状态并不是考虑的主要因素。添附制度也不需要考虑有无损害的发生，还有可能当事人双方的利益都不会受到损害，比如共同共有的情况。但一般侵权责任是过错责任，应当考虑行为人是否具有过错，以一方权利受到侵害为前提，如果任何一方没有受到损害则不构成侵权；侵权是对权利的单纯消耗，强调的是受到损害后的损失赔偿，对受损人是一种利益恢复。

第三，二者适用范围不同。添附以新物的产生为前提，只有产生了新物才能谈添附制度适用；侵权的适用范围更广泛，只要一方侵犯了另一方权利，无论是否有新物的产生，无论侵权方有无主观过错都可能构成侵权，但责任承担与主观状态相关。同时，即便是因为侵权行为发生的添附，也不一定要适用侵权的有关规则。受害人也不得以请求恢复原状而强行拆除添附物。例如《法国民法典》第 554 条规定："土地所有权人用不属于其本人的材料进行建筑、栽种或工程者，应当偿还按支付日计算的材料的价款；如有必要，得被判处损害赔偿；但是，材料所有权人不得拆除此种材料。"

3. 添附与违约请求权

因合同而发生的添附，除依约依法发生添附外，主要有如下几种情形：第一，因违约发生添附。例如，承租人在租赁出租人的房屋以后，未经出租人的同意而对房屋进行改造、加工或装修，从而违反了租赁合同的规定。在实践中，许多装修是基于合同的合法装修，所以即使发生添附也不可能存在侵权，因为侵权责任以过错和损害为构成要件，而未经他人同意而利用他人之物，行为人可能没有过错，或者没有现实的损害，因而仅发生添附而不存在侵权的问题。第二，因合同无效或撤销而发生添附。例如，一方对另一方的财产进行错误装修，另一方以重大误解为由请求撤销合同，在合同被撤销之后，对因错误装修而形成的财产就发生添附的问题。再如，建筑承包合同被宣告无效之后对建筑物归属的处理，实际上就涉及添附的问题。通常一方向另一方基于合同交付标的物，另一方对标的物进行了改进，但在合同被宣告无效之后，标的物所有权不发生移转，这就需要根据添附制度来解决。第三，因合同解除而发生添附。例如，三方订立合同承租合资经营酒店，在合同中约定对房屋进行装修，但因为出现了不可抗力的事由，导致合同被解除，此时房屋已经装修完毕，需要对房屋的产权归属依据添附规则予以确认。在此情况下，添附的结果完全是基于合法行为造成的，不存在所谓违约和侵权的问题。第四，因法律行为条件不成就而发生添附。例如，附条件的加工承揽合同条件不成就后对已经加工的标的物的返还，或者在所有权保留中买受人对出卖人保留所有权的标的物进行改良，这些都涉及添附问题。

3.2.2.2 影响债权效果的因素

1. 添附、不当得利、侵权中的主观恶意

添附一般不区别主观状态但存在恶意添附的行为，这与侵权中的主观恶意，与不当得利中的强迫得利，三者相互存在交叉。所谓"强迫得利"，是指受益人因添附而取得添附形成物所有权，而所增添的客观价值违背受益人主观意愿，又称"违背其意思的得利"。①下面试做分析：

第一，强迫得利的情况下，添附这一事实同时符合了不当得利请求权与损害赔偿请求权的构成要件，是指添附双方当事人均可能享有不当得利请求权，同时被添附人享有损害赔偿请求权。在这种情况下，如何去行使权利，才能保障善意相对人的权利，而对恶意相对人进行惩罚呢？第一种情况，具备侵权行为或无权占有的要件时，所有人可以请求除去其妨害或恢复原状。第二种情况，就不当得利请求权而言，一方面，受损人是恶意的，如果其行使不当得利请求权，依据诚实信用原则，明显不适当，受益人可以主张恶意抗辩权，拒绝偿还。②但强迫得利也存在着一个重要的缺陷，那就是"在添附利益不符合取得人主观利益的情况下，主张强迫得利不仅可使其保留所受的客观利益，而且有机会主张侵权损害赔偿。如此就会鼓励那些添附利益基本符合其利益的添附取得人也来投机性主张强迫得利，以拒绝向失权人返还利益。不当得利可能因此在添附中完全失去适用的机会，因添附而取得所有权就可望成为不争的'法定不当得利'了。"③这种担心是有道理的，如果添附取得人以侵权诉求，侵权人使物恢复到初始状态将耗掉更多的利益。因此，在这种情况下侵权人只能退步，这也将造成暗合添附取得人的心态。譬如，一方在租用他人房屋时，未经出租人同意，擅自进行了房屋装修，在合同未到期时解除了承租合同。此时承租人以不当得利向出租人提出一定的装修金补偿，出租人内心虽然也满意装修的风格，但表面却以侵权提出赔偿。在这种情况下，由于承租方未经出租方的允许而擅自装修，在法

---

① 梁慧星.中国物权法研究[M].北京：法律出版社，2001：311.
② 王泽鉴.添附与不当得利[M]//民法学说与判例研究（第四卷）.北京：中国政法大学出版社，199：250.
③ 李富成.构建明智简约的添附制度新体系[J].河北法学，2005（8）：26-30.

律上得不到保障。如果需要支付拆装费恢复到原来状态，承租人则肯定更不会同意；如果不拆除，又将赔偿出租人一定的侵权费用。这样，出租人不仅得到了满足自己装修风格的装修房屋而且得到一笔侵权赔偿费，这显然不利于保护承租人的权利，而且也失公平。

第二，添附中的添附人在侵权中是侵权人，同时也是添附中的添附人和添附形成物的所有人。由于添附人是侵权人，那么被侵权人可以行使侵权损害赔偿请求权，而同时也可以行使不当得利请求权，那么这两种权利发生竞合，这时只能选择行使一种权利，另一种权利则不能行使。

2. 偿金的请求权性质

添附与不当得利、侵权虽然有着许多的不同，但关于失物方是以什么样的请求权来保障自己的权利，并以什么方式的偿金性质来提出自己的权利，主要存在着两种观点。

以苏永钦先生为代表的部分学者主张法定物权负担说，认为偿金为立法者所作物权配置的一部分。主要观点是：依法取得特定物权或其物权行使扩张至特定范围者，有为一定偿金给付的义务；此一偿金给付义务附从于法定扩张的物权而与物权有不可分的关系，性质上为一种"物上之债"；负担与对价有间，故偿金义务既非物权取得或行使的原因，也不具有完全的"相对性"，其内容由立法者就个别情形为适当的决定。因此，添附所生偿金义务即可理解为权利取得人的负担，以丧失权利而受损害者为请求人，偿金内容则依不当得利的规定决定。①

大部分学者提出不当得利说的主张。王泽鉴先生解释为："损益变动时都具有法律上原因，依非统一说之见解。"②法律虽然对添附有着规定，但这个规定只是强制性的规定，并无法律上的原因，而偿金的性质更像是不当得利中一方受到了损失，而要行使法律上无规定的权利，这种权利由于得到利益一方在添附形成物形成并获得后并没有对等的给予对

---

① 苏永钦. 论动产加工的物权与债权效果——兼论"民法"中偿金请求权的性质[M]//私法自治中的经济理性. 北京：中国人民大学出版社，2004：304.
② 王泽鉴. 无法律上原因之财产损益变动[M]//民法学说与判例研究（第一册）. 北京：中国政法大学出版社，1998：422.

价。这与善意取得中的善意取得人不同,因为其在取得物之前就付出了对价。

两种观点都主张依据"不当得利"给予偿金,但前者认为是基于"物上之债"负担说,后者则认为是基于不当得利但非法律原因,且都认为不是侵权赔偿的对价说。这两种观点都存在一个共同的问题:将添附制度作为新物归属在法律上的规定,认为其并不包含对失去所有权一方的权利进行补偿的内容;然后将失权方如何取得补偿视为在添附行为之外的法律行为,要保障这个索要补偿利益的权利,又以不同视角加以分析、解释。事实上,添附新物的归属与权利人因失权的补偿,两部分共同构成添附制度,缺一不可。添附新物归属是保证新物不能分离或不被分离,物尽所用;失权人失权补偿既非侵权赔偿,也非不当得利返还,既非负担说也非对价说,是获得新物所有权人对失权人的补偿平衡。没有前者新物归属便没有添附,没有后者平衡补偿也没有添附,该补偿既不是侵权赔偿也不是不当得利返还,就是失权平衡补偿。添附是前者物权与后者债权的结合而组成一个制度整体。这是本书所主张的。

3.2.3 添附效果评议

3.2.3.1 物权请求权

如果某人使用他人的物进行加工、改造、附合等而发生添附,构成对他人物权的不法妨害,则权利人有权请求返还原物、恢复原状。在因添附取得所有权,其客观价值不符合受益人的主观利益者,在具备侵权行为或无权占有的要件时,所有人得请求恢复原状或除去妨害。但在许多情况下,物和物之间发生添附以后,权利人是无法行使物权请求权的,其原因在于:一方面,添附本身正是在不同所有人之间的财产发生了附合、混合等情况,由于返还原物或恢复原状都在事实上不可能或在经济上不合理,此时,从效率原则出发,应当重新确认添附的财产的归属,也就是说,在许多情况下,物权人在事实上已不可能行使物权请求权。这就有必要确认添附制度,以弥补物权请求权的不足。另一方面,在发生添附的情况下，即使物被添附后能够拆除，但物的所有人考虑到拆除以后，有可能会损害其财产或者其认为该物对其没有利用价值的，他也可能不请求返还原物，而要求赔偿损失，在此情况下，也需要通过添附制度解决权利的归属问题。所以物权的请求权不能代替添附制度。

3.2.3.2 侵权损害赔偿请求权

添附制度属于物权法的组成部分，与侵权行为法一样都是民法的组成部分，且都具有保护财产权的作用。民法对财产权的保护是一个完整的体系，其中物权法以确认物权以及物权的特有保护方法来保护物权，而添附制度作为确认权利的重要规则，是保护财产权的前提。侵权行为法是制裁侵权行为并对受害人予以补救的法律，它是通过损害赔偿的方法来保护权利的，它以所有权人权利状态的明确为适用前提。正是因为二者都具有保护财产权的功能，因此添附与侵权的关系非常密切。在实践中，凡是未经他人同意而利用他人的财产进行加工，或因利用发生物的混合、附合等情况时，如果因此形成了新的物，则既构成了添附，也构成了对他人财产权的侵害。

在一方未经他人同意而利用他人财产时，则既要确认财产权的归属，又要保护被侵害人的权利，因此就导致了添附与侵权之间错综复杂的关系。就二者的关系来说，大致有三种情形：(1)仅构成侵权责任而不存在添附的情形。因为构成添附必须要有新物的产生，添附包括附合、混合和加工三种形态，这三种情况都会发生不同的所有人的财产相互结合的状态。所以如果未经他人同意利用他人财产，只是导致了对财产权的侵害或者财产本身的损害(甚至也可能没有导致财产的损害)，而并没有产生新物，此时仅构成侵权而不存在添附。(2)既构成添附又构成侵权的情形。添附与侵权的关系非常密切，未经他人同意而利用他人的财产，进行加工，或因利用发生物的混合、附合等，都有可能构成对他人财产权的侵害。许多添附的情况同时也可能构成侵权行为。可以说，只要不是出于被添附人意愿的添附，都有发生侵权的可能。如学者所言，因添附而丧失权利、有损害者，除不当得利请求权外，尚有损害赔偿请求权。由于未经他人同意而利用财产，可能同时构成添附和侵权。(3)仅构成添附但不存在侵权的情形。虽未经他人同意而利用他人的财产进行加工，或因利用发生物的混合、附合等，如被添附人默认或事后追认便不构成侵权。这里侵权有可能与添附发生竞合，显然无法互相代替。

3.2.3.3 不当得利返还请求权

在适用添附制度以后，如果确认添附物归一方所有，那么该当事人因获得的添附物的价值增值，此种利益的取得没有法律上的根据，所以也构成不当得利，应当发生向另一方返还价值的效果。如果不同的所有人的财产互相结合而发生添附，一方可能会从添附中获得利益，例如利用某人的财产进行加工，从中获得利益。这种获利因为没有法律上的根据，也构成不当得利，在此情况下受害人可以请求获利人返还不当得利。需要指出的是，不当得利只是解决利益返还的问题，如果不能返还情形下依然不能解决添附物的归属问题。由此可见，添附制度不能为不当得利返还请求权所替代。

关于在添附情况下受害人能否基于不当得利而请求受益人返还利益，在学说上存在着不同的看法。一种观点认为，受害人可以基于不当得利提出请求。如史尚宽先生认为，受益人的获利是否具有法律上的原因应从法律规定的目的加以考察，"因附合、混合、加工之所有权取得，法律上以一个物上不容有两个所有权之并存，亦不以其共有为适当，便宜上以之属于一方，并非以财产价值移转为目的，故仍许其发生不当得利之请求权"①。添附的发生，只是由于附合、混合与加工的原因而形成新物，而新物的产生必然会产生所有权的归属，但一物不容两个所有权，所以我们人为地将其归属为一方，但这种归属是真正的价值转移，所以失去一方应当行使不当得利请求权。这种观点似乎道出了不当得利与添附相联系，认为添附补偿是基于法律上的"一物一权"之原因构成不当得利，将发生添附后双方的所有进行了一个人为的区分。但也存在着局限，由于是人为的区分，故双方真实的所有权并没有消灭，既然双方真实的所有权没有消灭，那不管如何去区分，从法的角度来看，都是

---

① 王泽鉴. 民法物权（通则·所有权）[M]. 北京：中国政法大学出版社，2001：311.

值得保护的，失去一方那就不是行使的不当得利请求权，而是侵权赔偿请求权。由此出现了不当得利与侵权赔偿请求权的冲突。

另一种观点认为，在添附的情况下，原物权人负有听任添附形成物由他人支配的义务，这在法律上有明确的规定。[①]因此，获利人所获得的利益不能称为不当得利[②]，否则将会混淆不当得利制度的基本原则。添附发生后，新物只能发生原始取得，也就是说新物依据一物一权的原则，只能由一方占有，原来占有一定份额的一方将失去自己份额的所有权。但是，基于添附制度的法律定制，这种取得是有法律的相关确认。因此，不存在不当得利，而只存在得权一方对失权另一方的补偿。从这个观点来看，更加明确了添附的法定性，由于得利一方是基于是法律的规定而取得，这种取得不是出于人为的规定。同时，由于新物的产生，以前作用在上面的权利都消失了，新物的产生必然要产生新的所有权，这种所有权是一种法律的规定，是一种原始的所有权的取得。而不当得利是由于一方基于非法律的原因而取得所有权，而且行使不当得利是一种利益的返还，既然是返还就是返还给所有权人，从这一点来看，是承认了新物上原所有权的存在，这是不符合一物一权的要求。

这两种观点都有一定道理，但也都存在一定的缺失。事实上，根据一物一权原则，只能由一方享有所有权而不能使原物的所有权人仍然对原物享有所有权或对新的财产享有所有权，那么取得财产所有权的一方给予受害人适当的补偿，以维护当事人之间利益的平衡，这应当是添附制度的组成内容。

3.2.3.4 违约请求权

添附也可能在合同下发生，且有多种情形：（1）依据合同发生的添附，如租赁合同项下经同意的装修、委托开发合同项下委托方成果上的新成果，便不存在违约请求权。（2）合同关系项下无合作意愿出现了新成果，如技术许可合同、技术服务合同项下出现了新成果，也不存在违约请求权。（3）合同项下未经同意的添附，即既存在添附又存在违约请

[①] 史尚宽. 债法总论[M]. 台北：台湾荣泰印书馆股份有限公司，1957：79.
[②] 《德国民法典》第951页。

求权。此类情况需做具体分析：一是一般情况下，主体意思自治，发生添附时有约定按照约定，行使违约请求权；没有约定适用添附规则。二是如果出现添附物具有重大价值或分离费用过高，虽有约定也不可强行恢复原状或分离，而应当依据添附规则，体现添附法律规定的强制性当然，此时，应当避免出现恶意者获利或强迫获利。

3.2.4 我国《民法典》中的添附

2020年5月28日，第十三届全国人民代表大会第三次会议通过了《中华人民共和国民法典》（下称《民法典》），《民法典》于2021年1月1日起实施。《民法典》在其"第二编物权""第二分编所有权""第九章所有权取得的特别规定"中的第三百二十二条规定了添附制度。这是我国法律第一次进行添附制度的规定，下文对添附制度试作阐述与评析。

3.2.4.1 我国添附制度的内涵

根据《民法典》第三百二十二条之规定，我国添附制度包括以下含义：（1）添附制度的属性。由《民法典》总则可知，我国民事主体财产权利可分为物权、债权、知识产权和其他民事权利和利益。物包括不动产和动产。法律规定权利作为物权客体的，依照其规定。我国添附制度虽放在《民法典》物权编中，但属于"第二编物权"的"第二分编所有权"，因此我国添附不是单一的物权添附，应当还包括法律规定作为物权客体的权利添附，如知识产权添附等。同时，物权添附是作为"第九章所有权取得的特别规定"的内容，故在我国添附还是所有权的一种取得的特别制度，不是权利的扩张或增加。（2）物权添附的种类。根据《民法典》第三百二十二条的规定，添附明确地包括加工、附合和混合。（3）添附的物权效果。一是因添附"产生的物的归属，有约定的，按照约定"，约定优先；二是"没有约定或者约定不明确的，依照法律规定"，法律规定为补充；三是"法律没有规定的，按照充分发挥物的效用以及保护无过错当事人的原则确定"，兼顾物的效用发挥和当事人主观状态为添附物归属的兜底原则。（4）添附的债权效果。添附中，一是"因一方当事人的过错"造成另一方当事人损害的,应当给予赔偿或者补偿;二是因"确定物的归属造成另一方当事人损害的,应当给予赔偿或者补偿"。

3.2.4.2 我国添附制度的评议

《民法典》添附制度的确立是我国添附制度理论研究和司法实践的成果。(1)我国《民法典》引入添附制度,学者们的理论研究及其成果为此作出了重要贡献。学者们通过研究理清了添附不完全等同于侵权损害、不当得利或合同违约,添附是一种物权取得方式,其法律后果可产生物权效果和债权效果,建立添附制度有重要理论意义和实践价值。(3)我国《民法典》中的添附制度,批判性地吸纳了最高人民法院《关于贯彻执行〈中华人民共和国民法通则〉若干问题的意见》第八十六条的当事人意思自治、损失赔偿等内容,摒弃了添附情形下的单一侵权损害的思维模式和处理方式。(3)我国《民法典》引入添附制度,还借鉴了国外有益的立法经验。例如,添附类别援引了大陆法系国家的加工、附合和混合分类;添附物归属借鉴了英美法添附制度中尊重主体意思自治、约定优先,显然有利引导我国主体遵守约定,培育契约精神;添附当事人的主观状态只是在添附债权效果中即侵害赔偿和物权因归属灭失补偿时考虑;等等。

我国《民法典》创设添附制度具有重要的理论和实践指导意义。(1)添附制度的确立具有重要理论意义。《民法典》以法律的形式确立了添附的概念、种类,主要内涵和基本原则,有利于区分不当得利请求权、合同违约请求权和侵权损害请求权,有利于进一步研究和丰富物权添附制度,如权利添附、知识产权添附。(2)添附制度的确立有利于促进经济社会财富增长制度的完善与发展。具体体现为有更多的所有权的取得方式,更好地明确所有权的归属规则,更能促进物尽其用;特别是添附客体的拓展,不限于单一物权添附,是所有权取得方式,包括法律规定作为物权客体的权利,将更加有利于人类财富的增值和持续创新创造。(3)添附制度的确立为司法裁判提供了明确的法律指引,有利于定纷止争。由于我国没有建立添附制度,之前发生的添附行为都是依据合同违约、侵权损害或不当得利请求权等进行处理,以致裁判规则不一致,裁判结果不公平，裁判效果有限，不利于定纷止争，更不利于促进物的效用发挥和增进社会财富。同时，《民法典》添附制度只是制度的确立与原则的建立，还有待司法实践的进一步丰富和理论上的深入探讨与完善。

3.3 专利添附的提出

3.3.1 知识产权与物权

3.3.1.1 知识产权的起源与发展

为便于对知识产权属性有深入理解和认识，这里分古罗马法时代、近代社会时期、现代社会阶段和当代社会时期等阶段，对知识产权的起源、发展、变革与变化进行追溯和考察。

1. 古罗马时代知识产权保护的萌发[①]

古罗马法是以物为客体范畴，在此基础上设计出了以所有权形式为核心的物权制度，建立了以物权制度、债权制度为主要内容的制度体系，萌生了精神产品所有权观念，但远没有将知识产权上升到法律意义上的财产及财产权。

具体地说，古罗马法将人本身作为物体纳入客体物范畴，除自由人外，包括奴隶都作为物纳入物权范畴，这是奴隶社会的共性；提出了有体物与无体物的划分。罗马法学家盖尤斯认为有体物是客观存在，并且可以凭借人的感官而触及的物，如土地、牛马等。无体物系法律上的拟制关系，没有实体，仅有法律上所拟制的物即权利，不是指电、磁等无形的物，更不是指智力成果（尚未进入这一步，如用益物权、地役权等）。这里的无体物：一是权利系抽象物，人们主观所拟制的某种权益，不是权利本身，区别于有体物。二是法律上的无体物，能以金钱评价为条件。家长权、夫权、自由权没有财产内容的则不能视为无体物。三是所有权虽系主观抽象而成，但罗马法认为该项权利与物同在，是最完整之物权，

[①] 吴汉东，吴开忠. 无限财产权制度[M]. 北京：法律出版社，2001：3-27

用于区别一般财产。同时强调：(1) 物权客体主要是有体物，即无体物不是主要的。(2) 有体物仅指可以感觉的有体物，即尚不包括电、磁、瓦斯等不可感知、触觉的物。

由上可见，罗马法将奴隶视为物，将权利视为制度产生，以有形有体物为主要财产对象，涉及无形无体财产；作为精神产品的非物质财富，即无形财产对象，作为精神产品的非物质财富，即无形财产客体并未涉及。这只是一种学术观点。

还有一种学术观点认为：罗马法中已经有无形财产的雏形。其理由是盖尤斯在《法学阶梯》中已经明确提出了财产分为"有形财产"和"无形财产"，后者即为抽象物，如债权、通行权等（郑成思先生观点）。

盖尤斯这里所说的"无形财产"不是现代意义上的基于知识经验、智慧与信息所创造的精神产品所享有的权利，而仅仅是与有体物相联系法律拟制的非物质媒质关系，仅区别于一般的物权，如用益物权、担保物权区别于所有物权。精神产品与制度产品两者有着完全不同的性质、功能，是不同权利的客体，限于罗马当时的社会物质生活条件没有也不可能产生近代意义上的无形财产权制度或知识产权。

据考查，在古罗马时期，西塞罗等人都曾从自己的演讲或写作中获取报酬，对其进行剽窃虽无法律予以制裁，但被视为一种可耻的行为受到指责。古罗马时期，一方通过奴隶获得另一方的建筑秘密，因对奴隶的诉讼毫无意义，便发展了对抗诈骗商业秘密第三人的诉讼请求制度的适用。有学者认为这些便是无形财产的制度萌芽。但是，这些内容，一是零星内容且不是从知识产权角度规定的，虽说是商业秘密也并非处于财产状态而是一种法外权益；二是剽窃也仅限于道德谴责，并不产生法律结果。所以充其量，可认为古罗马时期存在有关精神产品所有权的萌生而非开始。

2. 近代社会时期知识产权的保护

在近代社会，随着科学技术的进步和市场经济的发展，人们对权利的客体，包括对知识产权保护的客体的认识都有了进一步深入，财产客体制度也有了新的特点。

近代社会财产客体有了明显发展，其保护制度也有了体现，具体表现为：第一，无形之物保护的出现。罗马法将有体物限为可感知的有形物。随着科技的进步，人们感知到了自然力的存在，这样电力、光源、热能等无形物进入了保护范畴。第二，精神产品财产物的出现。由于社会生产的科技化、科技成果的商品化和知识财产的法律制度化，各知识产品成为财产，成为法律制度的内容。第三，出现了有形物的抽象化。有体物不仅可以发挥其使用功能，还可以投入流通领域获增值。有价证券的出现，将有形物抽象化，继而又将之抽象实物化，促进市场经济的发展，如货物到提单（实物抽象化），到提单交付（实现交易），再到提交实物（抽象实物化）。当然这里的实物、抽象物、抽象的实物化是有区别的、是不一样的。

3. 现代社会时代知识产权制度的变革

以计算机等为代表的微电子技术，以及光导纤维、生物工程等的出现，以及现代市场经济的发展，使得现代社会的财产权制度、知识产权制度发生了深刻变革，具体表现在：(1)生物体的主体地位发生了动摇。近代民法系中建立的人为主体，物为客体的民法总则的两大基本制度受到了挑战。主客体之间这种不可逾越的鸿沟发生了动摇：一是现代分子生物学证明，人的遗传基因与动物没有任何差别，人的生命现象是物质生命现象的一种；二是因此而产生新的法律地位问题，如根据遗嘱将死者的冷冻的受精卵植入人体发育、发生，冷冻的受精卵是主体还是客体？这在继承法上应当如何处理？发生争议了怎么办？换言之，传统民法受到挑战，需要调整。(2)人体器官组成部分被赋予财产意义。1900年《德国民法典》将物严格限定在人体外，无论是完整的人还是人的某一部分，包括人体之上的人造物如假肢、假心脏，均不是物；能够和人体分离的人体组成部分仅限于毛发和被捐献的血液，才能作为物权客体。这一原则如今仍保留。但现今出现器官移植、血液出让、代孕子宫等。美国出现离异丈夫对其受精卵提出财产主张，以反对原妻将其植入体内，上下两法院认定相反。另一案例，病人对切除的器官主张权利，以分享医生用之制药所得的利益，法官意见也不一致。(3)人格利益从精神价值向财产价值扩充。人格利益建立在精神价值基础上，各国法律相继建立保护制度，确立其财产价值并逐步扩充，法国法官对 1804 年的《法国民法典》进行扩张解释，保护人格权。1900 年《德国民法典》除规定人格权、姓名权外，还在侵权中规定对生命健康、自由的保护。1907 年《瑞士民法典》则为人格权独设一篇，可见，现代法重视对人格的保护①。（4）知识产权保护的国际化、财产化。1883 年签订的《保护工业产权巴黎公约》，1986 年订立的《保护文学艺术作品伯尔尼公约》，开始了知识产权的国际保护，其重要内容便是知识产权财产权。知识产权保护从各国各自保护，走向双边、地区乃至世界性保护。

4. 当代无形财产制度的发展与变化

知识经济成为当代社会的典型特征，为此无形财产制度受到剧烈冲击。各国、国际社会不得不"修纲复法"以回应这一情势发展，具体表现为：（1）传统的知识产权保护范围的扩大。传统的知识产权主要是专利、商标和著作权。为此，专利上，1803 年法国第一个立法开始保护外观设计，1843 年美国制定了《实用设计法》保护实用新型，以及出现保护植物品种、微生物等；版权上，各国相继开始保护电子数据权、邻接权、计算机软件和民间文学艺术；商标上，从商品商标发展到服务商标、驰名商标，以及证明商标、集体商标，商标客体增加，有文字、图形、数字、颜色、三维、音响及其组合等。（2）新型知识财产陆续出现。如出现了既不同于一般的工业品外观设计也不完全符合作品的集成电路布图设计，还如数字化权，网络传输权、数据库的保护，还有美国 20 世纪 90 年代"哈佛鼠"开始的动物、植物、微生物新品种等。（3）经营标记的财产价值日益被重视。如出现商号权、行业标记、产地标记、质量等级标记、质量表彰标记、商业名称权、网站标志、域名权，乃至商业化权、个性标志权、商誉权等。（4）出现商业秘密等反不正当权益。1960 年国际商会率先赋予商业秘密为知识产权属性，开始了商业秘密的保护，

---

① 我国 2020 年 5 月 28 日颁布的《民法典》第四编"人格权"，包括生命权、身体权和健康权，姓名权和名称权，肖像权，名誉权和荣誉权，以及隐私权和个人信息保护的内容。

进而出现与知识产权相关的不正当竞争行为的限制,如知识产权许可协议中的限制竞争行为。(5)实现知识产权与贸易直接挂钩的国际保护。1993年世界贸易谈判乌拉圭回合加入知识产权保护的谈判,知识产权保护在世界贸易组织框架下成为与货物贸易、服务贸易并立的三大支柱之一,加强了知识产权国际保护的广度、力度与深度。

可见,从古罗马时代开始萌生无形财产观念,到近代社会采取不同的立法开始知识产权保护,再到现代知识产权保护制度的进一步改革,最后发展到当代,各国各地区对知识产权保护的高度重视,产生了所谓的"知识经济"。知识产权保护客体从出现到日益发展、扩大;保护范围(权利内容)逐步拓展、丰富,如许诺销售权、出租权、电子出版、传播等;保护水平不断提高且保护力度逐步得到加强。同时,知识产权的产生发展与物权关系密切,从物权的拟制保护,到与物权相联系的客体受到保护,再到自身客体的扩大并受到广泛保护,知识产权总是以物权为载体。

3.3.1.2 知识产权物权性

针对近代社会财产客体物的新特点,各国立法虽千差万别,但从各国立法可见,大多数国家将知识产权划归物权,知识产权具有物权性。

1. 大陆法系国家的立法例

大陆法系国家法律虽都是法典为主,但进行相应考察会发现,具体规则也是千姿百态、各有特点,知识产权具有物权性。法国法,承接罗马法的体系,规则的术语较多:第一,物权客体类型化,即按物的具体特征和不同法律后果进行分类,优点在于易于认识,缺点在于难以穷尽。第二,无形财产范围扩大,从债权、股东权扩大到知识产权。第三,从无形财产的社会价值角度将之归类不动产,无形资产具有动产性质。德国法有自己风格:第一,民法上的物仅仅指有体物,不承认无体物,但民法执行对象例外。第二,精神产品是知识产权法规范的"无体物",且属于动产。但德国民法中规定了不动产和动产,动产中并未规定知识产权,而且根据物权概念的特征,动产之中也不包括权利。日本法同德国法很接近，对物只取狭义概念，排除无体物，同时规定权利质制度，将精神产品的财产权利作为质权的标的；将无形财产权规定为特殊的动产，且与有体物具有同等的法律意义，创设了准占有制度。

2. 英美法等国家的立法例

英美法起源于封建社会、发展于资本主义时期，其中知识产权已作为无形产的一项内容明白无误地出现了。英国的《财产法》教科书中，将财产分为五大类：第一，土地（land）。这里的"土地"是广义的，包括一切不动产（如土地上的非折叠移动式房屋等）。第二，货物（goods），也可以译为"商品"。虽然土地、房屋也是商品，但英美《货物买卖法》（Sale of Goods Act）所定义的商品，均仅指动产。第三，无形动产（intangible movables）。第四，货币（money）。第五，基金（funds）。其中，无形动产又被进一步划分为：知识产权、商誉、债权等。

英国1988年的《版权法》第90条规定："版权应当如同动产一样，依照遗嘱或依照法律进行转让。"英国1977年《专利法》第30条也规定："任何专利或专利申请案（除了属于某种诉讼中的物权之外）均属于动产"，"均可以（按有关动产的规定）转让、设质"，等等。

正如德霍斯所认为的，"英国法有将知识产权与有形物联系起来。为了经济上生存的需要，艺术家、发明家、作家需要将其无形资产转变成有形资产。抽象物财产一旦获得法律承认，在有形世界中对财务关系起到决定作用的物质性的重要地位就得到了加强。物质性增强，是因为通过抽象物，将会有许多在数量上和种类上都更加物质化的物为个体财产所有者所控制。抽象物为实物提供了方便。一项专利可以与无数个有形物建立联系。从法学的角度，知识财产的有形化从来都不是遥不可及的，它在对抽象物所施加的种种物质性要求中得到了体现。"这段话精辟地概括了现实中技术等抽象物和有体物之间的关系。

知识产权必须与有形物联系起来，这并非英国法上特有的现象，尤其是在专利技术抽象物上，无论是产品专利还是方法专利，专利技术都必须与有体物建立联系。任何一个负载专利权的有体物，其价值构成都包含两部分：物权的价值和专利权的价值。抽象物一旦获得法律认可，其在财产关系中，必须依赖物质性载体才可以实现可支配的经济利益，一项技术方案如果不负载在依照技术方案生产的产品上，其经济价值就无从实现。单纯的专利陷阱或专利壁垒是不正当的市场竞争工具，在其正当性上很难列举具有说服力的论据。而获得法律承认的抽象物，增强了有体物的价值，即使同样的有体物，在生产成本相同的情况下，在受专利保护的市场上会比在不受专利保护的市场上同类产品的价格高得多，因为专利意味着市场占有份额的垄断，而不受专利保护的市场存在竞争，会迫使利润的空间降低，即德霍斯所说物质性增强。

英美法对财产的划分还有另外一个共同进步，虽只将知识产权与有形财产权在获得方式上进行了严格区分，但却努力把二者的转让方式逐渐统一，以利于知识商品的流通。美国法与英国法也大体一致。

3.3.2 专利添附研究

1. 知识产权添附研究

将知识产权看作动产而出现的添附由来已久，可追溯到罗马法时期。盖尤斯在其于161年左右发表的《法学阶梯》和用来解释《法学阶梯》的《论日常事物或金言集》中，讲述了他对在他人画板上作画问题的见解。盖尤斯在《法学阶梯》2，78中写道："但如果某人在我的画板上绘画，比如画了一幅肖像，人们则持相反的看法。实际上较多的人认为，画板添附于图画。关于这种差异，很难讲出令人信服的道理。当然，根据这一规则，如果你向作为占有人的我主张画是你的，同时又不支付画板的费用，你的主张可能因诈欺抗辩被驳回。如果占有人是你，则应当允许我针对你行使扩用诉权：在这种情况下，如果我不支付画资，你可以采用诈欺抗辩对抗我的请求，当然，只要你是诚信占有人。显然，如果你或其他人窃取了我的画板，我有权提起盗窃之诉。"在《论日常事物或金言集》第2卷中就同一问题作出了相似的表述："但不像字母添附于纸和羊皮纸，绘画通常并不添附于木板，相反，人们决定木板添附于画。但授予板主扩用诉权对抗占有木板的绘画人绝对适当，如果他支付了画资，他可据此有效地实现自己的权利。反之，如果绘画人是支付了木板价值的诚信占有人，板主会受到恶意诈欺的抗辩的阻碍。我们说，绘画人对真正的板主享有正当的物件返还之诉，但他应偿付木板的价金，反之，他会受到恶意诈欺抗辩的阻碍。"后一文本去掉了前一文本中关于盗窃之诉的说明，把板主与画家的关系从侵权关系中抽离出来，还归物权法。另外还去掉了第三人（"其他人"）"顺走"他人画板让画家作画的情节，简化了法律关系。533 年优士丁尼《法学阶梯》继受的是前一文本，"如果某人在他人的木板上作画，有些人认为木板添附于画；另一些人则认为：画，无论是怎么样的，添附于木板。但朕认为，木板添附于画较好。事实上，阿佩勒斯或帕拉修斯的画添附于一块极廉价的木板，是可笑的。因此，如果板主占有画像，作画人要求画像，也不偿付木板的价金，他可由于恶意欺诈的抗辩被驳回。但如果作画人占有画像，逻辑的结果是，板主应被授予对抗他的扩用诉权，在这种情况下，如果他不偿付画资，他当然可因恶意欺诈的抗辩被驳回，只要作画人是木板的诚信占有人。事实上，不论是作画人还是其他人攫取了木板，板主都可提起盗窃之诉，是显而易见的。"保罗对画板问题与盖尤斯和优士丁尼持不同的观点，保罗认为，绘画的价值无论如何，均添附于画板。[①]

此外，从对比的角度出发，后一文本还提到了字母添附于纸张的情形，这里为何不同于画板添附于画，而相反是字母添附于纸张。[②]首先，这是由当时罗马对美术和文字地位的认识不同而造成的。当时人们认为文字是一种语言符号，美术是一种艺术符号。语言具有高度的抽象概括性，其作者所传达的思想是可以与物质载体分离的，不会因为复制而失去价值。但是绘画则不一样，画家的内在精神与物质载体是不可分割的，无论多高超的临摹都不能达到原作的价值。考虑到文字作品的抄写成本低，不及纸张的价值，故认为字母添附纸张。其次，这与古罗马的社会环境和社会观念相关。大多社会地位低下的作家被认为是社会的寄生虫，不务正业，他们的写作目的就是得到上层社会的赏识，以获取优质的物

[①] 徐国栋. 画落谁家？——处理用他人材料绘画问题的罗马人经验及其现代影响[J]. 法律科学，2011（3）：122-131.
[②] [古罗马]盖尤斯. 法学阶梯[M]. 黄风，译. 北京：中国政法大学出版社. 1996：104.

质条件。从这个意义上来讲,他们更希望他们的作品被盗版而大量传播。

在板添画规则之前,盖尤斯《法学阶梯》讲的是动产对不动产的添附,在板添画规则之后讲的是非艺术品的动产与板的动产间的添附,板添画规则即为艺术品的动产添附。板添画规则中的"板"是动产,"画"也是动产。

从古罗马法开始,把知识产权看作是动产进行添附已表现得相当自然。1804年《法国民法典》第570-571条在"添附"下规定了用他人材料制作艺术品的问题的处理。分为两种情况:如果手工费用不高,新物归材料所有人,加工人有权获得劳务费;在相反的情形,新物归加工人,加工人有义务支付材料的费用。1942年的《意大利民法典》第940条采用法国民法典上述规则,但有关问题从属的名目由"添附"改成了"加工"。1896年的《德国民法典》第950条第3款同样在"加工"的名目下规定了以他人材料制作艺术品的问题的处理,把绘画与书写、素描、印刷、雕刻一并考虑,确定新物归加工人。此种规定消除了古罗马法对于书写、绘画、雕刻的不同待遇,赋予它们同样的处置,从而强调了一切形式的艺术加工的价值。还有《阿根廷民法典》《菲律宾民法典》《新巴西民法典》《德国民法典》《葡萄牙民法典》以及《澳门民法典》都有这方面的规定。其中,《阿根廷民法典》的作者萨尔斯菲尔德(Dalmacio Velez Sarsfield,1800—1875年)认为纸和画布是为书写或绘画制作的,写作或绘画并不是为了使用纸张或画布。终于分清了谁是手段,谁是目的的问题。①我国也存在类似问题,自古以来,我国文人就有作画于他人之扇的习惯,这样就发生了盖尤斯板添画问题的中国版,而且应以扇添附于画处之。可见,形式上研究的是动产添附,实际上已经涉及物权与著作权的添附。

另外,陈小奇、李湘云(2005)在《"秀水街"纠纷可否另辟蹊径——补偿规则与添附制度的引入》一文中提出,知识产权添附是指在先权利与在后权利冲突时,适用中止侵权、恢复原状显失公平时,以价值较大者吸收价值较小者,强行重新划分所有权,受益者向受损者支付费用,

---

① 徐国栋. 画落谁家?——处理用他人材料绘画问题的罗马人经验及其现代影响[J]. 法律科学,2011(3):122-131.

给予补偿。对于确权首先要考虑效率原则，但应受到诚信原则的修正。该文还提出不能取得所有权的一方，仍可以通过许可或授权方式使用，这便完全属于知识产权添附才具有的特点。补偿主体补偿的金额可以大于等于许可使用的费用。还有，任广科（2010）进行了"无合作意图共同完成发明创造的专利权利归属"研究，提出参考民法中添附的原则，并结合专利的特点，进行专利权属的分配，等等。可见，学者们研究已经涉及知识产权添附，只是有关研究还很少。

2. 专利添附的提出

专利添附虽是较新的概念，但国内外都已有相关研究，而且专利添附作为客观事实，其实早就存在了。比如，中国高铁技术既是我国几十年来原始创新与积累的结果，也是综合、复杂的高铁技术的集成创新，同时也包括引进消化吸收与再创新的结晶，尚未见从添附的角度来探讨专利改进、成果归属，以及成果实施及其利益分享问题。实际生产生活中，专利改进较原专利即专利添附是否具有正当性？专利添附制度的价值何在？其与物权请求权、侵权赔偿请求权、不当得利请求权是什么关系？有哪些类型、需要依据哪些原则制定相应规则来既保护原专利权人权利又保护专利添附人利益，而且还促进技术持续创新和社会进步，等等。专利添附还有很多问题，有待研究。

同时，"作为规范无形财产之支配、利用关系的法律，知识产权法和其他无形产权法与规范有形财产归属关系的物权法并无本质区别，故无形产权应当作为与物权相关或相联系的一种财产权利而存在，物权法的基本原则，对于无形产权应当具有直接的指导作用"[①]，为此，将在前述理论的基础上、在物权添附的范围内，从下一章起专门讨论专利添附相关问题。

---

① 尹田. 论物权与知识产权的关系[J]. 法商研究，2002（5）：16.

4 专利添附的正当性研究

4.1 专利添附的概述

4.1.1 专利添附及其特征

1. 专利添附的概念

"添附（accession），是指不同所有人的物结合在一起而形成不可分离的物或具有新物性质的物。"①一般语境下的添附，是大陆法系物权法中规定的所有权取得方式，但其也可以作为一种"解释规则"来运用，解释民法中的许多规定。②添附形成物形成便产生添附。添附一般分为附合、混合和加工三种。添附效果由物权效果和债权效果构成。自古罗马时代，知识产权添附已为人们所关注。自公元 161 年许盖尤斯在其《法学阶梯》2,78 提出"板添画"规则以来，已画之板（Tabula picta）成为一个世界性的话题。徐国栋在"画落谁家"中分析认为"'板添画'的规则只适用于动产之间添附的情形"③，但无论"画在板主占有下时"，还是"画在画家占有下时"，抑或"第三人不法占有已画之板时"，一是"板添画"的"画"并不完全是指该"画"作为知识产权的所有权利；二是"画"可以与"板添画"的"板"分开，还有其他独立的存在的"形式"与"权利"，如著作权；三是"'板添画'排除了恢复原状的可能""赋予了绘画高于写作的地位"，以及"把画幅的所有权分配给尊物所有人，是对精神性劳动的尊重"。"板添画"实际上已经涉及了知识产权或

---

① 谢在全. 民法物权论（上册）[M]. 5 版. 北京：中国政法大学出版社，2011.
② [法]弗朗索瓦·泰雷，菲利普·森勒尔. 法国财产法（上册）[M]. 北京：中国法制出版社，2010.
③ 徐国栋. 画落谁家？——处理用他人材料绘画问题的罗马人经验及其现代影响[J]. 法律科学（西北政法大学学报），2011（3）：122，130.

者准确地说涉及了著作权这一知识产权添附。① "添附元素在知识产权包括专利诸多领域已经存在。"②

在科学技术不断进步，新技术不断涌现的形势下，非专利权人对专利进行再创新绝非个别现象。鼓励对专利进行不断改进促进技术持续创新，既是科学技术发展规律的反映，也是专利法的宗旨。非专利权人改进、实施与集成在先专利进行专利添附，是一个客观事实。例如中国高铁技术的创新与发展。

专利添附人对在先专利进行改进等再创新即投入创造性劳动，该创造性劳动使其成果形成"新物"时发生专利添附。专利添附是指非专利权人对专利进行改进等再创新形成新物的事实，具有不吸收"原物"及其所有权，其实施与原专利具有"不可分离"性，新物实施依赖在先专利的规则。

准确理解专利添附概念，需要从专利添附主体和专利添附客体两方面把握。

（1）专利添附主体。

专利添附主体主要是专利添附人和被添附人。

添附人即为实施添附行为的人，在动产添附中的添附人是把自己的动产与别人的动产进行附合、混合行为的人，或对他人的动产进行加工行为的人。在专利添附中，专利添附人是指对他人专利进行新的智力投入的主体，区别于原专利权人。但不同于动产添附主体的是，从事动产添附的主体要求具有民事行为能力，而专利添附人则无此限制。发明创造是事实行为，不是法律行为，主体不受行为能力的限制，如发明者可以是中小学生、间歇精神病人。专利添附亦然，限制民事行为能力人、无民事行为能力人也可对既有专利技术进行改进。

在实际生活中，专利添附人可能是专利强制被许可人、合理使用人③，也可能是在先权使用人、共有专利实施人、任何进行创造性劳动投入的

---

① 陈家宏. 专利添附问题探讨[J]. 知识产权，2013（5）：44-51.
② Thomas W Merrill. Accession and original ownership[J]. Journal of legal analysis 2009，459，460（1）：468-469.
③ 如符合《专利法》第六十九条的使用人。

第三人等，还可能是自然人、法人企业单位、非法人组织等，既包括完全民事行为能力人、限制民事行为能力人，还包括无民事行为能力人，如小发明家等。

专利被添附人。被添附人，是指被动接受添附行为的人。动产添附中的被添附人，是指添附人进行添附行为对象所及之物的所有人。同理，专利添附的对象是现有专利或称在先专利、原专利，专利添附人对现有专利进行添附，现有专利权人就是专利被添附人。

专利被添附人，既可能是被添附的原专利权人，主体为同一人，便不发生专利添附；也可能是专利受让人。在日本法中还规定排他性专利被许可人可能成为专利被添附人。

同时，专利添附中还可能涉及专利行政主管部门、专利添附新成果的受让人、被许可人等。

（2）专利添附客体。

专利添附客体，这里专指专利添附的对象。专利添附是对现有专利进行改进等再创新，因此，专利添附客体是既有或现有专利、原专利，即专利权客体，专利权人权利义务所指向的对象。从历史上看，专利权客体最初仅限于发明，后来逐步发展到实用新型和外观设计。专利权客体随着科学技术的进步和经济的发展而不断拓展，每一次科技的创新都会产生新的客体及其保护要求，进而推动了专利制度的变革。下面从专利权客体的角度对专利添附客体进行分析。

虽然各国都将发明视为专利法中最为重要的一类保护客体，但各国在对发明作解释时所采用的方法却并不相同。有的国家用列举的方法来阐述发明的对象，有的国家用定义的方法来对发明作解释，还有的国家则从反面来说明哪些不属于发明。

我国《专利法》采用了第三种做法。《专利法》没有对发明的定义作出规定，但规定科学发现、智力活动的规则和方法等对象不能取得专利权。为了便于人们理解发明的含义，我国《专利法实施细则》第二条解释了发明的含义："专利法所称发明，是指对产品、方法或者其改进所提出的新的技术方案。"上述解释强调发明是针对产品、方法或者改进所提出的一种技术方案，并且该技术方案是新的。发明专利包括三种情形：

产品专利、方法专利和改进专利。产品发明，是指能够解决特定问题的技术方案所直接生产的产品。属于自然状态不需要经过人力加工的物质不是产品发明，产品发明取得专利权后，称为产品专利，产品专利只保护产品本身，不保护该产品的制造方法。方法发明，是指为制造产品或者解决某个技术问题而创造的操作方法和技术过程。此处的"方法"，可以是化学方法、生物方法、机械方法、通讯方法以及工艺规定的顺序所描述的方法。方法发明取得专利权后，称为方法专利。改进发明是指在现有技术的基础上，在保持其独特性质的前提下，又改善了其性能或使之具有新的功效的改进技术方案。改进发明取得专利权后，称为改进专利。发明专利添附的客体，即为产品专利、方法专利。这里的改进专利，暗示着发明专利的一部分也是对已有专利的改进取得的新的技术方案，只是这里的已有专利的范围，是指处于有效期的专利，专利添附不包括对进入公共领域专利的改进，如保护期满的专利、专利权人放弃专利权的专利等。

关于实用新型的称谓，多数国家和地区，如意大利、俄罗斯、巴西、菲律宾等国家及中国台湾地区等称为实用新型，法国、希腊、马来西亚等国家称为实用新型证书或实用证书，澳大利亚、荷兰等国家及中国香港地区则称为小专利。尽管称谓有别，其含义基本一致。

关于实用新型的含义，《日本实用新型法》未予明确规定，但其第1条在规定该法的立法目的时暗示了实用新型的含义："与物品的形状、构造或物品结合相关的设计。"可见，该法所指的实用新型是一种新设计，即利用自然法进行的技术思想的创作，这种设计是针对物品的形状、构造或物品的结合而言。从各国关于实用新型的解释来看，实用新型所涉及的对象必须具有一定的形状、结构或者二者的结合。所谓形状，是指外部能够观察到的产品的外形，即立体外形。这些对象一般是指可移动的物体，如飞机、轮船等。所谓结构，一般是指组件或零件的有机组合，它们通常是立体的。我国现行专利法对实用新型的概念也未予规定，《专利法实施细则》将其定义为："对产品的形状、构造或者其结合所提出的适于实用的新的技术方案。"这一定义强调：一是实用新型是"产品"，是有关产品的形状或者构造，或者产品形状与构造的结合，不包括方法；

二是实用新型是新的技术方案,不是技术原理的革新且"适于实用",同于发明又低于发明技术方案的要求。

关于外观设计的含义,各国法律的规定也大同小异。我国《专利法实施细则》将外观设计解释为:"对产品的形状、图案或者其结合以及色彩与形状、图案的结合所作出的富有美感并适于工业应用的新设计。"通过对以上定义的分析不难发现,外观设计具有以下特点:(1)外观设计是一种针对产品的形状、图案或者色彩或它们的结合所作出的设计。所谓形状,是指具有三维空间的产品造型;所谓图案,是指二维的平面设计,或以线条描绘得由不同色彩构成的图形。外观设计可以为形状与图案的结合、色彩与形状的结合以及色彩与图案的结合,不涉及技术方案。(2)外观设计是一种针对产品的外观所作出的设计,不涉及产品功能。(3)外观设计是一种工业上能应用的新设计。所谓工业上能应用,是指使用外观设计的产品能够以工业方法大量、重复生产,不是唯此一物、不是艺术品。(4)外观设计是一种富有美感的新设计,具有一定的主观性。《日本外观设计法》及我国的《专利法实施细则》明确地提出了外观设计应当具有通过视觉产生美感这一要件。

总之,专利添附是非专利权人对原专利,包括发明、实用新型和外观专利进行的改进。专利添附人与专利权人非同一人,被添附专利为原专利,专利添附形成物是新成果。专利添附不同于物权添附,需要结合其自身特征作进一步分析。

2. 专利添附特征

专利添附是非专利权人对他人专利进行改进等再创新的事实。专利添附规则具有确定归属完善制度、物尽其用提高效率,以及定纷止争、维护秩序等功能。专利添附具有以下特征。

第一,专利添附具有新物性质。专利添附是非专利权人对专利进行再创新形成新成果的事实。专利添附人必须对原专利进行再创新即投入创造性劳动,而且通过该创造性劳动使得新成果达到了"新物"性质。具体地说,新成果可参照普通技术人员能获得的技术成果,但不是普通技术人员就能获得的"显而易见"的技术成果。比如,但不限于:(1)在原有产品专利技术特征的基础上，增加或减少新的技术特征；（2）在原有产品专利技术特征的基础上，发现了原来未曾发现的新用途；（3）在原有方法专利技术方案的基础上，虽未发现新用途，但一定程度能降低生产成本或者提升产品质量，或者完善或增加产品功能，等等。

这里的投入"创造性劳动"，一是"创造性"劳动的投入，二是达到一定程度方构成专利添附。通过添附注入"组成成分"形成新成果，而且该"组成成分"不能分离。专利添附是对原专利进行再创新形成的新成果，可能是专利，也有可能包括未申请或申请未获得专利的新产品、新材料、新工艺与新技术等各类专有技术成果。

专利添附具有新物性质，类似又不同于动产添附。添附物必须"具有新物性质"类似动产添附。不同的是，无论附合还是混合，新物形成的原因是"创造性劳动"的投入使原物形成具有新物性质的物，而不是一物附合于另一物或原物、两物混合。至于专利添附中的加工，也不同于动产添附中的加工，专利添附中的加工一是强调投入的是"创造性劳动"而不包括一般意义上的智力劳动，如金块加工成首饰；二是形成新物是"技术特征"上的新物而非动产意义上的新物，当然两者在具有新的功能、新的方法、新的价值上可能一致。

第二，专利添附不吸收"原物"所有权。发生添附时，原物通常被添附物所吸收，原物所有权丧失，"法律上以一个物上不容有两个所有权之并存，亦不以其共有为适当，便宜上以之属于一方"，即"一物一权"。专利添附发生时，原专利虽也可能被吸收，但吸收的仅仅是在先专利的技术方案。因专利具有无形性，专利权人并未丧失也无须丧失对原专利权所享有的专有权。原专利权与专利添附成果权（如改进专利权）同时存在，分属专利权人（被添附人）与专利添附人。这一点，明显不同于动产添附，是专利添附的又一特征。

第三，专利添附实施与原专利具有"不可分离"性。原专利被改进或被与其他专有技术（包括专利）附合、混合在一起而形成具有新物性质的物，因专利的无形性不存在"结合在一起而形成不可分离的物"；专利添附的"不可分离"是指专利添附新成果有利原专利实施或者新成果实施时必须依赖原专利，原专利实施也有赖新成果，或者新成果离开原专利无法实施或者虽能实施但实施的效用有显著差异。如果原专利实施离开新成果无显著差异，便可能不是专利添附而是专利侵权，或新成果实施时无须依赖在先专利，且实施具有自身效用的再创新成果是独立专利而不是专利添附（下文将作具体分析）。其中，原专利实施与新成果分离将必然导致效果的大大降低，是基于科学技术进步，基于原专利的实施及其效果，基于原专利本土化、生产化和市场化而言，而不是单纯的市场主体间经济目的或竞争原因。可见，动产添附与专利添附就"不可分离性"而言，不仅在形成上有区别，在内涵上也不一样。

第四，专利添附也并不必然影响原专利权益。专利的本质是信息，"经济学家称之为'公共商品'——它可能被许多人'消费'，但自身没有任何消耗"①。公共商品属性使得专利具有非排他性。专利公共商品属性使得专利添附并不必然影响原专利权及其行使，且不会必然导致原专利在原领域价值的减少，甚至可能扩大原专利的价值、延伸原专利的适用领域。即使在直接竞争领域，专利添附的使用也并不必然、全然排除原专利的使用及其产生的利益。原专利也有可能因专利添附而延伸使用、收益领域和增加价值，使专利权人、专利添附人与公共社会等因专利添附而双赢或者多赢，而不同于有形财产添附中一方受益，一方必然损失的情况，这也正是专利法促进持续创新宗旨的意义所在。②这也使得专利添附比动产添附在债权效果上更为复杂。

专利添附的上述特征表明，专利添附不存在"以价值较大者吸收价值较小者，强行重新划分所有权"③问题，而是确定原专利人和专利添附人谁可以依赖性实施对方成果；即使在"原权利与在后权利冲突时，适用中止侵权、恢复原状显失公平时"，也不是"以价值较大者吸收价值较小者，强行重新划分所有权"，而是确定价值较大者有权优先实施价值较小者的成果，受益者向受损者支付费用，给予补偿。因此，专利添附

---

① Kenneth J Arrow. Economic welfare and the allocation of resources for invention, in the rate and direction of inventive activity[J]. Economic and social factors 1962 （609）: 614-616.
② 陈家宏. 共有专利权普通许可制度研究——兼评郭禾《简评2008年〈专利法〉第十五条》一文[J]. 湖南社会科学，2016（3）: 72-75.
③ 陈小奇，李湘云. "秀水街"纠纷可否另辟蹊径——补偿法规则与添附制度的引入[J]. 说案，2005（12）: 27-30.

较动产添附，在物权效果和债权效果的内涵上是有区别的，内容也更为丰富，有待具体探讨。

4.1.2 专利添附与改进专利

在已有专利的基础上进行了实质的改进，并获得专利权的专利，我国称之为改进专利，或称为新专利，强调该专利与已有专利、原专利有实质性区别，因而能够获得专利权。

专利添附与改进专利的一个共同点就是，都是基于对原专利的改进，其产生依赖于现有的专利技术。二者不同的是，专利添附外延上还包括在原专利之上的改进成果，该部分改进成果还有没有申请专利或申请后尚未获得专利，即"非专利类成果"。显然，改进专利仅限于已获得专利的。专利添附与改进专利也有交集。对原专利进行改进获得的改进专利有多种情形：从原专利角度说，有利于原专利实施且显著效果的新专利，与原专利实施无关或相关但相关性不明显的新专利；从改进专利角度说，有实施依赖原专利或依赖效果显著的新专利与其实施不依赖原专利或虽依赖但效果可以忽略的新专利。其中，与原专利实施无关或相关性不明显的新专利、与其实施不依赖原专利或虽依赖但效果可以忽略的新专利属于改进专利、新的专利或者称之为独立专利，从前述专利添附"不可分离性"的特征来判断，不属于专利添附。

4.1.3 专利添附与从属专利

从属专利，并无明确、统一的定义，一般是指改进专利中其实施需要依赖已有专利的一种专利，所以又称依赖专利。在不同的国家，对于该类改进专利有不同的称谓，在美国该类改进专利称为第二专利。原来已有的专利，相对于后改进的第二专利，也就被称为第一专利。

1993年8月16日，最高人民法院在《关于在专利侵权诉讼中当事人均拥有专利权应如何处理问题的批复》(下文称《批复》)中提道："……在后的专利技术是对在先的专利技术的改进或者改良，它比在先的专利技术更先进，但实施该技术有赖于实施前一项专利技术，因而它属于从属专利。"可见，从属专利特征包括：（1）是对在先的专利技术的改进或者改良而获得的专利技术；（2）它比在先的专利技术更先进；（3）其实施有赖于在先专利技术。

我国《专利法》第五十一条有相关规定："一项取得专利权的发明或者实用新型比前已经取得专利权的发明或者实用新型具有显著经济意义的重大技术进步，其实施又有赖于前一发明或者实用新型的实施的，国务院专利行政部门根据后一专利权人的申请，可以给予实施前一发明或者实用新型的强制许可。在依照前款规定给予实施强制许可的情形下，国务院专利行政部门根据前一专利权人的申请，也可以给予实施后一发明或者实用新型的强制许可。"[1]显然，这一规定较《批复》：（1）有明确的从属专利的范围，限于发明或者实用新型，不包括外观设计专利。（2）有具体的从属专利的内涵，不仅要求"比在先的专利技术更先进"，改进明显、深化为"具有显著经济意义"和"重大技术进步"。（3）从属专利其实质在于强制许可，而且还明确具有强制许可的双向性。同时，我国2000年8月对《专利法》进行第二次修改中对强制许可的形式、程序做了更为详细的实体性和程序性规定。

北京市高级人民法院《关于专利侵权判定若干问题的意见（试行）》第一百二十一条规定："从属专利，又称改进专利。指一项专利技术的技术方案包括了前一有效专利；即基本专利的必要技术特征，它的实施必然会落入前一专利的保护范围或者覆盖前一专利的技术特征，它的实施也必然有赖于前一专利技术的实施。"该条包含的改进专利与从属专利关系的观点需要分析，有待商榷。改进专利与从属专利都是对在先的专利技术的改进或者改良而获得的专利技术。改进专利明确为在已有专利基础之上又与已有专利有实质性区别，因而能够获得专利权的专利。从属专利强调的则是：（1）比在先的专利技术更先进；（2）实施有赖于实施在先的专利技术。可见，改进专利包含从属专利，从属专利只是改进专利中实施有依赖的一种。

---

[1] 参见2008年12月27日第十一届全国人民代表大会常务委员会第六次会议通过的《中华人民共和国专利法》。

专利添附与从属专利的关系。改进专利的"专利类成果"依据实施依赖性可区分为实施不依赖在先专利与实施依赖在先专利的两种情形。其中，实施不依赖在先专利的是独立专利；实施依赖在先专利的又可分为目前各国专利法上的所谓依赖专利和其他专利。目前专利法上的依赖专利，又称第二专利、从属专利，是指对专利进行改进后产生的具有"重大技术进步"和"显著经济意义"且实施依赖在先专利的专利，也称依赖专利规则[①]。"其他专利"，实施仍需要依赖在先专利但专利法并未包含的，如技术进步重大但经济意义一般、技术进步一般但经济意义显著的，这便是《专利法》最高人民法院《批复》的区别。其中有依赖关系的属于专利添附。专利添附、专利改进及从属专利等相互关系，如图4-1所示。

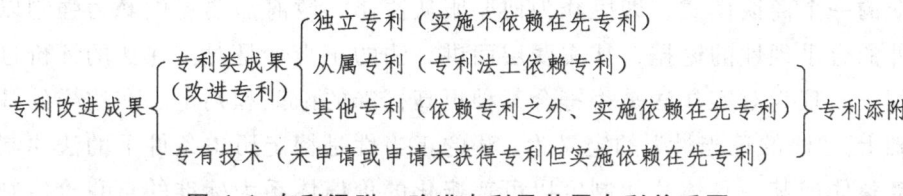

图 4-1 专利添附、改进专利及从属专利关系图

4.2 专利法正当性考评

4.2.1 专利法正当性概念

1. 法的正当性含义

法的正当性是法学文献中经常见到的词，也是部门法经常会研究到

---

① 参见 TRIPS 协议第 31 条第 L 项,《法国发明专利法》也有类似规定，其第 36 条 (1) 利用改进第三者的已取得专利发明而取得一项改进专利时，此改进专利的持有者未经原发明的专利权所有者的许可，不得实施自己的改进发明；而原发明的专利权所有者未经改进发明的专利权所有者的许可，亦不得实施已取得专利之改进发明。(2) 如果一项改进发明专利对原发明专利来说是一重大技术进步，大审法庭经征询检察署意见后，得根据公众利益依改进发明的专利权所有者的申请（此项申请不能在第 32 条规定的期限满期前提出），授予其非独占许可证，使其可以使用原发明专利。原发明的专利权所有者向法庭提出申请后，也可获得改进发明的许可证。(3) 第 33 条到第 35 条条款均适用。引自 http://www.lawtime.cn/info/zscq/guojiazhengcefagui/2010083143936.html, 2012.11.19.

的课题。"正当性"一词来源于西学,在古拉丁语里,正当性包含两种意思,一是合法的、法定的,来自法律的;二是恰当的、正确的。然而,中古时期正当性的词义发生了转变,其义为"合于习俗",而不是先前的"合于法律"。①这样,正当性概念逐渐发展为当今政治学与伦理学领域非常重要的概念。近年来在法学领域,正当性一词的使用频率逐渐增多,有的专著或论文甚至以部门法的正当性为主题。

正当性概念移植到法律领域,讨论法律的正当性,亦无不可。"因为法律也是一种制度构建,形式上是政治权力运行生成的规则体系,所以法律也有是否具备正当性的问题。"②法的正当性界定有两个层面:从本源层面讲,法的正当性是法律制度的自我证成,可以理解为政府说服民众的一个商谈模式,即民众为何要服从法律,政府需要提供暴力强制以外的合乎理性的论据;从实践层面讲,法的正当性是对实在法的评价过程,表现为对实在法是否符合某种更高标准的论证和判定。在这样的基础上,"法的正当性"的定义为:法的正当性是特定历史条件下的法律制度整体或某一具体法律制度以可普遍化的价值体系为标准的自我价值判断和价值证成,并由此寻求公共领域的价值认同。③

2. 专利法的正当性含义

前文对法的正当性给出了定义,可以将此定义适用到任一部门法,移用到专利法亦无不可。所谓专利法的正当性,是特定时期的专利法律制度以可普遍化的价值体系为标准的自我价值判断和价值证成,并由此寻求公共领域的价值认同。④然而,专利法本身不能提供证明专利法正当的根据,还是只能来源于道德哲学。

值得一提的是,在某些国家宪法条文中可能包含了支持专利制度的概括性条款。比如《美国宪法》规定"为了促进科学和实用技术的发展",国会有权"保障作者和发明者在有限的期间内就他们各自的作品和发明

---

① 刘毅. "合法性"与"正当性"译词辨[J]. 博览群书, 2007(3): 6.
② 胡波. 专利法的伦理基础[M]. 武汉: 华中科技大学出版社, 2011: 49.
③ 同上: 50。
④ 同上: 56。

享有权利"。①但是这仍然是合宪性问题,而非正当性问题。近年来,论证的思路则集中于说明专利权人应该享有专利权,基本方法则是把有形财产领域财产权正当性的哲学学说借用到无形财产领域,例如洛克的劳动学说、黑格尔的人格理论以及功利主义。然而,专利法不仅包含了专利权保护的法律规范,也包括了专利权限制的内容。诸如专利权的期限、不视为侵犯专利权的行为、强制许可等。因此,不能把专利法的正当性简略为专利权的正当性,其既囊括了专利权的保护,也包含了专利权的限制。故专利法的正当性问题,所考虑的正是保护和限制这两个方面如何平衡协调,达到制度上的正义要求。

4.2.2 专利法正当性危机

时至今日,部分学者仍然对专利制度的合理性、必要性存在质疑,认为专利制度在可能鼓励发明创造的同时,也存在严重的局限性。②其中最重要的理由就是专利法所授予的权利是一种垄断权。"凡垄断之法必是恶法"的主张不但导致了19世纪轰轰烈烈的反专利法运动,也断送了荷兰年轻的专利法(1817—1869年)。③其直接动因和现实关切在于专利法当前所面临的正当性危机。"现代法学理论最核心的问题是如何在不求助于神圣假设条件下实现法的正当性。"④所谓专利法面临的正当性危机,并非只是抽象意义上一般法的共同境遇,而是自20世纪下半叶以来专利法实际运行中引发的特殊问题。其外因主要归于这一时期发生的新技术革命,特别是生物技术的突破性进展,使专利法面对与机械或化学时代迥异的崭新的生产力背景,遭遇前所未有的困难。⑤其内因则在于专利法为利益集团所左右,保护范围和保护强度不断扩张。内外因共同

---

① U. S. constitution, Art. 1, 8, cl. 8.
② R S Eisenberg. Analyze this: a law and economics agenda for the patent system[J]. Vanderbilt law review, 2000: 2081.
③ 刘华. 国际专利制度改革的实证分析及对我国的启示[J]. 法律科学, 2006(1): 149.
④ 李卫东."应然"与"实然"的制度性结合(代译序)[M]//尼尔·麦考密克, 奥塔·魏因贝格尔. 制度法论[M]. 周叶谦, 译. 北京: 中国政法大学出版社, 2002.
⑤ Denis Schertenleib. The patentability and protection of DNA based inventions in the EPO and the European Union[J]. E. I. P. R., 2003(25): 125.

作用的结果,是专利法在实践中充分暴露出其弊端。具体概括为以下几个方面:①

首先,妨碍后续研究。大量基础专利形成的"专利丛林",使后续研究者不得不在荆棘中小心翼翼地穿行,稍有不慎就会落入侵犯专利权的范围。如转基因体等研究工具取得专利权,直接给他人利用此类工具从事生命科学研究造成法律障碍,使后来研究者面临着法律风险。这种专利制度对后续科学发展造成的负面影响,引起了广泛的担忧。

其次,助长了企业的机会主义行为,限制了自由竞争。现有专利制度为企业的机会主义行为提供了空间。很多时候,企业不是基于保护技术创新成果申请专利,而是把申请专利作为纯粹的获取市场地位优势和打压竞争对手的策略性手段。它们运用外围专利、专利地雷、专利池等方法,尽可能打击其他竞争者,获取最大垄断利润。

再次,现有的专利制度还引发了公共健康危机。以《与贸易有关的知识产权协定》(TRIPS)中药品全面专利化的规定为例,其使得替代药品和仿造药品的空间缩小,专利药品价格昂贵,发展中国家无法获得这些迫切需要的救命药物,由此在非洲等地区形成公共健康危机。健康权和生命权此类基本人权本来具有优先的位阶,但在知识产权的利益衡量中往往被有意无意地忽略。②

除此之外,专利法运行过程中还会造成不公平的利益分配格局,最明显的现象发生在遗传资源的提供者和利用者之间,"我们的基因,他们的专利"③不公平现象突出。正是专利法实际运行中出现的这些问题,使得有些学者发出否定专利法的声音。专利法尽管存在着公平、正义、诚实信用价值评判的偏离,但不能因此就否认其正当性,更重要的是改进现有专利法的不合理之处,使之逐渐正当化。正如黑格尔所言"凡合乎理性的东西都是现实的,凡现实的东西都是合乎理性的",④专利法的合理性就表现在它的历史脉络中。

---

① 胡波. 专利法的伦理基础——以生物技术专利问题为例证[J]. 法制与社会发展, 2008, 2(14): 109-122.
② 胡波. 专利法的伦理基础[M]. 武汉: 华中科技大学出版社, 2011: 62-63.
③ 何雪峰. 我们的基因,他们的专利——透视专利权[M]. 长春: 吉林人民出版社, 2001: 11.
④ 黑格尔. 小逻辑[M]. 贺麟, 译. 北京: 商务印书馆, 1980: 43.

迄今为止，论证专利法正当性还停留在 18 至 19 世纪论证有形财产私有制正当性的伦理哲学，如洛克和黑格尔的理论，这些理论移用到知识产权领域，并未形成逻辑严密的体系，更未能以有说服力的方式解释专利法的正当化问题，专利法正面临正当性危机。

4.3 专利添附正当性论证

专利法存在公平、正义、诚实信用等价值的偏离，归根结底是因为专利权在一定范围之内的垄断，维护专利权人在一定领域内的霸主地位，不利于自由竞争，更阻碍了技术的进步。专利法的存在性不容置疑，其所面临的正当性危机只是发展过程中不可避免的障碍。关键是务必明确，专利法不仅包含了专利权保护的法律规范，也包含了专利权限制的内容。专利法的正当化问题，所考虑的正是保护与限制这两个方面如何平衡协调，达到制度上的正义要求。在一味强调专利权保护之后，现在更应该转而思考专利权的限制。专利添附，在一定程度上松动了专有权的绝对不可侵犯，是对原专利权进行适当排他性限制、对改进研究成果权益保护的具体化，以及对任何处理与原专利利益关系的法律化，从而完善专利制度，进一步促进技术进步。专利添附的这些作用使得其具有正当性，也回应了专利法正当性挑战。

4.3.1 专利添附正当性伦理说明

有形财产私有制正当性的伦理哲学为人们所普遍认可，知识产权法学界将其引入并成功论证了授予和保护专利权的正当性，本书运用该伦理哲学对专利添附中添附人对添附成果权主张所有权试作论述。

1. 自然权利理论

（1）劳动财产理论。

智力投入作为人们劳动的一种方式，需要国家给予法律认可。洛克假定自然状态下的所有自然资源都是人类公有的，而私有财产的基础在于人的劳动。专利权虽然不是一种自然权利，但是用劳动创造财富、劳动者占有财富的理论解释专利权的正当性是恰当的。

以劳动价值论为基础的知识产权理论认为，专利等知识产品是人的创造性智力劳动成果，创造者理所应当然地享有私有权利。罗伯特·诺奇克认为对于专利权："一个发明者的专利并没有使别人得不到某个物品，因为，没有发明者，这项发明根本就不会存在。当然，对于另一个独立发明人就会具有影响，这导致对专利权施加一种时间限制。专利权的期限应接近其他独立发明人花费的发明时间。"①

同理，专利添附人对原专利技术进行新的智力投入，增加部分即为添附人劳动所得，劳动创造财富、劳动者占有财富的洛克劳动财产理论也不应吝啬使用在添附人身上。那么，添附人自然对价值增加部分可以主张权利，当然这种权利实际被享有，同样也需要国家法律的认可。

（2）"财产人格"理论。

该理论是从康德和黑格尔的著作中引申出来的，他们认为私有财产权是某些人类基本需要得以满足的关键。康德认为："外在获得"（所有权）可以这样表达："无论是什么东西，只要根据外在的自由法则把该物置于我的强力之下，并把它作为我自由意志活动的对象，我有能力依照实践理论的公设去使用它，而且，我依照可能联合起来的共同意志的观念，决意把一物变成我的，那么，此物就是我的。"②创造性智力成果经由人的表达，外化为特定的技术方案后，就成为独立于"我"并能够为自由意志支配的对象，所以，这种智力成果是"我"的创造，共同意志就承认"我"拥有该智力成果的正当性。

财产人格理论先前用来说明专利权获取的正当性，而添附人进行专利添附的初衷也是作为个体需要对外界环境中的资源加以某种控制，使之成为独立于"我"且能够为"我"自由意志支配的对象。共同意志承认专利权的正当性，理应承认添附人对添附成果权的正当性。

---

① 罗伯特·诺奇克. 无政府、国家和乌托邦[M]. 姚大志, 译. 北京：中国社会科学出版社, 2008：217.
② [德]康德. 法的形而上学原理——权利的科学[M]. 沈叔平, 译. 北京：商务印书馆, 1991：72.

2. 激励理论

现有学说认为，单凭劳动财产等理论不能充分论证专利权的正当性，而激励理论被认为是对专利权最有力的论证，也是立法与司法实践中运用最广泛的学说。激励论认为，社会创立知识产权制度的终极原因在于为增加知识产品的供给提供激励，以确保公众更充分的获取权；①在于专利制度能鼓励发明创造，促进技术进步和经济发展。激励理论具体又可细分为以下几类：（1）契约论。专利制度实际上是一种发明人与社会订立的契约，以给予独占专利换取发明人公布技术。（2）刺激论。发明创造具有成本和风险，只有在足够的物质刺激下，人们才有动力进行创新。（3）维持竞争秩序论。专利制度有效地防止不正当竞争，防止企业等待观望别的企业开发新技术进而模仿，确保竞争秩序。②它遵循"专利制度鼓励发明创造—促进技术进步和经济发展—专利制度具有正当性"这一逻辑链条。

激励理论本意并没有局限于原创性专利获取专利权的说理，对于现有专利基础上进行的专利添附依然可以适用之，只有这样，才符合专利制度持续鼓励发明创造的要旨。如果硬要将激励理论局限于专利权的取得，那么要说明的是专利制度是用市场垄断权来激励创新的一种制度安排，我们不可否认，市场垄断会降低资源配置效率，反过来抑制发明创造，社会必须在此两难中权衡，保护添附人的添附权不失为解决此两难的方法之一。正如杰克·何式雷夫所说："专利法既可能是发明产生所必需的激励，也可能是一种对信息不必要的法律垄断——发明人已经有机会将其发明信息进行交易，专利法却给予其过度补偿。"③马克路普对专利制度一段可观的表述则更为精当："专利制度利弊兼有，难分高下，具体结果依各国的具体情况而定。专利制度可能对美国等发达国家产生明显的利益。但对不发达的工业国家，其弊可能大于利。就我们目前的认识而言，没有经济学家有可能肯定地说目前的专利制度给社会带来净利

---

① 彭学龙. 知识产权：自然权利亦或法定之权[J]. 电子知识产权，2007（8）：16.
② 吉藤幸朔. 专利法概说[M]. 北京：专利文献出版社，1990：12.
③ Hirshleifer. The private and social value of information and the reward to inventive activity[J]. American economic review, 61（4），A971：571.

益或净损失,至多它能假设并猜测现实与假设的一致程度。如果一个人不知道一个制度总体上(而不是其中一部分特征)的好坏,最安全的政策是'听其自然';如果原来有此制度,则随它而去;如果原来没有,也不需要去建设它。如果我们没有专利制度,根据我们今天了解的关于专利制度的经济效果,建立一套专利制度是不负责任的。但是,因为我们长期以来拥有一套专利制度,根据我们现有的知识,取消专利制度也是不负责任的。"①所以结论是,既然我国已经建立了专利制度,就不能因为专利法面临着杰克·何式雷夫所说的两难境地而否认它,负责任的态度是去完善专利制度。其中,构建专利添附制度,便是肩负起这样的使命,是其重要内容。

法律的伦理正当性,归根结底就是讨论法律规范对当事人之间实体权利义务的划分是否合乎道德原则。具体而言,专利法的实体伦理性就是关注如何在发明人、发明的投资或组织者、社会公众、同一领域的其他竞争者等利益关联者之间分配技术信息及其衍生利益,评价法律规范所设定的各种分配方式正当与否。而今的专利法在实践中过多地考虑了功利(效率)方面,过少地考虑了正义(公平)方面,更是缺乏引导技术未来发展的制度完善,导致专利法主要被功利主义所左右,在法价值上失去了应有的平衡。构建专利添附制度便是希望在发明人、添附人、发明的投资或组织者、社会公众、同一领域的其他竞争者之间平衡利益分配。从此意义上说,专利添附的创建是符合法哲学的伦理说明的。

4.3.2 公共利益论域中的专利权限制

1. 专利权限制的原因分析

(1)专利权滥用。

专利权滥用是专利权人在权利行使过程中故意超越专利权界限损害他人或社会公共利益的行为。有的学者将专利权滥用类型划分为:滥用市场支配地位(包括拒绝许可、搭售、价格歧视、掠夺性定价、定价过

---

① 林秀芹. 从法律经济学的角度看专利制度的利弊[J]. 现代法学,2004(4):113-114.

高)、专利权许可中的联合限制竞争、企业结合中的专利权控制行为、专利权标准垄断等 4 类。①相对于其他权利而言,由于知识产权是一种具有垄断性质的私权,它更容易被滥用。

(2)权利冲突与专利权限制。

原专利权与后来的再创造权利发生冲突,需要对原专利权进行限制。专利法对专利专有权的保护是对知识原始创造的激励,但知识创造既包括知识原始创造也包括知识再创造,专利法在对知识原始创造赋予专有权同时,不应使专利权成为专利技术改进再创造的障碍。专利法不应只着眼于既有的创造,也应着眼于技术未来的持续创造。技术未来的持续创造具有再创造性质,而技术再创造往往建立在原专利技术的基础上,没有对原专利成果的利用,或是难以有更多技术创新成果出现,或者需要做更多不必要的重复投入和科研。后来的专利技术改进人(即专利添附人)对原专利的使用权与原专利权人对原专利的专有权会发生冲突。为此,专利法不仅应为已有专利提供制度保障,也应为专利的再创造提供保障,在赋予原专利权人专有权的同时对其加以限制,以保护他人对专利技术的改进得以实现。②

(3)利益平衡与专利权限制。

专利权保护制度调整的是人与人之间的利益关系,而专利权限制制度既调整人与人之间的关系,也调整私人利益与公共利益之间的关系。专利权利益平衡的最基本主张是:专利法的立法目的、功能以及整个制度设计应着眼于平衡专利权人的专利权和社会公众权利、相关主体利益与社会公共利益等多元利益之间的关系。专利权利益平衡的基本内涵:一是以私权保护作为利益平衡的前提,以利益平衡作为私权保护的制约机制,在立法上进行权利义务的合理配置;二是以利益平衡原则贯彻整个专利法的解释和适用过程。③专利权客体的双重属性是强调利益平衡的本源。专利产品具有私人产品和公共产品的属性,并且公共属性很强,

---

① 冯晓青,杨利华,等. 知识产权法热点问题研究[M]. 北京:中国人民公安大学出版社,2004:194-199.
② 彭礼堂. 公共利益论域中的知识产权限制[M]. 北京:知识产权出版社,2008(10):109.
③ 任寰. 论知识产权法的利益平衡原则[J]. 知识产权,2005(3):13-14.

因为专利产品只有在社会中传播、使用才能发挥其应有的价值，也才能真正使专利权人从对专利产品的创造中获得收益。如今的专利权保护似乎有些过高，过高的保护程度造成对专利产品传播和利用的限制，反过来影响了专利权人自身的利益。专利添附制度从近期效果看，是对专利权人专有权排他性的部分限制，从长远来看却有利于专利权人专利技术的传播和利用，给专利权人带来收益。专利添附不当然地影响原专利权及其行使，不当然造成原专利权价值的减少，甚至有可能扩大、延伸原专利适用领域和价值。

专利权制度中如果没有专利权限制制度对公共利益的调节，专利权人与一般社会公众的利益将会在相互冲突中被无谓地消耗，更难以得到发展。而且就专利权人的个人利益而言，它享有的时间是有限制的，持续时间较短；就公共利益而言，公共利益的存在并不因团体成员的变更而受影响，存续时间更加久远。如《美国宪法》的知识产权条款很清楚地表明，宪法确认了知识产权法维护的公共利益，即授权国会通过确保作者和发明者有限的专有权来促进科学和实用技术的进步。近年来，国际上一些知识产权公约对知识产权人个人利益和公共利益问题亦作出了规定。《与贸易有关的知识产权协议》（TRIPS）总则规定："承认保护知识产权的诸国内制度中被强调的保护公共利益的目的，包括发展的目的和技术的目的""知识产权的保护和权利行使，目的应在于促进技术的革新、技术的转让和技术的传播。"①第8条还规定，成员在制定或修改其国内法时，可以为保护公共健康以及促进对其经济和社会发展至关重要的公共利益而采取必要的措施。这意味着该协议中也确立了公共利益优先于个人利益的原则。

通过对专利权限制原因的分析，可见专利权作为一种垄断性权利，权利人非常容易超越界限来损害相对人的利益，也严重妨碍了后来人再创造的空间，最终威胁到整个社会的技术进步。专利添附制度就是希望能够起到矫正专利权过高垄断性的作用，给后来人对专利人的专利技术进行改进创新创造空间，促进技术进步与发展经济，平衡各相关主体之间的利益。

---

① 《与贸易有关的知识产权协议》序言部分和第2条。

2. 专利添附与专利权限制的归一

随着专利制度的发展，专利权保护不再是唯一选择，"利益平衡"成为我国入世后知识产权领域的新话题。专利权限制制度作为专利法的组成部分，其发展和完善对于专利领域主体之间"利益平衡"显得尤为重要。

首先，学界提出对专利权滥用的限制手段有三：一是民法的限制，二是经济法的限制，三是从专利权制度内部来解决。民法对专利权滥用的规制主要体现在诚实信用、权利义务一致性等基本原则中。近些年经济法范畴的反垄断法对专利权滥用的规制研究得较多，专利权制度内部的完善似乎陷入了瓶颈，构建专利添附制度就是从专利权制度内部出发，限制专利权保护的范围。其次，原专利权保护制约着后来的专利技术再创造，原权利与在后权利的冲突影响着主体间的利益平衡，阻碍着技术进步和社会经济的发展。专利添附制度构建的主要目的是在尊重与保护原专利权人权利的基础上，同时尊重乃至促进添附人对现有专利技术进行改进的权利，适当限制专利权的保护范围，平衡专利权人（被添附人）和添附人之间的利益，促进技术持续创新和社会公共利益的发展。

4.4 专利添附必然性证成

4.4.1 必然性事实考察

现实生活中专利添附的发生有各种各样的情形。专利添附可能是未经权利人许可而对他人的专利进行改进，有可能是基于许可合同中的约定，基于许可进行的改进，等等。无论何种情形，专利添附都是有利于技术进步且是必然发生的。在此通过具体案例试做分析。

案例一：引进板金件技术的改进[①]
张祖勋，武汉大学教授，中国工程院院士，我国"全数字化自动测

---

① http://news.whu.edu.cn/008/2007-04-17/10505.html 武汉大学新闻网。

图系统"的创始人之一。张祖勋为了研究"全数字化自动测图系统",克服研究途中的种种技术难关,并与日本 Amtech 公司合作,引进了日本板金件技术用来加工零件。日本的板金件技术在加工零件时,不能全自动化进行,需要对每件零件进行人工检测。人工检测不仅费时费力而且还严重影响精确度。张祖勋在使用日本该技术过程中,通过对其进行技术改进形成了改进技术成果,该成果解决了日本板金件对加工零件一直需要进行人工检测的问题,实现了高精度、自动量测。如何界定张祖勋的改进行为,其权益又有如何保障等等,有待探讨。

为了解决日本的板金件技术使用过程中的不足,武汉大学对其进行改进,形成了改进技术成果权,即专利添附。毫无疑问,在社会实践中,随着科学技术的不断进步,以及社会分工的细化、劳动效率的提高,这样对原有专利技术进行改进的行为,再常见不过。可见,专利添附是社会发展的必然,是技术进步的客观常态。

案例二:吩噻嗪类抗精神分裂药的改进

吩噻嗪类抗精神分裂药物中最典型的是氯丙嗪(分子式:$C_{17}H_{19}ClN_2S \cdot HCl$),氯丙嗪也叫冬眠灵,是第一种抗精神病药,开创了药物治疗精神疾病的历史,氯丙嗪的发现具有里程碑式的意义。[①]基本上大多数药物都有副作用,氯丙嗪也有很多副作用,轻微的如口干舌燥、头晕目眩,稍重则是低血压、心悸,然而该药物更具危害和有影响力的副作用是引起眼部疾病,称为氯丙嗪白内障。长期服用氯丙嗪,总量在 350 克以上可出现晶体前后囊下棕色或灰白色小点沉着并向深部发展,最终会导致白内障或青光眼这类的眼部疾病。

在抗精神分裂药物的发展史中,氯丙嗪只是一个开端,因其巨大的副作用,终会被更好的药物取代。丁酰苯类抗精神分裂药便是在吩噻嗪类抗精神分裂药物基础上的极大改进,以氟哌啶醇为代表(分子式:$C_{21}H_{23}ClFNO_2$),其药理作用与吩噻嗪类抗精神分裂药类似,但改进了原来吩噻嗪类药物的副作用。[②]

不仅仅是抗精神分裂药物有如此改进,各种药物几乎都是如此,一

---

① http://baike.baidu.com/view/116752.htm 百度百科。
② http://baike.baidu.com/view/239512.htm 百度百科。

代药物、二三代药物。为了更好地治疗人类历史上的疾病，药物改进不可避免，之前的药申请了专利，后来改进的药申请的专利便是改进专利，改进的部分则是在原药专利基础上的添附成果。

诸如此类的例子数不胜数，还如历史上因为判决三极管改进是对二极管的专利侵权而被禁令导致晶体管技术之后几十年的停滞不前，同样在美国 Z4Technologies, Inc. 诉 Microsoft Corp. 案中，法院以"产品激活是微软产品很小组成部分"并且"软件侵权激活部分不可能是用户购买产品核心功能"为由驳回了原告申请禁令的请求。这一判例表明"在集成产品中包含相对不那么重要元素时不适用禁令救济"，这一判例不仅很好地保护了社会公共利益，还尊重并明显适应了科学技术进步的规律：不断更新，不断改进。

4.4.2 必然性理论分析

上述案例反映了专利添附发生是一种客观存在的事实。但这毕竟只是一种事实的列举，案例无论如何也无法穷尽，下面对专利添附发生的必然性做进一步论证。

1. 技术进步的必然

人类社会是从量变到质变的不断地螺旋式上升的过程，技术进步亦然。任何一个技术的成熟过程并不是一蹴而就的，而是在实践中不断改进和更新，是一个量的累积到质的飞跃的过程。专利技术的发展与完善，便是一个量的累积过程，即通过不断的专利添附来推动与实现，某个时间点发生质的飞跃、实现技术的重大突破，进而在一个更高级阶段进行新的量变积累与质变飞跃，不断地进行着专利添附，促进技术日趋完善。这便是技术发展的客观规律。

2. 专利实施的需要

专利技术实施存在技术本身的完善以及技术生产化、市场化、本土化等各类问题。专利技术有的只能解决一个或一方面问题，存在实施的其他问题，最典型的便是特效药品，能够对特定疾病如某种癌症有特别疗效但又有其他副作用，故其实施必须在此专利之上进行技术改进，解决该药品的副作用。这里强调的是对专利本身的改进。还有的专利需要解决生产的实用性问题、用户功能、实用成本等性价比的市场问题，还有的技术还存在水土不服的问题，这就需要对专利技术的实施进行必要、必须的改进、配套，才能使该专利技术得以实施。

有些产品、设备是复杂、综合配套技术，如高铁技术，显然不是一项、几项技术，而是上百项、千项、万项技术综合、协同而成，单一专利技术实施必须依赖配套技术的实践需要。有些专利技术在实施过程中遇到了阻碍或者说单凭该专利技术无法充分有效地解决实际中的问题，而是必须结合其他专利技术，才能使彼此得到有效的实施，最终才能达到解决问题的目的。如在灯泡中，有灯丝的发明、玻璃罩的发明、灯头的发明，只有这三种技术共同作用，才能使各项技术充分发挥作用，不然独立实施，是没有生产或市场意义的。这里强调的是专利与其他技术的结合。美国的"阿波罗"计划、中国的"神九"上天以及高铁技术的发展无不如此。技术实施需要技术附合、混合和加工，需要不断的技术添附。

3. 专利添附已成为一种国际惯例

专利添附从某种意义上来说，已经为相关国际条约所认可，并将其作为商业惯例来规定。《国际技术转让行动守则》中规定"限制另一方在合同标的技术的基础上进行新的研究开发"属于限制性商业惯例。另外，在主要国家反垄断法对专利许可限制性商业惯例的规制中基本上都把禁止专利添附作为一种限制性商业惯例。美国《谢尔曼法》中列举的被禁止的限制性行为中的第三项：限制质量竞争协议，如通过对革新或调研费用方面的限制，使某种产品的质量固定在某一水平上。这是国际规则和主要国家法律从规定禁止条款角度规定了对专利添附的确认。

同时，有些国家和地区的法律中间接地肯定了专利添附制度。如日本反垄断法中认为属于限制性商业惯例的一项为：技术反馈条款不是对等互惠的。强调被许可方将其在许可使用的技术基础上所改进的技术回授给许可方的条件必须是互惠的、公平的。欧盟对限制性商业惯例的规范中所列的"黑色清单条款"中①的一项规定为：要求被许可方将其所改进的技术全部或部分转让给许可方。可以看出欧盟的反垄断法中当然地承认专利改进，即专利添附，并且还禁止许可方在许可协议中规定无偿回授条款。

我国 2001 年生效的《技术进出口管理条例》②第 29 条对限制性商业惯例的列举规定，以及 2005 年我国最高人民法院公布的《关于审理技术合同纠纷案件适用法律若干问题的解释》中，对"非法垄断技术、妨碍技术进步"情形作出了进一步的解释，确定技术合同内容有下列情形的，属于《合同法》第 329 条所称"非法垄断技术，妨碍技术进步"③：限制另一方在合同标的技术的基础上进行新的研究开发，或者双方交换改进技术的条件不对等，包括要求一方将其自行改进的技术无偿地提供给对方、非互惠性的转让给对方、无偿地独占或者共享该改进技术的知识产权。我国国内法中的该项规定与《国际技术转让行动守则》中"限制另一方在合同标的技术的基础上进行新的研究开发"这一限制性商业惯例一致。

4. 现有法律存在专利添附的空间

（1）TRIPS 协议第 31 条第 I 项。

TRIPS 协议第 31 条规定的内容是特殊的权利限制，与一般的权利限制相对应。这里的"特殊限制"，主要是指专利强制许可。对于强制许可，与其说是协议规定了权利限制，不如说是规定了对权利限制的限制。因为，第 31 条的 12 项，基本都是要求成员在实行强制许可制度时应当符

---

① 黑色清单条款，是指依照条例在许可协议中出现的不能得到集体豁免待遇的限制竞争条款。
② 国务院 2011 年 1 月 8 日、2019 年 3 月 2 日先后对《技术进出口管理条例》进行了修订，其中第二十九条修订为"有对外贸易法第十六条规定情形之一的技术，禁止或者限制出口。国务院外经贸主管部门会同国务院有关部门，制定、调整并公布禁止或者限制出口的技术目录"。
③ 《中华人民共和国民法典》第八百五十条规定"非法垄断技术或者侵害他人技术成果的技术合同无效。""非法垄断技术或者侵害他人技术成果"是客观行为，"妨碍技术进步"是行为导致的后果，《民法典》在技术合同无效中删去了"妨碍技术进步"，立法更为科学、规范。

合一定的条件。①TRIPS 协议第 31 条规定了三种情形：一是成员进入国家紧急状态，或在其他特别紧急情况下，或在公共的非商业性场合；二是申请强制许可的人已努力向权利持有人要求依合理的商业条件获得许可，但在合理期限内未获成功；三是在第二专利比第一专利先进，而第二专利的实施又依赖于第一专利情形下，为了实施第二专利而规定的强制许可。在这 12 项中，最后一项的规定就是以上 TRIPS 协议第 31 条规定强制许可的第三种情形，同时使专利添附从国际条约中找到了法律渊源，且该条约明显是具有约束力的条约。

TRIPS 协议第 31 条第 I 项规定，"如果这类授权使用是为允许开发一项专利（'第二专利'），而若不侵犯另一专利（'第一专利'）又无法开发，则授权时应适用下列条件：① 第二专利之权利要求书所覆盖的发明，比起第一专利之权利要求书所覆盖的发明，应具有相当经济效益的重大技术进步；② 第一专利所有人应有权按合理条款取得第二专利所覆盖之发明的交叉使用许可证；③ 就第一专利发出的授权使用，除与第二专利一并转让外，不得转让。"②可见，授予强制许可的前提有二：一是第二专利对第一专利的依赖性，第二专利的开发必须要侵犯第一专利；二是第二专利比第一专利有"具有相当经济效益的重大技术进步"。欣慰的是，为了促进技术的进步，对第一专利的保护不是如此绝对，只要后来的改进专利能满足相关的条件，即便后来的改进专利是以侵犯原专利为前提，都是为 TRIPS 协议所鼓励的。这里不得不说，TRIPS 协议的这条规定为专利添附制度的研究提供了强有力的国际法渊源。专利添附制度研究的内容之一是对现有专利进行添附后的法律效果，而这种改进在很多情形下，特别是在专利添附成果实施时，会侵犯原专利的专有权。

（2）各国国内法的交叉强制许可制度。

交叉强制许可的产生是为了便于从属专利的实施。所谓从属专利，是指前后两个专利在技术上存在着从属关系，如果不实施前一个专利所保护的发明（或实用新型），那么后一专利所保护的发明（或实用新型）

---

① 郑成思. WTO 知识产权协议逐条讲解[M]. 北京：中国方正出版社，200：116.
②《与贸易有关的知识产权协议》第 31 条。

也无法实施。上文列举两个案例中的专利，即存在着从属关系。后一专利的权利人如欲实施其专利，则不得不实施前一专利。其最好的办法是后一专利权人与前一专利权人签订专利权相互许可使用合同。但是，前一个专利权人也可能不愿意许可由后一个专利权人实施其发明。这样，尽管后一专利较前一专利先进，但无法实施，前一个专利权人将会阻碍先进技术的应用。为了对这种违反公共利益的行为予以限制，多数国家在其专利法中都规定了交叉强制许可制度，即通过授予强制许可的方式准许后一专利权人实施前一专利权人的发明，同时也可根据前一专利权人的请求，给予他实施后一发明的强制许可，同时使得人们能够分享最新技术的福祉，以保持当事人之间及其与社会利益间的平衡。

我国《专利法》第五十一条对交叉强制许可作了具体规定："一项取得专利权的发明或者实用新型比前已经取得专利权的发明或者实用新型具有显著经济意义的重大技术进步，其实施又有赖于前一发明或者实用新型的实施的，国务院专利行政部门根据后一专利权人的申请，可以给予实施前一发明或者实用新型的强制许可。在依照前款规定给予实施强制许可的情形下，国务院专利行政部门根据前一专利权人的申请，也可以给予实施后一发明或者实用新型的强制许可。"从以上规定可以看出，国务院专利行政部门授予交叉强制许可应当符合以下条件：一是第二专利人若不使用第一专利权人的专利，就不能实施其发明或者实用新型专利；二是获得第二专利的发明或者实用新型与第一专利相比，具有更大的经济意义和重要的技术进步；三是第一专利权人有权在合理的条件下，取得使用第二专利中的发明或者实用新型的交叉强制许可。

《日本专利法》第 92 条也比较详细地规定了从属专利制度，其适用条件包括：一是后一专利与前一专利存在从属关系，不实施前一专利，则后一专利也无法实施。上述两项专利既可为发明专利，也可为实用新型专利或外观设计专利；二是后一专利权人已与前一专利权人进行过实施发明的协商；三是前、后两专利权人协商不成或不能达成协议，双方提请专利厅长官裁定；四是如果没有强制许可会对专利权人或独占实施权人的利益造成不当损害，专利厅长官不能作出设定该普通实施权的裁定。《日本专利法》第 92 条有关从属专利规定的范围更加广泛，包括外观设计专利；条件更为宽泛，未明确规定第二专利应比第一专利有较大的技术进步；裁定许可设置了前置程序与条件，即前、后两专利权人协商在先、强制许可不会对专利权人或独占实施权人的利益造成不当损害。

另外，《法国知识产权法典》第 L613-15 条也规定了交叉强制许可制度，与 TRIPS 协议第 31 条的规定完全一致。还有我国台湾地区所谓"专利法"第 80 条也规定了交叉强制许可制度，其规定也近似于 TRIPS 协议第 31 条的规定。

当然，无论是 TRIPS 协议 31 条规定的第二专利对第一专利的依赖，而给予第一专利的强制性许可，还是各国国内法保障从属专利实施而给予的前一专利的强制许可，这并非专利添附的全部。专利添附超出以上规定的是：专利添附人对添附成果不一定申请专利或尽管申请但未获得专利；专利添附成果也不一定像上述第二专利或从属专利一样具备显著经济利益和重大技术进步；使用添附成果的可能是专利权人，也可能是专利添附人，还可能是其他第三人。

（3）专利合理使用。

专利合理使用，是指在某些情况下，尽管他人未经许可实施了专利权人的专利，但根据法律的规定，这些行为不作为侵权行为来处理。我国《专利法》第六十九条就有相关规定[①]，以此条规定为例，下面试做分析。

第一，"专利产品或者依照专利方法直接获得的产品，由专利权人或者经其许可的单位、个人售出后，使用、许诺销售、销售、进口该产品的"，属于专利权穷竭。所谓专利权的穷竭，是指专利权人自己或者许可他人制造的专利产品（包括根据专利方法直接获得的产品）被合法地投放市场后，任何人对该产品进行销售或使用，不再需要得到专利权人的

---

① 《中华人民共和国专利法》第六十九条：有下列情形之一的，不视为侵犯专利权：（一）专利产品或者依照专利方法直接获得的产品，由专利权人或者经其许可的单位、个人售出后，使用、许诺销售、销售、进口该产品的；（二）在专利申请日前已经制造相同产品、使用相同方法或者已经作好制造、使用的必要准备，并且仅在原有范围内继续制造、使用的；（三）临时通过中国领陆、领水、领空的外国运输工具，依照其所属国同中国签订的协议或者共同参加的国际条约，或者依照互惠原则，为运输工具自身需要而在其装置和设备中使用有关专利的；（四）专为科学研究和实验而使用有关专利的；（五）为提供行政审批所需要的信息，制造、使用、进口专利药品或者专利医疗器械的，以及专门为其制造、进口专利药品或者专利医疗器械的。

许可或者授权，且不构成侵权。该种专利产品使用下，利用专利技术或产品本身所物化的技术秘密和潜在信息，使用人作出各种探索而对专利产品进行改良获得改良成果或开发研究中实施反向工程（即模仿创新）实现二次创新。这个过程就是专利添附的过程，尤其我国作为先进技术接纳国、引进国，对国外先进技术的引进、消化、吸收、再创新显得尤为重要。并且，从历史上看其他国家技术的发展，也大多在特定时期遵循了这一规律。如从早期欧洲的德国和法国实施反向工程战略，学习英国的先进技术，到第二次世界大战前后美国抢占欧洲等国的技术人才进行科技创新，再到第二次世界大战之后日本、韩国等国家实施反向工程战略汲取美国的先进科学技术，这些国家在特定时期实施反向工程战略都使得整个国家或一些主要行业的技术创新能力和企业竞争能力达到快速提高。①

第二，"在专利申请日前已经制造相同产品、使用相同方法或者已经作好制造、使用的必要准备，并且仅在原有范围内继续制造、使用的"，属于在先权。在先权人的实施，主要是因为在实行先申请原则的国家，如果同时有两个以上的发明人完成了同一发明，只有先申请的人才能取得该发明的专利权，那么，对于已投入资金、人力而研究出同一发明的人而言，虽然已实施或准备实施，却可能因为别人已提出专利申请而无法实施。为了公平起见，授权先用权人在原有的范围之内继续实施，不认为是侵权。学界讨论得多的是在先权的性质、在先权的范围，少有涉及先用权人在继续使用的过程中进行技术改良后的改进技术成果权的归属问题。在先权人享有自己的改进技术及实施。在先权人如果因改进技术而扩大生产或者将改进技术许可他人而该改进技术实施又依赖在先专利，这里显然不再属于在先权范围而是专利添附，有待进一步研究。

第三，"临时通过中国领陆、领水、领空的外国运输工具，依照其所属国同中国签订的协议或者共同参加的国际条约，或者依照互惠原则，为运输工具自身需要而在其装置和设备中使用有关专利的"，属于临时过境情形。临时过境，是指暂时进入或通过一国领土（领水、领空）的交通工具上，未经许可而使用了该国的专利，不构成对该国专利权的侵犯。②该种情况虽是偶然，但仍可能发生专利添附。

---

① 朱明. 反向工程战略与中国自主创新能力的提高[J]. 中国软科学，2005（6）：8.
② 张玉敏. 知识产权法学[M]. 北京：中国人民大学出版社，2009：205.

第四,"专为科学研究和实验而使用有关专利的",属于为科学或实验目的使用专利,不认为是侵权行为,以鼓励科学发明和研究的开展,该类情形下的专利添附最多。根据世界知识产权组织(WIPO)的统计,有效运用专利信息,可缩短研发时间60%,节省研发费用40%;90%~95%的研发成果包含在专利文献中,专利文献公开的技术有80%以上未出现在其他技术文献中,全世界90%以上的发明创造信息都是首先通过专利文献反映出来的。[①]专利信息的利用很大程度上依赖于合理使用制度,可以说,没有合理使用制度,就没有专利的推陈出新、不断发展。这一过程就是专利添附的过程,这项合理使用为专利添附提供了巨大空间。

第五,"为提供行政审批所需要的信息,制造、使用、进口专利药品或者专利医疗器械的,以及专门为其制造、进口专利药品或者专利医疗器械的",国外称为"博拉例外条款",即仅仅为行政审批的目的而不是为了销售的,可以制造、使用、进口专利药品或者专利医疗器械;或者专门为申请行政审批的单位制造、进口专利药品或者专利医疗器械的,而不是为商业目的而销售的,不视为侵权。"其"是指"为提供行政审批所需要的信息,制造、使用、进口专利药品或者专利医疗器械的"这个主体,比如A公司因行政审批所需要的信息,需要X产品,这时B公司进口X产品卖给A,这个"其"就是A公司;此时B制造、进口卖给A公司X产品,且A使用X产品仅是为了"为提供行政审批所需要的信息,制造、使用、进口专利药品或者专利医疗器械的"需要,则这时B的制造、进口行为视为侵权例外行为,而B直接使用且不是前述行政审批需要目的则构成了侵权。当然,如果B也是"为提供行政审批所需要的信息,制造、使用、进口专利药品或者专利医疗器械的"则属于第一种行为,也不侵权,所以在第二目内容中便没包括"使用"这一种行为。当然,A或B公司如对X产品进行改进,也可能发生专利添附行为。

从技术本身的发展过程、技术的实现看,技术的进步大多是站在巨人肩膀上的、不断地添附累积的过程,包括原专利也是在前人规律、原理发现基础上的添附;从国际惯例、国际条约看,都直接或间接地承认对已有专利的添附;从现有法律和各国规定来看,专利添附有存在的空间。在这样的背景下,专利添附势必会发生,对专利添附给予保护可谓正当。

---

① http://www.nipso.cn/gnwzscq2lxx/lpzlyjbg/p020051220470229688353.doc.

5 专利添附的一般分析

5.1 专利添附的形成

技术在不断改进的过程中进步，专利添附在技术改进中则不可避免产生。技术改进过程中能够形成专利添附的主要情形有哪些，下文试作阐述。

5.1.1 基于专利法授权

著作权合理使用，是指在某些情况下可以不经著作权人的许可，不向其支付报酬的使用作品的情形，是基于著作权法授权的使用。如《著作权法》第二十二条规定"在下列情况下使用作品，可以不经著作权人许可，不向其支付报酬，但应当指明作者姓名、作品名称，并且不得侵犯著作权人依照本法享有的其他权利……。"①这里参照、借用著作权合理使用的概念，专利权合理使用，是指在某些情况下可以不经专利权人的许可，不向其支付费用的使用专利的情形，如《专利法》第六十九条情形，无需专利权人的同意，不视为侵权地使用其专利权，也是基于专利法授权的使用。专利权合理使用情形下对原专利所进行的改进等再创新（下文简称改进或再创新）是专利添附中的主要情形之一。

专利法的主旨在于鼓励人们不断创造发明，通过授予专利权调动人们发明创造的创造性和积极性。同时，专利法确定了促进科学技术进步

---

① 2020 年 11 月 11 日第十三届全国人民代表大会常务委员会第二十三次会议《关于修改〈中华人民共和国著作权法〉的决定》对《著作权法》进行了第三次修正，其中第二十四条修订为"在下列情况下使用作品，可以不经著作权人许可，不向其支付报酬，但应当指明作者姓名或者名称、作品名称，并且不得影响该作品的正常使用，也不得不合理地损害著作权人的合法权益"。

的原则，规定了改进专利制度、依赖专利制度、不视为侵权的在专利技术基础上的科学研究制度，以及博拉（Bolar）例外条款，等等。显然，专利法为促进人们持续创新，实现技术不断进步，授权、鼓励人们不断进行专利改进。从专利法上说，在他人专利上进行技术改进等再创新的行为本身，是专利法鼓励的行为，是一种添附行为，而其生产经营目的的实施是否与专利侵权并存，需要做具体分析。

5.1.2　基于合同行为

基于合同发生对原专利的技术改进也是最常见的情形。双方通过合同许可，被许可人在实施中为了降低成本、完善功能与本土化等，可能对原专利进行技术改进，以及通过技术委托开发合同、技术合作开发合同等对现有专利技术进行改进、附合和混合式创新、升级以降低成本、提高效率。其中可能会产生技术创新新成果，便是专利添附。

同时，技术许可、合作开发、委托开发合同无效、合同终止、撤销，如果合同方对在先专利进行改进或附合、混合并产生新成果，也有发生专利添附的。

5.1.3　基于被添附人的违法行为

被添附人的违法行为，这里主要是指原专利人在许可合同中约定了特定的法律禁止的条款。例如，我国2001年《技术进出口管理条例》第二十七条规定："在技术进口合同有效期内，改进技术的成果属于改进方。"第二十九条规定："技术进口合同中,不得含有下列限制性条款：……（三）限制受让人改进让与人提供的技术或者限制受让人使用所改进的技术；……"[①]《最高人民法院关于审理技术合同纠纷案件适用法律若干问题的解释》第十条规定："下列情形，属于合同法第三百二十九条所称的'非法垄断技术、妨碍技术进步'：（一）限制当事人一方在合同标的

---

① 国务院2011年1月8日、2019年3月2日对《技术进出口管理条例》的修订取消了相关内容的规定。

技术基础上进行新的研究开发或者限制其使用所改进的技术,或者双方交换改进技术的条件不对等,包括要求一方将其自行改进的技术无偿提供给对方、非互惠性转让给对方、无偿独占或者共享该改进技术的知识产权……"如果专利许可合同中有违反上述法律禁止性规定的条款,被许可人违反该条款约定对原专利进行技术改进等所产生的技术新成果,应当属于专利添附。

5.1.4 基于第三人行为

我国《专利法》第十五条第一款规定:专利申请权或者专利权的共有人对权利的行使有约定的,从其约定。没有约定的,共有人可以单独实施或者以普通许可方式许可他人实施该专利;许可他人实施该专利的,收取的使用费应当在共有人之间分配。共有人一方可以单独实施或普通许可他人来实施专利,只需将许可费用合理分配即可。该条文仅仅规定了共有人可以以普通许可方式许可他人实施该专利,以及许可他人实施该专利的,收取的使用费应当在共有人之间分配,并没有涉及单独实施、第三方实施可能出现改进成果的归属及其依赖性实施等规则。

同时,《合同法》中委托开发技术、共同开发技术等过程中也会发生类似情况,即第三人对共同专利实施过程中的改进问题。根据《合同法》相关规定,合同的当事人可以按照互利的原则,在相关技术合同中约定实施专利、使用技术秘密后续改进的技术成果的分享办法。没有约定或者约定不明确的,在合同生效后,当事人之间可以协议补充;不能达成补充协议的,按照合同有关条款或者交易习惯,仍不能确定的,一方后续改进的技术成果,其他各方无权分享。其中有关实施依赖及其利益分享问题同样并没有规定。可见,第三人行为的专利添附,是指在各种类型的共有专利中,第三人仅仅获得其中一方许可,使用共有专利并对其进行改进所形成且有实施依赖性的新成果。

5.1.5 基于专利侵权的添附行为

基于专利侵权的添附行为,是指行为人基于专利侵权即未经许可非法实施他人专利过程中对专利进行改进所形成且有实施依赖性的新成果的情形。该情形下，行为人既非依法也非依约地实施原专利便构成专利侵权，同时在专利侵权过程中又形成了实施有依赖性的新成果即专利添附。显然，该专利添附的形成具有主观恶意性，其归属或实施规则及债权效果下文再作具体分析。

5.2 专利添附的价值①

添附的意义"在于利用物权归属分配，以实现鼓励创造或维护经济价值的公益目的，并解决当事人之间所有权之纷争，维持社会和平之秩序；再利用债权上之补偿方法以实现当事人间对等正义之功能，是物权法和债权法之绝妙配合"②。专利添附具有增进财富，提高效率，促进物尽其用，减少交易成本等重要作用。③除此之外，专利添附还具有不同于物权添附的自身价值。

5.2.1 鼓励持续创新与创新成果的实施

专利添附符合专利制度的目标，能促进新技术、新工艺和新材料不断产生、实施与转化。首先专利添附使得在先专利权人更积极主动改进他们现有专利。"很多人认为无可挑战地垄断地位扼杀创新,不鼓励节俭,并且遏制活力；对工业程序而言，竞争豁免是麻醉，对手是刺激。"④专利添附使得在先专利权人，尤其是在某领域获得广泛"基因式"（genus claims）⑤权利要求的专利权人不会躺在成果上睡大觉；改进者实质性改进在先专利技术，并且能合理获得改进行为创造的社会价值相当大部分

---

① 陈家宏. 专利添附问题探讨[J]. 知识产权，2013（5）：44-51.
② 谢在全. 民法物权论（上册）[M]. 北京：中国政法大学出版社，2011：5.
③ 王利明. 添附制度若干问题探讨[J]. 法学评论，2006（1）：51.
④ United States v. Aluminum Co. of Am., 148 F. 2d 416, 427（2d Cir. 1945）.
⑤ 基因式专利，是指在该领域不能被绕开的重要专利，类似基因与物种的关系，任何后续的专利或产品都包含基因式专利。

的预期，会促进在先专利权人继续重新定义、思考和延伸他们的构想。

Peter Lee（2011）认为专利添附使得任意方而不仅是在先专利权人可以进行专利改进。现行专利体制下，交易成本和战略考虑可能阻碍专利困境中的许可协议的达成，而逆等同原则几乎没法适用。专利技术实质改进者投资和市场化风险需自行承担。即使在先专利人同意许可，严格排他权给了他们很大杠杆优势。[1]竞争比垄断更能促进技术创新。减少在先专利权人绝对权可能更好地促进技术进步。[2]专利添附改变了在先专利权人和改进者之间的不对称地位，可以使谈判力量重新平衡，并且刺激发明人实施现有专利技术。

此外，专利添附也有益于添附人公开添附成果或申请专利。按照现行专利制度，细微改进的改进者不能申请专利，不论市场效益大小也不能实施在先专利，而在先专利权人可以免费使用改进成果；重大改进中，改进人虽可以申请专利，但在先专利权人也可以阻碍改进者实施在先专利，改进部分自然无法实施；只有重大改进且有显著经济意义的，改进人可以获得强制交叉许可；特别重大改进的，改进者可以根据逆等同原则，不受限制实施在先专利，但是这种情况几乎不存在。故改进技术中的大部分利益都被在先专利权人获得，改进人一般不愿意就改进部分公开成果或申请专利。专利添附改变了这种利益分配格局，有益于添附人公开成果或者申请专利，鼓励持续创新并促进了创新成果的实施。促进创新可谓专利制度的灵魂，持续创新与成果实施是实现创新的必有路径。

5.2.2 实现多方利益平衡

专利添附和原始专利授权有相似之处。技术构想在公共领域是共有的，发明人将其独创性劳动添加到构想上产生私有的发明专利权。发明专利权的获得和有形财产原始取得不同，最根本的技术构想是不被任何人单独占有的，强调社会大众对发明专利权的公知领域有在先权。发明

---

[1] PeterLee. The accession insight and patent infringement remedies[J]. Michigan law review, 2011, 175（110）: 221-222.
[2] Robert P Merges, Richard R. Nelson, On the complex economics of patent scope[J]. Colum law review, 1990（908）: 872.

者对公共知识的"改进"取得所有权,以技术公开作为对公众的补偿。原始专利就是对公共知识、现有技术的添加与添附,是一方改进另一方的典型情景。既然原始专利权的取得内含添附思想,那么专利添附有适用添附原则的正当性。此时,添附或服务于扩张在先专利权人权利(在先专利吸收改进成果),或限制在先专利人权利(改进者获得改进专利或一定使用权),实现改进者与在先专利权人间利益平衡。

同时,Henry E. Smith 指出添附具有洛克式的主要特征,基于无辜改进者对某些资源重大价值的提升,便发生对资源的保护从财产规则向责任规则转变。[1]同理,专利添附授予将劳动添加到发明的一方实质上不受约束的所有权。[2]即改进者只要对在先专利有足够实质性改进,符合适用添附要件,那么改进者只需支付在先专利客观价值,便可拥有改进技术不受约束的所有权。

还有,添附可以防止原始专利权人财富不正当积累。现有专利制度有利于在先专利权人,他相对于侵权改进者享有绝对排他权。"在很多案件,这使得在先专利权人攫取改进者创造价值的全部或者绝大部分。公平原则反对专利权人获取他人实质性技术改进创新成果的不恰当比例。"[3]现代专利制度正当性是基于功利主义,其最终目的是通过信息披露为公众产生新的设计和技术[4],以前的专利制度更强调补偿劳动和奖励创新努力。当代专利制度价值既要保护创造者的本权,还要促进对专利添附人、使用者等他权的保护,更加关注权利价值的通畅实现,维护了消费者利益、社会公共利益,[5]实现了在先专利权人、改进者、消费者间利益和社会公共利益的平衡。

---

[1] Henry E Smith. Intellectual property as property: delineating entitlements in information[J]. Yale law journal, 116: 1766-1777. 产权财产规则(property rule),是指原初权利人决定权利对其所意味的价值。一旦这种权利的原初状态被破坏,加害人就必须向权利人支付该权利在客观上所决定的价值(objectively determined value),这就是责任规则(liability rule)。详见宁红丽. 经济学视野中的越界建筑法律规则[J]. 法商研究, 2005, 3(22): 88-95.
[2] Peter Lee. The accession insight and patent infringement remedies. Michigan law review. 175(110): 228-229.
[3] Christopher M Newman. Patent infringement as nuisance[J]. Catholic University law review, 2009, 61, 87: 63.
[4] Bonito Boats, Inc. v. Thunder Craft Boats, Inc., 489 U.S. 141, 151(1989).
[5] 吴汉东. 知识产权制度基础理论研究[M]. 北京:知识产权出版社, 2009: 171-173.

5.2.3 完善鼓励持续发明创造的规则

专利添附涵盖改进创新、专利（被）许可再创新与集成创新中非专利权人对专利的再创新的各类情形，包括：（1）非专利权人对专利进行的改进且不限于改进专利；（2）非专利权人将其专有技术（可能含有专利）附合在在先专利上形成新成果；以及（3）非专利权人将其和/或第三人专有技术（可能含有专利）混合在在先专利上形成新成果，分为专利加工、附合与混合三种类型。

专利添附有利于周延与完善依赖实施制度。创新实践中，大量存在较在先专利其技术进步一般但具有显著经济意义、较在先专利其有重大技术进步但经济意义一般，以及较在先专利具有重大技术进步且经济意义显著的改进专利或改进专有技术（即没有申请或因故未获得专利的技术），还有专利附合、混合等，这些再创新成果的实施依赖在先专利。但是，专利法上除了依赖专利或依赖专利规则①规定较在先专利具有重大技术进步且经济意义显著的改进专利人可以依法取得普通交叉实施许可、改进专利之外，并未进行全面完善的规定，包括依赖专利也未明确依赖实施应当补偿规则等。

专利添附不仅衔接鼓励再创造制度，还可以对接临时措施等专利侵权救济制度，发挥制度耦合效能。2001 年 eBayInc. 诉 MercExchange，L.L.C.案，经过美国地区法院、联邦巡回法院及最高法院，最终驳回了原告侵权诉讼中禁令请求，并且建立了一个考虑多因素的公平框架来决定禁令救济的合适性。另外一个案件是 Z4Technologies，Inc. 诉 Microsoft Corp.案，美国法院以"产品激活是微软产品很小组成部分"，并且"软件侵权激活部分不可能是用户购买产品核心功能"为由驳回了原告申请禁令的请求。这一判例表明"在集成产品中包含相对不那么重要元素时不适用禁令救济"。eBay 案后的两年中，美国法院在近 30%认定了专利侵权和有效性的案件中没有签发禁令。在对美国地区法院 2008 年 2 月至 2009 年 10 月公布的判决进行研究表明，法院在提到了 eBay

---

① 参见 TRIPS 协议第 31 条第 L 项，《中华人民共和国专利法》第五十一条。

案的 26 个判决中有 17 个案件签发了永久禁令，有 9 个案件中拒绝了永久禁令。①eBay 案的判决改变了联邦巡回法院建立的一旦发现侵权即签发禁令的做法；甚至可以认为最高法院在 eBay 发生的态度转变与以往一样，预示着美国专利制度钟摆从亲专利权人的最高点摆向了另外一边，即使侵权也不必然停止使用，慎重对待禁令，专利权人想要获得禁令的救济就必须承担比"一般规则"下更多的证明责任，有效遏制"专利丛林""专利蟑螂""专利渔翁"等权利滥用；保障专利添附人正当权益，即侧重平衡专利权人权利与专利添附人、社会公共利益，鼓励专利再创造、促进成果实施与经济社会的进步。正如有学者认为"当新技术实质性改进但侵犯现有专利时权，传统添附学说提供了非常有用的本质指导"②。这对我国临时措施的司法实践具有重要借鉴作用，协调专利制度中专利侵权救济、临时措施与专利添附，鼓励再创造。

5.2.4 合理定位专利权排他性

反对添附适用于专利制度的一个最主要原因是破坏财产权稳定预期，违背了长期实践建立的专利排他权保护体系。正是专利权严格的排他性预期，专利财产价值才能得以体现，理性发明人才会研发、申请专利。"批评者认为专利添附会减少原始创新动机，专利权所有人和法院评估价值的差别可能让原始创新者寒心。"美国最高法院指出，法院在破坏发明团体的稳定预期时应该迟疑些。③

相反，Holmes 认为法律从来没有将稳定性作为最高价值。④何况，专利添附适用范围非常有限，如果添附者改进是细小的，那么根据传统公平原则仍倾向于认定侵权。进一步说，即使对"重大改进"（独立可专

---

① 郭羽佼,闫文军. eBay 案与美国专利救济制度的变化[J]. 中国高新技术企业,2012（3）: 19-21.
② Peter Lee. The accession insight and patent infringement remedies[J]. Michigan law review, 2011（110）: 178. UC Davis Legal Studies Research Paper No. 246.
③ Festo Corp. v. Shoketsu Kinzoku Kogyo Kabushiki Co., Ltd., 535 U. S. 722, 739（2002）.
④ Oliver Wendell Holmes. The Path of the Law[J]. Harvard law review, 1897（10）: 457, 469.

利）发明，法院也会先判定添附者贡献与在先专利相比是否具有足够实质性进步，才决定是否适用添附。很多添附案件并不会适用添附。即使改进足以启动添附，法院也会在强行判定损害之前指导双方自行协商许可。[1]专利添附只是减弱了专利权的严格排他权，改变了专利体系中在先专利权人垄断优势地位，兼顾添附人利益，促进更多人投资技术改进研发，并不是要取代既有专利排他权的市场秩序，从而只是改变双方协商地位。双方还是有充分条件达成互利协议。在没有任何协议达成和专利权人获得司法决定的合理使用费两种情景之间，后者对专利权人更好。这就像 Robert Mergers 提出的，即使改进产品问世后，在先专利权人仍可以继续卖出其一代产品。[2]可见，专利添附不是减弱了专利权的严格排他权，而是合理定位专利权的排他性。

5.3 专利添附的属性

动产添附的核心内容之一是确定添附形成物的归属。关于动产添附物权效力的性质讨论有所有权原始取得说和所有权扩张说两种。一般来说，动产在附合和混合情形下，添附形成物的权利归属是根据物的尊卑而定，因此，主物的所有权视为所有权的扩张。在动产加工情形中，应当分成三种情形：一是当加工人取得所有权时，自然是所有权的原始取得。二是当产生新物时，增值显著低于材料价值而由材料所有权人取得新物所有权时，虽然仍由材料所有权获得加工产生的物的所有权，但是事实上已经产生了新物，而不是原物，仅仅是依照社会经济考虑赋予其所有权，因此，仍然是原始取得。三是当由材料所有人依据其材料价值高于增值获得所有权的为所有权扩张。[3]

---

[1] Peter Lee. The evolution of intellectual infrastructure[J]. Washington law review, 2008, 39, 52: 107-108.
[2] Robert Merges. Intellectual property rights and bargaining breakdown: the case of blocking patents[J]. Tennessee law review, 1994（75）: 79-80.
[3] 郭洁. 我国添附制度构建研究[D]. 长沙：中南大学, 2009.

在专利添附中,因技术信息的无形性和可复制性,添附行为不影响在先专利权人对原专利的专有权,添附人和被添附人都不会因添附出现"失权"的情形。专利被添附人是没有依据获得专利添附人进行智力投入而形成的专利添附成果;同时,专利添附不是只要有添附行为就会发生,微量添附构成侵权而不构成专利添附。所以说,专利添附的知识产权性质不会是类似动产添附物权性质的所有权扩张说,应当是类似动产添附物权性质的原始取得说,属于典型劳动财产说。因此,专利添附成果在没有约定或约定不明的情况下一般归属专利添附人。当然,通过约定,专利添附归属被添附人也是可能的。

5.3.1 专利添附与物权请求权

物权请求权,是指当物权的完满状态受到妨害或有妨害之虞时,物权人为保护自己的物权而请求有义务者为一定行为或者不为一定行为的权利。它是一种典型的从物权的排他性、绝对性派生而来的防卫性请求权。[①]物权请求权主要包括:返还原物请求权、妨害除去请求权、妨害防止请求权等三类请求权。当物权的标的物被侵夺或侵占时,其权利人有权追及标的物所在,恢复对标的物的占有状态,是为标的物的返还请求权;当物权人对标的物的权利的圆满状态受到侵夺或侵占以外的其他方法的妨害时,权利人有权除去妨害,恢复对标的物的权利的圆满状态,称为物权的妨害除去请求权;当物权人对标的物的圆满的支配状态将来有可能受到妨害时,物权人可以请求有可能引起妨害的人采取措施防止损害发生,称为妨害防止请求权。[②]专利权也是一项物权、"准物权",因此,专利添附也具有物权请求权的一些特征。

5.3.1.1 专利添附与物权请求权的联系

物权请求权是不同于物权的请求权的一项权利,不是基于原权利自身产生的请求权,而是在原权利(物权)受到侵害而产生的权利。因此,

---
① 梁慧星. 中国物权法草案建议稿[M]. 北京:社会科学文献出版社,2000:197.
② 梁慧星,陈华彬. 物权法[M]. 北京:法律出版社,2003.

物权请求权的性质是救济权。①这说明物权请求权的行使是在权利受到侵害以后，是一种自我救济的权利。专利添附是通过对原专利改进作用产生一个新的权利，这种新权利的产生必然会有一个物权所有权的确定，这种确定就必然要涉及物权的归属问题，而失去权利一方也就将行使相应的物权请求权。这个问题相对简单，除非约定，一般属于添附人。同时，专利添附新成果的使用、实施的依赖性，不同于物权的绝对性，还会产生物权请求权。

1. 专利添附与物权请求权都是一项物权制度

自有专利法以来，专利都是由专利取得人所独占，这与物权中的所有权没有本质区别。专利添附是在原专利的基础上进行的改进，也会形成新成果的独占，在这种情况下，也同原专利权一样是一种由改进人独占的制度，也是一种物权。物权请求权作为物权的保障制度，主要在以物权所有权人所行使的一项权利，这项权利的行使是以所有权为基础的，也是建立在物权的基础上的，因此，专利添附新成果与物权请求权都是一项物权制度。

2. 专利添附部分适用物权请求权

物权请求权中的妨害防止请求权、妨害除去请求权，对专利添附人、被添附人都可能存在。专利添附人使用或实施专利添附新成果便可能产生对原专利的"即发侵权"或侵权，以及为了显著效果专利被添附人（原专利权人）也可能发生对新成果的"即发侵权"或侵权，权利人请求有可能引起妨害的人采取措施防止损害发生，或请求除去妨害，恢复对标的物的权利的圆满状态，其特征与本质都与物权请求权中的妨害防止请求权、妨害除去请求权一样。

5.3.1.2 专利添附与物权请求权的区别

专利添附可以行使物权请求权中的妨害防止请求权、妨害除去请求

---

① 魏振瀛. 论请求权的性质与体系——未来我国民法典中的请求权[J]. 中外法学，2003（4）：385-410.

权，但不存在返还原物请求权。专利添附与物权请求权存在区别，决定了专利添附与物权请求权之间也有着不同：

1. 专利添附不存在返还原物请求权

物权请求权是要求受到侵害的物恢复到侵害前的最初状态，也就是使整个行为产生的后果全部消失，故对原物的请求和保持原物的状态是物权请求权所追求的目的。因此，返还原物请求权成为物权请求权中重要的方式之一。专利添附中，由于专利技术的无形性和可复制性，专利添附人享有添附新成果且不吸收原专利权，因此不存在添附人向被添附人返还原物请求权。

2. 专利添附更符合财产请求权

物权请求权是一种救济权，是在侵害发生时或者发生后的一种救济，这种救济的发生是在原权利的基础上，是原权利受到侵害或者将受到侵害时而产生的，其目的是恢复到原权利的初始状态。专利添附后，新成果对原专利技术的改进不可恢复，因而，只能是专利添附即对原专利技术改进的新成果所获取的利益在专利权人与专利添附人之间进行分配，这种分配是一种利益的平衡。这种利益的分配是建立在新成果成立的基础上的，是以新成果存在为前提，其目的是保证新成果的价值与双方权利人的利益。由于专利添附后，专利添附新成果的使用、实施不可分离性，是建立对整个社会财富增长的基础上的，且这个基础应当遵循"物尽其用"的原则，那么区分双方的利益只能依据新成果实施对原专利依赖程度进行一个合理的分配来保障双方的利益，这是一种更趋向于财产性质的权利，而不是强调恢复原物及原物初始价值。因此，专利添附与物权请求权是不同的，专利添附更符合财产请求权特征。

5.3.2 专利添附与侵权请求权

5.3.2.1 专利添附与侵权请求权的联系

专利添附是非专利权人对原专利进行技术改进，这种改进大多数情况下是未得到专利权人许可的,从保护私权来看,专利权人利益就可能受到了侵害,专利权人从维护个人权利出发可以主张侵权。那么专利添附与侵权在哪些方面有着联系?

第一,专利添附符合侵权的构成要件。首先,未经专利权人同意对原专利进行改进,虽然不一定违反法律甚至为法律所鼓励与保护,但是,添附新成果使用(包括许可、实施)依赖原专利时,未经专利权人同意的使用则构成违法;其次,专利添附对原专利转让、许可及其实施的利益可能对原专利造成影响产生损失;再次,专利添附及其实施行为与损失之间有因果关系。但是,是否构成侵权有待进一步分析。

第二,专利添附可能构成侵权。对原专利进行改进依据使用依赖性不同可以分为:(1)使用不依赖原专利;(2)必须依赖原专利但效果不明显;(3)依赖原专利且依赖效果明显,即不依赖可以实施但效果不好;(4)实施存在依赖但属于交叉法定许可。其中,使用不依赖原专利属于独立专利,显然不构成侵权;必须依赖原专利但效果不明显,则属于专利侵权;其余两项虽符合侵权要件但属于专利添附。同时,技术进步是通过技术不断创新来实现的,技术创新促进技术进步和社会发展,具有社会公共利益性。专利法既规定了强制许可制度又规定了合理使用制度,以致专利添附不同于一般专利侵权,如果技术进步显著、经济效益重大,即社会公共利益明显,应当属于专利侵权例外。

5.3.2.2 专利添附与侵权请求权的区别

侵权请求权是要求侵权方因侵权承担不利的法律后果,即承担法律责任。"责任"有两个方面的含义:其一,责任是义务相对应的概念,它是指法律规定的对他人或者对社会所承担的义务;其二,责任与债的概念相对应,它是指经济上或者金钱上的负担。[①] 德国学者拉伦茨认为"所谓责任,就是负担行为之结果,对受害人而言,即填补其所受之损失"[②]。

---

① 参见 Black's Law Dictionary (seventh edition, edition bryan a. garner in chief, west group 1999.) 关于 "liability" 词条的解释。
② [德]拉伦茨. 德国法上损害赔偿之归责原则[M]. 王泽鉴, 译. //王泽鉴. 民法学说与判例研究(第五册)[M]. 北京:中国政法大学出版社, 1998: 259.

可见，有关"侵权责任"均是指"侵权损害赔偿"，侵权请求权责任与专利添附是有区别的。

第一，二者构成不同。侵权责任制度以过错为前提，以损害赔偿为其主要形式。[①]侵权责任的认定，首先要进行主观过错的认定，如果不存在主观的过错，则侵权一般不发生。其次，行为人行为要存在违法，以及受害人对侵权人行使的侵权赔偿请求权是因侵权人的原因造成自己权利被侵害而遭受利益损失而提出的请求。这种请求是建立在自己已经被侵权或即将被侵权受到损失的基础上的，也就是存在危害结果，而且该行为与危害结果之间存在因果关系，侵权责任就是承担损害赔偿。

而专利添附的构成则有所不同。首先，专利添附一般不考虑主观的过错。为了分析的方便将专利添附分为两阶段：第一阶段是对原专利的改进，第二阶段是专利添附新成果的使用。对原专利的改进是一种技术创新，是持续改进或提升原专利，原专利权并未或可能被侵害而遭受利益损失。专利添附的意义更在于其使用，通过使用即新成果的转让、许可乃至实施实现专利添附的经济、社会效益。由于专利添附的依赖性，专利添附人的使用可能构成对原专利侵权的行为违法要件，实施除非包括但不限于：（1）符合依赖专利条件；（2）虽构成违法行为，但为了社会公共利益，则不一定认定为专利侵权；（3）虽构成侵权，但出于社会公共利益，可能不被禁止使用。

同时，专利侵权是指未经他人许可非法为生产经营目的实施他人专利权的行为，包括不得为生产经营目的制造、使用、许诺销售、销售、进口其专利产品，或者使用其专利方法以及使用、许诺销售、销售、进口依照该专利方法直接获得的产品等。显然，专利侵权除了符合一般民事侵权所具备的主观过错、违法行为、侵害后果以及行为与后果存在因果关系外，还需以下要件：（1）应当为了生产经营目的，并不是只要使用他人专利就构成侵权。同时，法律还有特别规定，即使是为了生产经营目的也不一定构成侵权，如博拉例外条款；（2）仅限于是"实施"专利，即制造、使用、许诺销售、销售、进口其专利产品，或者使用其专

---

① 王利明. 添附制度若干问题探讨[J]. 法学评论，2006（1）：51.

利方法以及使用、许诺销售、销售、进口依照该专利方法直接获得的产品，并不包括研究并对原专利技术的改进。为此，对原专利的改进是否构成相同侵权、等同侵权是第一步，若有显著技术进步或重大经济利益，或为了促进技术进步和社会公共利益，法律规定可明确"显著大于"或"不小于"的价值标准，以及不是仅仅为了商业目的等，认定为添附，不认定为侵权，否则构成侵权；第二步，当且仅当"实施"时或即将"实施"时构成侵权。

第二，二者功能不同。侵权法作为保护权利的法律，是通过制裁不法行为人来保护受害人的权益，实现公平正义的价值，并维护社会正常的生产和生活秩序。[①]"正义是社会制度的首要价值，正如真理是思想体系的首要价值一样。"[②]侵权损害赔偿请求权是通过追究不法行为人违法法律责任，补偿受害人损失的权益来实现其制度价值。专利添附的功能是通过鼓励、保护对现有专利技术进行不断改进，补偿原专利权人利益，以"物尽其用、追求更大社会价值"，促进技术进步和社会发展。

第三，二者属性不同。侵权行为，是一种过错行为，从社会整体财富上来看，是对社会的一个负行为，可能造成整个社会财富的减少，可能使社会整体价值受损，对侵权方必然是一个法律的否定性评价。专利添附是在现有专利上的添附，是对社会的一个正行为，只会促进社会生产效率的提高，促使整个社会财富的增长，是一种积极主动的行为，对添附人是一个法律肯定性评价。所以，专利添附一般不考虑行为人的主观状态，只是将专利添附中存在的纠纷当成一种利益的分配，只存在分多与分少，或者分配是否公平。

第四，二者责任形式不同。侵权请求权的责任形式通常分为财产性责任与非财产性的责任：财产性责任包括赔偿损失，返还财产；非财产性责任包括停止侵害，恢复名誉，消除影响，赔礼道歉等。专利添附是对原专利进行技术改进，这种改进发生时，专利权人对原专利权及专利添附人对专利添附新成果的专有权并没有发生消灭、被吸收或转移，不

---

① 王利明. 添附制度若干问题探讨[J]. 法学评论，2006（1）：51.
② [美]庞德. 通过法律的社会控制——法律的任务[M]. 沈宗灵，董世忠，译. 上海：商务印书馆，1995：35.

存在非财产性责任,不存在返还财产,只存在对专利添附新成果所产生的增长利益的平衡,通常由添附人向被添附人进行一定的利益补偿,只是一种财产性责任。

5.3.3 专利添附与违约请求权

5.3.3.1 专利添附与违约请求权的联系

违约请求权是一方因违反了合同义务,另一方要求其承担合同责任的请求权。合同的相对性决定了违约请求权只能发生在合同的当事人之间,而一般不能发生在合同以外的第三人上。专利添附有时发生在订有合同的情形下,因此,专利添附与违约请求权之间有着一定的联系。

1. 专利添附与违约请求权竞合

专利添附是一个事实行为,与是否订立合同无关,但在合同关系下也可能发生专利添附。例如许可合同项下发生专利添附,一方违约许可第三方实施,另一方既可行使违约请求权也可行使专利添附请求权,两相竞合。当专利许可合同约定改进技术的归属及其权利、权益分享因改进技术发生争议时与专利添附便发生竞合。当事人既可以选择行使违约请求权,也可以选择专利添附,但只能非此即彼,而且两种请求权行使的依据不同、责任承担方式也不一样。

2. 合同约定优先

专利添附补偿规则是由法律规定的强制性规范,但是,专利添附如果是在合同项下产生时,合同约定优先,即合同中有补偿规则、方式的,专利添附纠纷优先适用合同约定。合同约定不明或约定无效的,适用添附的法律规定。违约请求权中,请求方只能以合同约定内容为限,合同约定不明或约定无效的,按照合同相关条款执行。

5.3.3.2 专利添附与违约请求权的区别

违约请求权是一种因合同而产生的权利,只能发生在合同当事人之间，属于民事法律行为。专利添附具有物权的性质，是由法律规定的，属于事实行为。因此，专利添附与违约请求权是有区别的。

1. 两者发生基础不同

违约请求权是基于合同而产生的，合同是建立在合同双方意思表示真实一致的基础上，追求的是契约精神，违约者承担违约责任。专利添附是基于技术进步和社会发展，技术进步是在技术不断改进、发展中实现，这是人类社会发展的客观规律，劳动财产应当得到同样的尊重与保护。专利添附人与被添附人的利益应当有一个平衡，以促进社会公共利益的发展。可见，违约请求权追求的是一种契约精神，专利添附强调的是技术进步、利益平衡。

2. 主体范围不同

违约请求权中，由于一方只能向合同的另一方提出违约请求，而无权向合同以外的人主张诉求，这就决定了违约请求权的主体范围一般不涉及第三人。专利添附由于技术或产品的复杂性，既可能是对在先专利进行加工、混合、附合，也可能是对多个专利进行改进，不同的原专利上还有可能存在其他权利如质押权等，在添附成果使用中更有可能涉及其他人如受让人、被许可人、实施人等，形成了专利添附中的第三人，不限于合同当事人的范围。

3. 规则的确定性不同

违约请求权是基于合同约定，如果出现违约只能依据双方当事人在合同中的约定行使权利，而不能超出合同约定。专利添附出现后，合同有约定的执行合同约定，没有约定或约定不明、约定无效时，按照法律规定执行。可见两者在适用规则上的确定性不同。

5.3.4 专利添附与不当得利请求权

在古罗马，走失的牛羊被他人拾到，失主难以用罗马法既定的规范索回牛羊，因为当事人之间没有契约，故设不当得利来进行救济，以实现公平。因此，一般认为，不当得利制度来源于衡平思想的灵感，它正是为了解决个案的正义，弥补法律一般性所导致的缺憾。罗马法学家彭波尼（Pomponius）基于自然公平理念提出了"损人利己乃违反公平"的法谚，这种衡平的思想成为18世纪自然法关于不当得利的理论依据，而英国法院在1870年也强调"法院不允许以不法行为获得利益（this court will never allow a man to make profit by a wrong）"[①]郑玉波先生认为，不当得利之基础在于公平，同社会良心正义相吻合，财产价值的移动，在形式上一般地确定为正当，但在形式上相对认为不正当时，本于理念难以调节此项矛盾，构成不当得利的本旨。[②]

前文分析认为添附人获得新物对被添附人进行补偿是添附的组成，不是不当得利。在其基础上认识专利添附不同于不当得利，这里对专利添附与不当得利的区别试做进一步分析。

1. 权利属性不同

从不当得利的构成要件上看，一方获得利益，一方则失去利益，利益占有者与利益失去者是不同的人，利益得以维持甚至减少，相互利益是反向的，不能兼容，不可调和。在专利添附中，对原专利添附产生新成果，虽然该新成果不能区分添附人、被添附人在其中的贡献大小，但双方利益追求是一致的，通过新成果使用形成增量利益，促进技术进步，是一种利益同向的关系，可以兼容，存在利益平衡。

2. 实现方式不同

不当得利是失权一方行使不当得利请求权要求取得利益一方返还所取得的利益，这个利益实现方式是多种多样的，不仅表现为金钱、原物，甚至于同类物，只要返还的利益与失去的利益相当，那么不当得利请求权的目的也就实现了。因此，不当得利是物权回归或利益返还。在专利添附中，专利人并没有失去原专利权，只是专利添附人改进、使用了原专利，原专利人专利权的排他性受到了一定程度的限制，可能遭受一定

---

① 郑玉波. 民法债编总论[M]. 北京：中国政法大学出版社，2006：127-107.
② 郑玉波. 民法债编总论[M]. 北京：中国政法大学出版社，2006：237.

利益损失。可见,专利添附不存在原物、利益的返还,只存在利益可能受损的补偿。

3. 价值重点不同

不当得利缘于原物的返还,强调正义。一方无偿地取得了另一方的利益,如果不归还明显的不正义;要求取得利益一方归还占有物才能真正地体现社会正义,指引社会树立良好的价值观,一般不涉及直接地社会利益。专利添附也体现正义,不仅包括当事人之间,还包括当事人与社会公共利益间的正义,但更强调公平。专利添附限制了原专利人专利权的排他性,鼓励技术改进,由添附人新成果使用所获得利益对被添附人进行相应补偿,实现添附人与被添附人及社会利益间的利益平衡。因此,不当得利与专利添附虽有着相同的价值追求,但侧重点不同。

4. 法律结果不同

不当得利请求权与专利添附通常不考虑行为人主观状态,但不当得利在最终返还利益时,通常会对行为人主观状态进行区分,而且对返还责任有所影响。返还人返还原物若因恶意则不论情形必须全额返还。专利及其添附新成果通常为所有权人各自所有,法律后果区分行为人主观状态意义不大。

总之,专利添附通过将其与物权请求权、侵权损失赔偿请求权、违约请求权,以及与不当得利请求权进行比较,发现其具有以下一些属性。(1)专利添附具有物权的一些基本特征。专利添附类似动产添附物权性质的原始取得说,属于典型劳动财产说。同时还会产生物权请求权,都是一项物权制度、部分适用物权妨害防止请求权、妨害除去请求权等。但是,专利添附新成果的使用、实施的依赖性,又不同于物权的绝对性。(2)专利添附财产性请求权属性。首先,专利添附的基础是财产性权利。专利权是一种财产权利,通说是"准物权"、专有权,并不具有物权的完全的绝对性,本质上是对专利技术的专有使用、收益与处分权,包括转让、许可与实施所获得利益的权利。专利添附是对原专利的改进,专利权是其产生的基础,这就决定了其财产权利的属性。其次,专利添附产生的新成果也是财产权利。专利添附的目的便在于形成新成果及其被使用，由此产生的仍然是财产权利。专利添附并未形成吸收原专利的"物"，不需要确定"物"的归属或"物"的侵占产生不当得利返还、侵权损害赔偿。专利添附形成了含有原专利的新成果，但该新成果并未吸收原专利权，也就无需确定新成果的归属，当然也不存在不当得利返还、侵权损害赔偿。再次，专利添附法律后果是新成果的使用，该使用限制了原专利权人专利权的排他性，其实质仍然是专利权使用的财产权利。为此，添附人承担的法律责任是对原专利权人的利益补偿。可见，专利添附是一项财产请求权。

专利添附的财产请求权以及其不吸收原物所有权的属性，决定其不存在原物返还、恢复原状，也不存在其财产权之上他项财产权的物权效果。它是一种积极促进社会财富增长，促进技术进步和社会发展，既保证正义又保护公平，同样地尊重与保护原专利人与添附人的劳动财产请求权，属于专利侵权的例外。

5.4 专利添附的类型

5.4.1 专利添附类型化价值

类型化是与一般化相对应的概念，通过不同标准将对象划分为标准下的若干类型，并对每一种具体类型的表现形式予以列举和区分，进而分析其特点特征。类型化研究有利于实现对对象的体系化的深入认识与把握。

具体地说，类型化的价值在于：（1）通过类型化研究，实现对对象进行系统化、体系化梳理与分析，实现对具体对象的定位与排序，提高对对象认识、研究的效率。（2）对对象进行多标准、多视角分析，有助于全面了解和认识对象。（3）对对象进行特定标准下的具体分析，有助于了解对象的多方面属性、特征。

专利添附类型化研究除具有上述价值外还具有自身意义：（1）深化对专利添附的研究。对专利添附事实进行分类、归纳，探讨各种专利添附事实之间的联系与区别等等，丰富专利添附研究内容。（2）为构建添附规则提供依据。通过对各添附事实的特点、形成原因、添附价值等因素进行类型化分析，深入揭示专利添附的本质属性。专利添附各类别特征是影响专利及其添附的实施与利益补偿的重要因素，专利添附类型化研究为构建添附规则提供法理依据。

专利添附根据划分标准的不同有多种类型。根据通说，添附一般分为附合、混合与加工，专利亦然。同时，专利添附还有一些特别的分类，比如根据添附客体，可将其分为发明专利添附、实用新型添附和外观设计添附，其中，发明专利又可分为专利产品添附、专利方法添附等。下面对专利添附类型试做分析。

5.4.2 专利添附的分类

5.4.2.1 专利添附通常类型

专利添附广泛发生于改进创新、专利许可再创新、集成创新中，有不同的类别。根据不同标准可将专利添附分成不同类型。不同分类有其自身标准且各有价值。法国法将添附分为加工、附合与混合，分类规范且对归属规则进行释明。借鉴法国法的添附分类对专利添附类别作一阐述。

1. 加工（specification）

专利加工，是指在他人的专利上进行改进产生新成果的行为。专利添附不吸收"原物"所有权但其实施与在先专利具有"不可分离"性，因而专利加工的实施依赖在先专利，且不限于获得专利，可以是不申请或申请未获得专利的专有成果。专利加工是对专利进行改进的结果，但不是所有的改进都产生专利加工，是否是专利加工需要作具体分析。专利加工的主要情形包括：（1）新成果主要技术特征减少，又称专利变劣。其中，如果比原专利价值大，是重大技术进步，便是实质创新，不认为侵权也不是专利字面"变劣"，是新的独立发明创造，不属于专利加工，也可以称为改进专利；如果较原专利的价值相当，则通常被视为侵权；如果较原专利的价值小，属于"变劣"专利的典型侵权。还有一种按照技术特征进行区分的情形，如果是非主要技术特征的减少则涉及多余指定原则①，如果是主要技术特征的减少且不改变技术效果甚至效果更好则是新的发明创造，不构成侵权。(2)新成果主要技术特征有变相改变，包括但不限于原专利技术特征仅仅是装置位移或形状等变化；将原专利某个技术特征分解成两个或多个；将原专利两个或多个技术特征合并等，而且符合"三一致标准"和"显而易见标准"②，一般情况下构成侵权，除非被诉新成果有重大经济意义或显著技术进步，可能构成专利加工。(3)新成果主要技术特征较原专利有增加，且有相应技术效果，属于改进专利。上述各种新成果中，实施需要依赖原专利的便是专利加工。(4)新成果主要技术特征不变，仅仅改变了原专利辅助技术特征，也属于典型专利侵权，被诉人应当依法承担侵权责任。

可见，专利加工是对专利进行改进形成的实施依赖在先专利的新成果。改进专利也是对专利进行改进形成的，包括依赖专利、实施虽依赖在先专利但不属于目前专利法上的依赖专利，如有重大技术进步但经济意义一般的专利等，以及实施不需要依赖在先专利的专利；实施依赖在先专利的属于专利加工，实施不依赖在先专利的是独立专利。依赖专利，又称第二专利、从属专利，是指对专利进行改进具有"重大技术进步"和"显著经济意义"且实施依赖在先专利的专利；属于实施依赖在先专利的一种改进专利，是专利加工之一，也是获得普通交叉许可的规则③。

---

① 多余指定原则，是指在法院把权利要求的技术特征区分为必要技术特征和非必要技术特征，在忽略多余特征的情况下，仅以权利要求中的必要技术特征来确定专利保护范围，判定被控侵权客体是否落入权利要求保护范围的原则。多余指定原则在我国专利法律、法规和司法解释中都没有明文规定，仅是法院在司法实践中创立的操作规则。随着2009年《最高人民法院关于审理侵犯专利权纠纷案件应用法律若干问题的解释》确立了全部技术特征原则，多余指定原则正式退出了历史舞台。
② "三一致标准"和"显而易见标准"是等同原则的基本界限，即"被控侵权物与专利技术相比，以基本相同的方式，实现了基本相同的功能，达到了基本相同的效果"：其中，"基本相同"是对"所属领域的普通技术人员"来说，"显而易见"是指通过常规的实验或者简单的逻辑推理等没有创造性的劳动就能同样发现。
③ 《法国发明专利法》也有类似规定：第36条（1）利用改进第三者的已取得专利发明而取得一项改进专利时，此改进专利的持有者未经原发明的专利权所有者的许可，不得实施自己的改进发明；而原发明的专利权所有者未经改进发明的专利权所有者的许可，亦不得实施已取得专利之改进发明；（2）如果一项改进发明专利对原发明专利来说是一重大技术进步，大审法庭经征询检察署意见后，得根据公众利益依改进发明的专利权所有者的申请（此项申请不能在第32条规定的期限满期前提出），授予其非独占许可证，使其可以使用原发明专利。原发明的专利权所有者向法庭提出申请后，也可获得改进发明的许可证；（3）第33条到第35条条款均适用。引自 http://www.lawtime.cn/info/zscq/guojiazhengcefagui/2010083143936.html, 2012.11.19。

所谓实施依赖是指实施必须使用在先专利或不使用在先专利其实施效用具有显著差异。专利加工是专利添附的一种，专利改进包括以下四种情形，与改进专利、专利加工的关系，如图5-1所示。

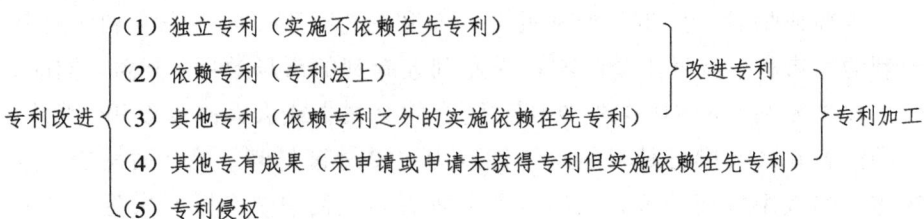

图 5-1 专利改进成果示意图

2. 附合（accession or adjunction）

专利附合是附合人将其技术与他人专利进行附合形成新的成果。同时，该新成果具有一定的技术进步或者经济效益，或者两者兼而有之；新成果实施不能分离原专利或者虽能分离但实施效果存在显著差异。附合人的技术称为附合技术，不限于专有技术，也可以是发明、实用新型等，通常不包括外观设计专利，附合于他人专利之上形成新成果。

专利附合有多种情形：附合人将其专有技术附合在他人专利之上；将其专利附合在他人专利之上；将其多项专有成果（可能含有专利）附合在他人专利之上。被许可专利的具体实施、市场化和本土化过程中，以及与被许可人既有技术融合等过程中的技术改进、产品优化、工艺改良等等，也都可能产生专利附合。

3. 混合（confusion）

混合不同所有人的动产互相结合成为一物，不能识别或者识别需要的费用过大，称为混合。根据《法国民法典》第573条、第575条之规定，不同所有人的几种材料混合而制成一新物体，其中各种材料均不能视为主要材料的情形：（1）各种材料可能分离时，不知自己材料与他人材料混合的所有人可以请求分离；（2）各种材料不能无障碍地分离时，各所有人按各自所有材料的分量、性质及价值的比率共有该合成物。同时，合成物属于构成该物的几种材料的所有人数人所共有时，为了共有人的共同利益可以拍卖合成物。

集成创新情形下可能发生类似于动产混合的情形。专利混合人将自己或第三人的专有成果（可能是专利或专有技术）与他人专利进行集成而成为新成果时，发生了专利混合。专利混合虽不影响在先专利人对其专利的所有权，但可能会影响在先专利人专利的市场效用、利益。同时，分离在先专利(不使用在先专利)，混合物会失去或大大减少效用。因此，专利混合在"其中各种材料均不能视为主要材料"但"混合而制成一新物体"的效用应当显著大于混合前各种材料"简单之和"时发生。如专利池便是共有的一种形式。如果分离在先专利，混合物无所谓失去或不存在大大减少效用时则不发生混合而是侵权。

专利附合与加工不同在于：前者专利附合人具有专有（包括专利）成果在先，附合于在先专利之上形成新成果；后者则是专利附合人对他人在先专利的改进，形成新成果。专利混合主要不在于对他人在先专利的改进而在于多个专利（包括专有）成果的集成，区别于专利加工；不限于自己的专利或专有成果，同时也不是单纯为了在先专利的实施，与在先专利混合在于有依赖地提高效能或效用，区别于专利附合。

5.4.2.2 依据专利客体类别

专利一般分为发明、实用新型和外观设计。发明，是指对产品、方法或者其改进所提出的新的技术方案。实用新型，是指对产品的形状、构造或者其结合所提出的适于实用的新的技术方案。外观设计，是指对产品的形状、图案或者其结合以及色彩与形状、图案的结合所作出的富有美感并适于工业应用的新设计，不涉及技术方案，本书不涉及外观设计专利添附。对应的，可将专利添附分为发明添附、实用新型添附。要说明的是该两类添附是依据改进对象类别来划分的，不是指其添附结果是专利。其中，发明添附、实用新型添附的结果可能产生新专利也有可能产生非专利的专有技术成果，可统一称为新成果。

发明专利添附还可进一步分为产品（包括设备）、方法添附。"产品专利"是发明专利的一种，构成该类技术方案的技术特征表达的都是产品的性状特征，这种技术方案的完整实施获得的就是该产品本身。按汉语的习惯理解，"产品"应该主要是指工农业生产上获得的物质，体现的是物质性的东西，而不应该包括抽象的、无形的事物。民商法中的"物"主要包括"有体物"和现实中客观存在的无体的自然力。而物权法中的物的范围就小了一些，如王利明认为，作为物权的客体必须是独立物、有体物、特定物。专利法律制度对"产品"的审查和确认则是采用的另外一个标准和思路或称"实用性"：① 这种事物必须对社会有益，不仅仅对个人有用或有益。② 这种事物必须是能够进行大批量生产的，即这种事物本身具有可重复再现的特征。产品与设备的主要区别在于其功能：产品通常是指单一功能的物，设备强调的是多个产品综合形成生活、生产中的一物，如汽车、高速列车等。

专利法上的方法可以是由一系列步骤构成的一个完整的过程，也可以是一个步骤。方法和产品的一个主要区别在于方法是一种技术方案，具体体现在方法通常是由多个行为或若干现象按一定规则在时间上逐步展开的，其中包含着时间延续的因素。按照我国《专利审查指南》（2001）实质审查部分第二章 3.1.1 中的解释，涉及方法专利的方法主要包括制造方法、使用方法、通讯方法、处理方法，以及将产品用于特定用途的方法等。商业方法是否可以获得专利还有很大争议，美国在一些具体案例中支持商业方法的专利保护，我国支持商业方法的专利申请才刚刚开始。

之所以如此分类，是因为产品和方法在授予专利权后，其权利效力的范围有所不同。依据我国专利法，专利权若就产品授予的，则专利人有权禁止他人未经许可为商业目的制造、使用、许诺销售、销售以及进口专利产品；专利权若就方法授予的，则专利权人有权禁止他人未经许可为商业目的使用其专利方法以及使用、许诺销售、销售或进口用该专利方法直接获得的产品。显然法律对方法专利的保护范围要大于对产品专利的保护。当然，对专利添附中的方法专利添附的保护范围也应当比产品专利添附和设备专利添附保护的范围更大一些。

5.4.2.3 按主观状态

据添附人的主观状态，可将专利添附分为有共同合作意图和无共同合作意图的添附，以及善意添附和恶意添附。

1. 有共同合作意图和无共同合作意图的添附[①]

有共同合作意图的添附，是指通过技术合作、委托开发、专利许可合同等达成了对原专利进行改进的合意的添附；无共同合作意图的添附是指在发明创造开始前并没有达成合作的合意，在发明创造过程中只是基于某些事实共同完成了改进的发明创造。比如乙企业通过甲企业跳槽职工获取其采取了保密措施的机械图纸，在该图纸的基础上增加新的技术特征，向国家知识产权局申请专利，并获得授权。甲、乙企业在完成发明创造之前并没有合作的意图和意思表示，在合作过程中也没有协作配合，只是因为乙企业的侵权行为使甲、乙双方的发明创造结合在一起，并获取了专利。

在有共同合作意图的添附发生时，可以适用双方的约定、合同法的相关规定，以及添附规则，而对在无共同合作意图下发生的添附则要依据鼓励发明创造的原则，对于发明创造有贡献者，其利益应获得保护。这与物权添附里的原则有相似性。同时需要依据双方在改进成果时对创造性技术特征所作的贡献大小来最终确认其归属、依赖实施及其利益分享。由于专利权的客体是技术信息。在信息结合之后对其分离并不会减少其价值或"所费甚巨"，但如果信息结合后已被申请专利或取得专利权，则由于专利申请及管理的行政管理法律规定，无法将其分割成两个独立的专利，而只能在维持专利申请权或专利权整体性的基础上，来确定各方当事人的权利和义务，包括共同共有。当然，为避免纠纷共有一般不是最优选择。

2. 善意添附和恶意添附

添附区分善恶是对添附制度的一种修正。随着添附制度的发展，为了弥补添附制度中出现的被添附人"强迫得利"，防止侵害人为取得添附物的所有权而恶意添附，体现法律对违法行为的否定，出现了对善意添附和恶意添附的区分。出现恶意添附时，添附制度中一般会规定添附物的归属，被添附人有优先选择权。

[①] 任广科. 无合作意图共同完成发明创造的专利权利归属[J]. 电子知识产权，2010（7）：52-56.

在动产与动产附合、混合和加工中，对因恶意添附而遭受损害的当事人，行为人还要承担相应的侵权损害赔偿责任，侵害人以其为添附行为而要求受害人补偿时，受害人可以其为恶意进行抗辩而免除补偿责任。同时，为体现添附的立法旨意，应当赋予受害人以选择权，即在法律没有规定的前提下，如果受害人表示放弃添附物所有权，则由侵害人取得所有权，但应当对受害人的原物折价全额补偿并且赔偿由恶意添附造成的其他损失。

在专利添附中一般不区分添附的主观状态，只存在是否经他人许可为商业目的在他人专利上对原专利进行改进、使用。专利添附追求的首要价值是促进技术进步、社会发展的公共利益，即使是未经原专利权人许可进行的添附仍然是受法律保护乃至鼓励的，只是在新成果使用、实施时，除非是依赖专利双向强制许可，都需要得到原专利人的许可，否则会构成专利侵权，需要承担相应法律责任。

5.4.2.4 按添附价值大小

专利添附按添附价值的大小分为微量添附、等值添附和超值添附。[①]

专利添附人进行的专利添附行为是对现有专利技术变优的行为而不是变劣，正如动产添附中的加工行为，加工后的物比原物一定要有价值增加，否则不能构成加工。类似的，在专利添附中，技术进步和提升也是构成专利添附的必要条件之一，否则不能称之为专利添附，也不应当给予保护。

按照专利添附后的价值提升程度，专利添附分为微量添附、等值添

---

① Mark A. Lemely将专利改进分为细小改进、重大改进与特别重大改进三类。其中，细小改进是指没有达到可专利性的改进，绝大多数被原专利权人吸收，如果改进者侵犯了专利，不管是根据字面侵权还是等同原则，原专利权人都可以提起诉讼寻求禁令和损害赔偿；重大改进是在原专利发明基础上有可专利性的改进，为鼓励技术改进防止原专利人与改进人相互阻止实施改进技术，规定由改进人有权实施改进技术，不支持禁令但要支付费用。特别重大改进是指"它与原专利相比，原则上有重大改变，以实质不同的方法达到相同或相似的功能，但不可避免地落入原权利要求保护范围"适用逆等同原则，由改进人享有。TRIPS协议第31条第L项关于依赖性专利的规定与专利改进的第二类"重大改进"类似，限于专利改进必须是专利、"重大技术进步"的专利，且仅是可以交叉许可。Mark A Lemley, Carl Shapiro, Patent holdup and royalty stacking[J]. Texas law review, 2007（85）: 1991.

附和超值添附。微量添附，是指与现有专利相比，专利添附成果有一些技术进步，在现有专利基础上价值增加不大，通常不视为专利添附。等值添附，是指专利添附成果所增加的价值与现有技术产生的价值基本等同。超值添附，则是指专利添附成果所增加的价值与现有技术产生的价值相比，有革命性的增加。

在动产添附中为了确定新物最终的归属，对添附物与原物进行价值比较，最终由价值较大的一方取得新物的所有权，这在大陆法系国家的法律中均有体现。而动产添附与专利添附有相似的地方，所以借鉴动产添附来规制专利添附制度有现实的意义。当然这二者也有其不同点，动产添附通常是有体物，而专利添附是一种无形物，是一种信息，而且具有可复制性。这也导致了对专利添附的归属不能完全参照动产添附的规则来确定。就添附物的价值来说，专利添附新成果的价值比动产添附物的价值更难确定，所以在专利添附物的价值判断中，既要综合分析添附物增加的实质技术特征，以及该实质技术特征在新物中的作用和地位，又要依据市场需要、价格，判断新成果与原物的依赖程度。可见，专利添附新成果的价值包括两个部分：首先是在成果中的价值，实质技术特征的评判，技术有无贡献、贡献程度与地位；其次是市场的价值及依赖性。这其实包括两个问题，一是专利添附不仅具有技术进步的显著性还有经济意义的重大性，二是使用特别是实施的依赖性。为此才规定，一项取得专利权的发明或者实用新型比前已经取得专利权的发明或者实用新型具有显著经济意义和重大技术进步，其实施又有赖于前一发明或者实用新型的实施的，国务院专利行政部门根据后一专利权人的申请，可以给予实施前一发明或者实用新型的强制许可。在依照前述规定给予实施强制许可的情形下，国务院专利行政部门根据前一专利权人的申请，也可以给予实施后一发明或者实用新型的强制许可。这几乎是世界各国的通行做法。

5.4.2.5　根据与原专利关系

在对原专利进行改进的过程中，根据新成果与原专利关系不同可分为独立专利和依赖性成果（包括专利）。其中，新成果是革命性发明，实施无需依赖原专利，这类改进通常称为独立专利，不属于专利添附；新成果实施依赖原专利但效果不明显，这类改进一般属于专利侵权；新成果实施依赖原专利且效果明显，其中包含依赖专利，这类属于专利添附。

  其中，第三类又可分为从属型专利添附和交叉型专利添附。从属型专利添附，改进成果必须依赖原来的技术成果，即两种创新产权之间的是一种从属关系或依存关系，新技术完全包含了过去已有专利创新技术的必要特征。交叉型专利添附，改进成果需要用到部分原专利的成果，而原专利成果只有采用改进的部分成果才能发挥更高或更好的效用。其分类的价值在于，在从属性的专利添附中为平衡改进方与原专利方的利益，应当由改进方给付原专利人一定的合理费用，才能获得对原专利的利用；而交叉型专利添附，属于双方彼此依赖的情况，双方可进行交叉许可使用。

6 专利添附的制度构建

6.1 等同原则下的专利添附

字面侵权、等同侵权是专利侵权的两种基本形式。等同原则是对字面侵权的认识深化,是判断侵权的基本原则,对其的深入认识与把握则不仅是保护专利权人权利,也是保护被诉人技术创新的行为空间继而保护其权益;同时还是维护社会公共利益、保障技术持续创新和促进技术进步所必须。

等同原则一方面是判断专利是否侵权的基本原则,即通过对该原则的内涵与外延的准确把握,对原专利的保护范围有一个科学、全面的界定,不枉不纵;另一方面又要给技术持续创新留有必要空间,就是保护被诉人的权益,更是保障社会公共权益,这个部分便是专利添附。这便是等同原则一个硬币的两面。因此,在对等同原则溯源的基础上准确把握其内涵与外延是保护专利权人权利的需要,也是专利添附的起点。对专利权人权利保护而言,明确权利人权利状态是制裁侵权行为并对受害人予以损害赔偿的前提。对专利添附来说,明晰并适当限制权利人权利范围是鼓励持续创新并获得同等保护的基础,只有明确了原专利权的范围,才能清楚专利添附的内容,既包括原专利权范围之外的创新(如依赖专利),也包括原专利之上的法律规定的创新(如虽属于等同侵权但价值显著的情形)。

6.1.1 等同原则的嬗变

等同原则,是指在专利侵权诉讼中,法院对于涉嫌侵权的某项技术方案,经与已获专利的发明相比,发现其实质上是以等同的方式运作、履行实质上等同的功能且取得实质上等同的效果,即可认定构成等同侵权。①可见,在等同原则的适用下,仅对专利技术做一些形式上的改变,仍然会落入专利权的保护范围。专利权的覆盖范围不仅包含全盘复制的相同侵权(字面侵权),还包含了形式上有所改变实质上却是抄袭的等同侵权。

为对等同原则有一个深入理解和把握,下文试从等同原则的历史发展、理论演化等作进一步考察。

6.1.1.1 等同原则的历史演变

等同原则最早是出现在美国法中,下面以美国法为例考察其历史发展。为研究的方便,我们从等同原则的提出、等同原则的深化、等同原则标准的具体化,以及等同原则有待进一步发展等几个阶段来探讨等同原则的产生、确立和发展。

1. 等同原则的提出

美国专利法引入权利要求制度之前的专利侵权案件中,法院对侵权的裁判是以专利权人的说明书为基础。当时并不存在相同侵权和等同侵权这样的概念,但当时的法院已注意到,在对比原专利与被控侵权物时,不能仅仅比较二者是否完全相同,还要比较二者是否相似。这种判决精神比较典型地体现在了 1804 年的 Reutgen 诉 Kanowrs 案中,从而产生了等同原则的萌芽。该案的 Washington 法官曾表达过如下观点:"……(被告是否侵权)在于被告对原告专利产品的改进是一种原理上的改进,还是一种形状、比例上的改进。如果是原理上的改进,那么被告就有权使用其改进后的机器,正如原告有权使用其在先发明的机器一样。如果是比例、形状上的改进,那么被告就是在使用原告的专利产品,即使有所改变也仍然构成对原告的侵权。"②

可见,早在 1804 年的 Reutgen 诉 Kanowrs 案中,就初现了专利添附的问题,在当时权利要求制度尚未建立的情况下,专利添附与等同侵

---

① 管建军. 论等同原则[J]. 知识产权,1997(3):7.
② 何晓平. 专利等同侵权研究[D]. 重庆:西南政法大学,2009.

权之间的判断问题已然凸显。但我们亦可以发现，本案所采用的认定标准比较笼统，主案法官 Washington 的观点是除非改进作用在技术原理上，如果仅仅是作用于原专利产品的形状和比例，则就可认定为侵权。显然，这一标准在现在看来过于简单笼统且要求过高。

首先"原理的改进"是一种创造性很强的改进。例如，将柴油发动机改进为汽油发动机，就是一种从压缩升温到点火升温的改进，利用了汽油与柴油燃点不同的物理特性。但是，如果把改进都提高到这种"原理"的标准，那么许多具有实质性特点和进步的改进成果，也就都会落入专利侵权的范围了。比如，对汽油发动机的喷油系统进行改进，使其喷油的状态由液态变为雾态，从而加大燃烧的接触面、提高燃油的效率进而提升发动机的整体性能，这类改进如果比照 Reutgen 诉 Kanowrs 案的标准，便很可能被认定为等同侵权。对喷油系统的改进显然没有达到"原理改进"的标准，汽油机的运行原理仍然没有变化，只是在某一环节上的效能有了提高。但是，这一环节的改进却突破了系统运行上的瓶颈，使产品的整体性能得到明显改善。

其次，"形状和比例"的改进显然并不意味着就没有特点和进步。比如，车辆的传动系统就是一个典型的比例搭配问题，一个适宜的传动比，可以有效地提高动力传输的效率，适应不同的运输要求，因此对传动比的改进实际上已经能够具备突出特征和显著进步的标准了。又如对车辆车体的形状设计、对车体形状的改进，使之能够更加符合空气动力学，可以极大地减少车辆运行中的风阻从而减少车辆的动力损失，甚至关涉高速是否安全可行（如高速铁路），且车体的形状与加工制造的成本关联极大，更影响着整车的外观，因此对车体形状的改进往往能有效地控制制造成本，甚至提高车辆运行安全和成本，具有突出特点和显著进步。由此可以看出，原理、比例、形状改进这些判断标准并不能正确反映专利添附与等同侵权之间的关系。因此这一标准并未得到之后判决的完全认可。

不过这一案例至少反映出了一点问题，即等同侵权和专利添附之间存在界限与关系。如果等同侵权的空间小于这一界限，专利添附的空间就会随之增大，此时改进成果的数量就会增多，但同时也会使得一些等同侵权行为被误判为专利添附，反之亦然。

2. 等同原则的深化

美国司法对等同原则适用的进一步探究，实际上也就是确定专利添附的空间。只不过通过研究等同原则来确定专利添附的顺序是逆向的，如果能够确定一项技术改进是等同侵权，那么显然这一改进成果就不是专利添附。

因为 Reutgen 诉 Kanowrs 案所确定的"原理改进"标准过高，该标准并没有作为之后审判的依据，比如 1814 年的 Odiorne 诉 Winkley 案，在判定侵权的标准上，该案法官曾做出过指示："首先需要考虑的问题是，被告使用的产品在原理和运行方式上是否与原告存在实质上相似。如果两者是'实质相似的'，那么除非被告有其他抗辩手段，否则即构成了专利侵权。仅在机器上进行一些形式上的改变，并不足以保护被告。……表面上的不同或者微不足道的改进，并不能够动摇在先发明人的权利。"[①]

这一判决并没有延续 Reutgen 诉 Kanowrs 案的"原理改进"标准，因为这一标准过高，不适当地扩大了专利权的保护范围。但当时的法院仍不能够准确地给出等同侵权的具体标准，而是使用了"实质相似""形式上的改变"这样比较原则性的标准来描述等同侵权的特征。这样的描述虽然比较模糊，但在无法提出具体标准的前提下反而有助于等同原则的适用，因为在缺乏充分研究的情况下就提出一些细致的比较具体的标准，反而难以科学合理的反映客观事实。

"实质相似""形式上的改进""表面上的不同或者微不足道的改进"，这种描述应当说更贴近等同原则的合理界限，也比较好地反映了"形不似而神似"的模仿、抄袭、"山寨"行为。所以 Odiorne 诉 Winkley 案中的"实质相似"标准比 Reutgen 诉 Kanowrs 案中"原理改进"标准更加合理，因为"比例、形状"的改进只要达到了"实质上的改进"程度，那么也可以作为真正的改进而免于遭到侵权的认定，比如前文所提及的对传统系统的传动比的改进，对汽车车体的空气动力学改进，等等。

---

① 何晓平. 专利等同侵权研究[D]. 重庆：西南政法大学，2009.

3. 等同原则标准的具体化

当然,等同原则的上述"实质相似"标准虽然反映了等同侵权的合理范围,但过于原则。专利技术也并不局限于机械领域,而是涵盖了几乎所有工业领域,不同行业、不同领域都有着其自身的特点和技术认定标准,仅采用"实质相似"去判断一项改进行为是否侵权显然远远不够,还应当解决究竟何谓"实质"、何谓"相似"的问题,所以对"实质相似"这一原则应当做进一步细化,提出更具体、更具操作性的认定标准来明确等同原则的范围。

这一具体的标准首次出现在 1817 年的 Gray 诉 James 案,该案中最高法院大法官

B. Washington 提出了更加具体的指示:"作为一般的原则,只要某些机器实质相同,并以同样方式操作,产生同样结果,它们在原理上必然是相同的,我讲实质相同,旨在排除一切形式差异;而且,在讲同样结果时,我必须理解为同样种类的结果,虽然其程度也许有所不同。"[①]

相较于 Odiorne 诉 Winkley 案,Gray 诉 James 案提出的标准显然更加具体,总结起来主要有三条:

第一,前后专利大体一致。第二,以相同的方式运行。第三,得到相同的结果。这一系列标准相较于"实质相似"显然更具体,与 1804 年的 Reutgen 诉 Kanowrs 案不同,该案在描述等同侵权和专利添附的区别时,并没有采取探究创新层面的思路,即并未考察这一创新是处于原理层面还是应用层面,是原理的改进还是比例、形状等的改进。Gray 诉 James 案的描述方式是一种对专利技术、产品和改进成果的运行机制的考察和描述,即实际上是让专利和改进成果分别运行,然后考察其运行的状态和结果——不考察专利技术的来源,而是考察专利技术本身是什么状态,不关注专利技术是基于什么原理而来、后续改进应当基于什么原理才不侵权,而是关注技术、产品成为专利后,其在技术层面是怎么运行的。比如水果中的糖分产生是利用植物光合作用的生物学原理,那么一项可以提高水果糖分的种植技术显然必须要利用植物的光合作用,

---

① 张乃根. 美国专利法判例选析[M]. 北京:中国政法大学出版社,1995:204-205.

而如果这项技术成为专利,那么我们在之后对改进技术的等同侵权判断中,将不关注改进技术也采用的是光合作用原理,我们关注的是改进技术与前一技术相比,他们利用光合作用的方法、效率是否等同。当然,如果改进技术已经达到了不利用光合作用也可以提高糖分的程度,那么它已经是具有革命性的首创创新了,不再有等同侵权和专利添附的判断问题,而且在原理层面的改进中还存在"科学发现"的问题。专利法对于新的科学发现并不给予专利权的保护,因为科学发现并不是工程应用领域内的技术创新,而是人类意识对客观物质世界中某个规律的发现和揭示,是人类的公共财富而并非个人之私权。可见,原理改进标准的不合理性不仅体现在创造性要求过高的方面,还可能将一部分公有领域内的知识不适当地纳入专利权的保护范围。

综上,"方式—结果"标准避免了"非原理改进就是侵权"的缺陷,更加合理。因此,这一标准成为了之后等同原则"三一致标准"的雏形,等同原则观念在美国法院得到了基本确立。

4. 等同原则发展方向

同样,单就"方式—结果"标准来说,它还是不够完善,因为一项专利和产品并不是简单的方式和结果的组合,它还有着自己的应用领域。牛头刨床和龙门刨床就类似于这种情况。在加工各型的平面时,他们加工的方式和结果都是基本一致的,都是利用刀具和工作台的相互运动进行平面的刨削,最终的结果也都是一致的,都是加工各型的平面和沟槽等,可以说,龙门刨床可以加工出的形状,牛头刨床一样可以加工出来,而且龙门刨和牛头刨在运行方式上,仅仅是主运动和进给运动互相对调而已,因此在运行方式上,龙门刨只能算一种显而易见的改动,显然完全符合了"方式—结果"的标准。但龙门刨与牛头刨相比的进步却是显而易见的,龙门刨已经远远超出了牛头刨所能达到的范围——由于龙门刨改变了牛头刨的运行方式,将主运动改为工作台的往复运动,将刀具改为间歇运动,这样的改动就使得龙门刨可以同时装夹加工多个部件,或者同时装夹几把刀具进行刨削,或者可以装夹更大尺寸的工件从而加工出更大型的产品,由于刀具的运动由往复运动改变为间歇运动,龙门刨床的刀具还可以更换为铣刀和磨头，实现铣削、磨削功能。所以说，"方式—结果"标准仍然不够合理，它虽然比"原理改进"标准更科学，但还需要进一步完善。

从以上的案例中可以发现，由于没有相应的权利要求制度，专利权的保护范围难以确定，在专利权的保护范围都难以确定的前提下，等同侵权的范围也随之变得模糊。所以此时的法院所提出的标准，大多只能是比较模糊的原则性标准。即便"方式—结果"标准有一定的合理性，但是在司法实践中仍然难以操作，因为对"方式""结果"的解释可大可小，这就可能直接影响到侵权认定的客观性。只能说，"方式—结果"标准为描述一项技术改进究竟是侵权还是添附提供了一条比较好的思路。

从等同原则的产生与探索阶段中，我们能够看出，专利添附是一种早已存在的客观社会现象，而等同原则的适用则是解决专利添附权属问题的关键一步。并且在萌芽时期，从等同侵权判断方法的不断完善的过程中，已经可以看出，美国司法界对等同侵权的界定经历了一个不断严格化、具体化的过程。等同侵权从最初"非原理改进"到之后的"实质相似"再到之后的"方式、结果相同"，随之变化，等同侵权范围也不断地缩小，界限不断地明确，所以等同原则的认定标准及其保护范围一直是朝着趋于合理化的方向不断发展的。

6.1.1.2 等同原则的理论发展

1. 中心限定理论下等同原则的兴起

美国专利法进入中心限定理论的标志是 1836 年引入了权利要求的概念。中心限定理论的核心是中心限定原则，起源于德国，强调的是申请人只须阐述其发明创造的核心原理和特征，满足授予专利权的专利性条件即可，不必进行高度的抽象和概括。该原则之后明确为，专利权保护的范围是以专利权利要求的文字所表达的范围为中心，通过说明书及其附图的内容全面理解发明创造的整体构思，将保护范围扩大到四周的一定范围。其理由是申请专利时，发明人通常无法准确地预测未来其发明的应用范围，为鼓励发明，所以在理解和解释权利要求的范围时，以权利要求所陈述的基本内核为中心,向外作适当的扩大解释。《美国专利法》第 6 条规定,发明人应当在说明书中"完全阐释其发明的原理,举出若干运用了发明原理或特征的实施例,并通过这些与其他发明相区别;而且发明人还应当把那些作为其发明或发现进行权利要求的部件、改良或组合,予以特别地阐明和指出"。但此时的权利要求概念并不同于现在的权利要求制度,当时的司法实践部门偏向于把这一规定视为要求申请人对其发明的新颖性进行阐述,并不像现在作为整个专利权的保护范围,而是作为说明书的一件附属文件。①

这样就更加凸显出中心限定理论此时对美国专利法的影响。因为并不存在明确的字面侵权的制度,因此此时的专利权人通常只对其专利的创新部分以及实施方式提出权利要求,然后法院再根据专利技术的原理,对专利权的保护范围进行宽泛的解释,最终划定其保护范围。

在中心限定理论的影响下,专利侵权的判定遇到了一个比较严重的问题,即法官基于专利技术的宽泛解释,容易导致专利权的保护范围不适当的扩张,超出了权利要求所记载的范围。所以等同原则在此时发挥出了不可替代的作用,由于等同原则具有自身的适用标准,这一标准是美国判例法从实践中逐渐摸索出来的,具有一定的合理性,因此利用等同原则来确定专利权的保护范围成为可行的运行模式。

此时有关等同原则的案例有许多都影响深远。其中,1853 年的 Winans 诉 Denmead 案(以下简称 Winans 案)就是一个对等同原则的运用具有标志性意义的案例。该案的原告 Winans 拥有一项运煤车的专利,这项专利的内容是一种圆锥形形状的车厢,这种形状能有效解决普通长方体车厢受压不均匀的问题,从而明显提高单节车厢的运能。该案被告 Denmead 生产了一种八棱锥形形状的车厢。被告与原告的产品显然并不完全相同。在该案的一审诉讼中,一审法院虽然调查出两种产品在分散压力的效果上基本相同,且使用的原理也是一样的,但最终以八棱锥形与圆锥形的形状不同为理由,认定被控侵权物并未落入专利权的保护范围,判定专利侵权不成立。原告不服从一审判决,并上诉到联邦最高法

---

① 何晓平. 专利等同侵权研究[D]. 重庆:西南政法大学,2009.

院。联邦最高法院在审理本案过程中，在如何处理等同物的问题上产生了严重分歧。最后联邦最高法院 9 位大法官以 5 票赞成、4 票反对的微弱优势，改判了一审判决，判定被控侵权物构成了专利侵权。①

联邦最高法院的判决理由是，"圆锥形"的内涵并不能被机械地理解，因为无论是专利权人还是其他人，都不可能制造出标准的"圆锥形"的车厢，故实际的专利产品总是会出现偏差的，因此若机械地认为原告的专利权仅限于"圆锥形"车厢，那么原告自己生产的有偏差的车厢岂非也不能算作专利产品了。因此，判断是否侵权的关键应当是考察被控侵权物是否与圆锥形接近；再进一步的，要接近到何种程度才构成侵权？判决认为，该问题的答案是唯一的：八棱锥形与圆锥形是如此的接近，以致在实质上体现了圆锥形车厢的工作原理，最终产生了与圆锥形车厢一样的效果。判决最后特别指出，专利权的保护范围并不仅限于说明书字面记载的内容，其他体现了发明实质的内容也应当在保护范围内。在实质上抄袭发明原理或工作机理的抄袭物，虽然其在形状、比例方面与原专利可能存在明显不同之处，但这类行为仍然构成侵权。

从圆锥形改变为八棱形的案例中可以看出，在中心限定理论的影响下，美国法院对于之前的"原理改进"的理解已经有了全面的提高，在改进产品与原专利产品的比较中，法院并没有因为二者的原理相似就直接认定八棱形车厢为侵权，而是还考察了八棱形车厢在均衡压力方面的实际效果，试验表明八棱形车厢在这方面的效果与原专利发明一样。法院在综合考虑权利要求中圆锥形车厢的覆盖范围，然后通过八棱形车厢的发明原理与实际效果来判断八棱形是否是对圆锥形车厢的等同。这就是一个典型的中心限定思想下的等同侵权的判定思路，即以权利要求的内容为专利保护范围中心点，然后利用等同原则来对其范围进行扩展，扩展的边界是通过对改进产品的发明原理与实际效果综合考虑然后划定的。

"等同原则"首次作为一个专门术语出现，是在 1857 年的 McCormick 诉 Talcott 案的判决书中，其中有一段内容是：如果专利权人的装置或机

---

① 赵振民. 专利权利要求解释研究[D]. 济南：山东大学，2011.

器是开拓性发明,那么那些采用相同原理并执行相同功能的类似物或等同物都会构成侵权行为,即使是那些在开拓性发明的基础上有所改进并获得专利授权的机器也不例外。但是,当一项发明只是在已知机器的基础上,通过局部形式或组合的变化而获得的改进性发明时,其专利权则并不及于那些在已知机器的基础上,通过不同形式或组合的变化来实现相同功能的其他改进性发明,最先改进发明的发明人不能通过诉诸"等同原则"来限制那些并非仅仅是表面不同的其他改进发明。①

可以看出,在这一时期,专利法受中心限定理论影响较深,专利权的保护范围基本是通过法院对等同原则的适用来划定。这样的一种模式也随之带来了问题,由于中心限定理论下专利权保护范围是以权利要求为中心、等同原则为边界,那么权利要求书的撰写就极易导致专利权保护范围的扩大——如果专利权人的权利要求书写得比较模糊,那么一项权利要求就可能被解释得比较宽泛,从而法院在适用等同原则时就容易将一些具有实质进步的改进认定为等同侵权,这样实质上就导致了专利人可以通过专利保护制度来打击有进步的改进成果,那么专利添附的空间就会被局限于一个不适当的狭窄范围内。

2. 周边限定理论下等同原则的衰落

在中心限定理论指导下,适用等同原则时容易将一些具有实质进步的改进认定为等同侵权,实质上导致了专利人通过专利保护来打击技术改进,于是人们又从专利保护中心限定理论转变为周边限定理论。周边限定理论,意指专利权的保护范围由权利要求的文字所表达的内容决定,强调的是权利要求书所记载的范围是确定专利权保护范围的最大限度,任何扩大解释都是不允许的。其优点是,可以通过权利要求书相对清晰地了解专利权的保护范围,保护范围具有确定性。

由于专利保护理论的转变,等同原则的地位也产生了根本上的变化。在周边限定理论的影响下,人们认为等同原则的存在容易导致专利保护范围的不适当扩大。当时美国的一位法官对等同原则做了一段非常著名的比喻,他认为等同原则的适用导致权利要求就像马辛杰所说的"蜡做

---

① 何晓平. 专利等同侵权研究[D]. 重庆:西南政法大学,2009.

的鼻子,可以任人捏弄"。由于等同原则的适用,使得当时的法院判决中权利要求的运用比较灵活,其划定保护范围也通常是不确定的,他认为如果一项权利要求经过解释后超出了原有的公平的含义,那么对公众而言,这样的解释就是不公平的,更是对法律强制性规定的一种规避。也就是说当时的美国司法界已经认识到了等同原则可能产生的一些负面作用,即对专利权保护范围的不适当扩大。

总之,随着专利保护范围理论的转向和权利要求撰写方式的改变,专利权的保护范围的边界就是权利要求书的边界,等同原则被认为是权利保护界限的确定原则,此时已经不需要其对权利要求书所划定的范围进行明确。因此,实践中对等同原则适用的需要也减小了许多,以至于有人认为等同原则进入了休眠之中。

在周边限定理论的影响下,权利要求书的撰写就有了很高的要求,一项发明如果申请专利,那么其权利的保护范围的划定,完全在于申请人的权利要求书,而且该项专利技术的改进范围,也是由申请人来确定。也就是说,在发生专利添附的情况下,何种情况可能被认定为侵权,完全取决于申请人的预判,法院将不再对专利添附与专利侵权的判读做出任何扩大的解释。这样的一种保护模式显然是第二次工业革命之前的产物,当时的技术发展更新周期较慢,技术进步的推动力主要来源于发明人的开拓性、首创性的发明,因此技术发明人对于自己的技术在市场中的地位拥有系统全面的了解,由于更新周期长,发明人也得以通过自己的判断来对可能出现的改进进行有效的规制。同时专利部门、司法部门也得以在专利申请和专利案件中全面地了解该项技术的特征,从而对专利申请、专利侵权纠纷做出明晰的判断。比如权利要求书对改进的预判过于宽泛,那么专利部门就容易发现其撰写的问题,从而做出不予批准的决定。但是进入第二次工业革命之后,技术的更新周期明显缩短,产品、方法的更新换代速度完全超出了首创发明者可能预期的范围。特别是在第三次工业革命到来之后,信息技术的发展极大地推动了技术、产品的更新换代,一个专利的保护期内,就可能出现数次的技术换代。在此情形下,专利申请人就无法在申请专利时有效地对自己技术可能出现的改进进行判断,因此在权利要求书的撰写时,他也就不可能对权利保护范围进行充分的划定，而只能根据现有的技术条件进行划定，当整体的技术进步时，数年以前根本就不存在的概念和事物、不可能做出的预判往往极可能就在现实中发生了。因此周边限定理论在技术飞速发展的时代，是不利于专利权人的，它将会导致专利权的保护范围小于其应有的合理界限。所以，在这样的时代背景下，折中说在美国应运而生，等同原则在折中说的影响下迎来了复苏。

3. 折中说理论下等同原则的复苏

1950年的 Linde Air Products Co. 诉 Graver Tank 案（以下简称 Graver 案）中，联邦最高法院通过判例法的形式重新确立了等同原则的地位。该案的基本案情是原告 Linde 公司控告被告 Graver Tank 生产的焊剂模仿了自己的一项专利，原告专利所制造的焊剂中使用了硅酸镁，其在化学分类上属于碱土金属；被告制造的焊剂与原告相比，其产品使用方式、焊接效果都相同，在焊剂的成分组成上也相当接近，只是被告并没有使用硅酸镁作为原料而是使用的硅酸锰，因此被告在进行抗辩时声称硅酸锰在化学领域并不属于碱土金属，故认为使用硅酸锰作为硅酸镁的替代品，实际上是一种非碱土金属焊剂的新发明。美国联邦最高法院在判决中的思路体现出了专利保护折中说的精神，判决首先强调了专利侵权判定时必须首要考虑权利要求的内容，如其中提到，"在判定被控侵权物是否侵犯了一项有效专利权时，首先依据的应当是权利要求中的文字。如果被控侵权物明显地落入了权利要求文字所确定的范围，则侵权指控成立，侵权判定到此结束。"这实际上就是现在的"相同侵权"检验。同时，在这一步骤之后，最高法院也提出，如果允许并非完全抄袭的模仿者对原专利技术享有使用权的话，那么最终就会使得专利权的保护制度变成一纸空文。[1]因为即便这些抄袭物没有落入权利要求的字面范围内，但是实际上却没有任何实质性的改进，不足以带给其任何权利，如果这样的模仿仅仅因为超出了字面范围就被认定为合法，那么通过实施一些微不足道的、非实质的改进，并以此获取别人的专利的行为也就成为合法。这样做的结果对专利制度来讲，将会使专利的保护变成一种权利要求书

---

[1] 何晓平. 专利等同侵权研究[D]. 重庆：西南政法大学，2009.

的撰写游戏,一项专利受到的保护能否公平就完全取决于申请人的撰写水平了,这显然不是专利法所追求的应然状态。

在现实中,一成不变地照搬别人的专利技术是一种极其愚蠢和罕见的行为,相反大量的专利侵权都是企图通过形式上来的变化来蒙混过关。所以设置权利要求制度的根本目的其实是为了制止这些等同侵权的行为。因此要有效地解决等同侵权的问题,还是要重新对等同原则进行审视。联邦最高法院认为:"等同原则的实质在于任何人不可以骗取专利利益。自起源于约一个世纪以前的 Winnans 案后,等同原则一直在联邦各级法院得到适用。直到今天,它仍然适用于符合相关条件的案件。为了缓和不严谨的逻辑推理、阻止侵权行为人窃取发明利益,专利权人可以诉诸等同原则,禁止那些以基本相同的方式、实现基本相同的功能、产生基本相同的效果的侵权行为。即使发明与被控侵权物在名称、形式或形状上有所不同,但当两者以基本相同的方式、实现基本相同的功能、产生基本相同的效果时,那么就可以认定它们是相同的。"①折中说要表达的是,专利保护范围以专利权利要求文字所表达的范围为原则,可以适当扩大保护范围,行为人的技术与专利技术比较,两者不属于以基本相同的方式、实现基本相同的功能、产生基本相同的效果,否则便是侵权。

从技术层面来分析,在化学理论分类中,锰和镁因为化合价的区别被分别归类为不同的金属类型,锰是过渡金属,镁则是碱土金属,但这样的分类仅仅在化学物质的一般特性研究上具有意义。焊接工艺中,锰和镁并不因为化合价的不同而表现出焊剂特性上的差别,相反,锰和镁在空气中都是易于燃烧的物质,因此在焊剂的成分组成中,二者是可以互相替换的,这在当时就已经得到了证实。因此如果焊剂使用硅酸镁成为一项专利,那么硅酸镁在焊接工艺中的这一特性就应当覆盖到具有相同特性的其他物质上,即便其他物质在化合价上与镁有明显差别,因为此时物质的化合价并不是该专利所使用的原理。此外,本案中也没有相应证据证明被告的焊剂是由其自主研发而成,所以最终美国法院认定被告侵权成立。

---

① 同上。

可以看出在此案中,适用等同原则进行等同侵权检验被确立为一项原则,而非例外情形。也就是说,专利权的保护范围不再仅限于权利要求的范围之内,即便权利要求书里对专利可能产生的改进给予了列举,法院同样也应适用等同原则来对权利要求进行解释。

这样的处理方式虽然有折中主义的精神,但实质上又是向中心限定理论的靠拢,因为此时的权利要求实际上已然失去了专利法中所规定的地位,等同原则与权利要求之间的究竟谁是原则谁是补充的关系并未厘清。

为了解决这一问题,美国联邦最高法院在 Hilton Davis Chemical Co. 诉 Warner-Jenkinson CO.案中明确了"全部技术特征原则",即被控侵权物必须全面覆盖了专利技术的全部技术特征,才能被认定为侵权,而不是将技术方案视为整体,从整体效果比对二者来进行判断。这一原则的提出在等同原则的发展历史上具有里程碑的意义,它明确地指出了等同原则的检验对象,是对技术特征的逐一比对,而不是将专利作为一个整体来进行"综合考虑"。这样就凸显出了权利要求在专利保护中的核心地位,同时又明确了等同原则的作用在于检验每一个技术特征是否等同。这实际上是严格化了等同原则的适用,使其覆盖的范围缩小而更趋于合理化,将等同原则从整体界定的原则回归到具体技术特征的确定原则,是其更为科学、合理、准确定位,最终妥善地解决了等同原则的扩张作用与权利要求的确定性、告知功能之间的冲突。因此全部技术特征原则的适用符合专利制度的发展趋势,这一原则也得到了世界各国包括我国专利司法界的肯定和承认。

6.1.2 等同原则的内容

等同原则的历史发展过程表明其发展一直处于不断合理化、科学化的进程之中,在这样的发展总趋势之下,等同原则内容也逐步明晰其本质内涵、具体其范围外延,为专利添附人添附提供了空间与可能。

6.1.2.1 等同原则的内涵

等同原则的内涵,是指反映等同原则的本质属性的总和,具体来说,是指法院在适用等同原则进行等同检验时，所检验的对象和进行检验的方法都要受到本质属性的限制。这种本质属性是对等同原则的适用本身进行的限制，与禁止反悔等原则相比，这种限制作用于等同原则的内部，因此又有人称之为等同原则的内部限制。而禁止反悔原则等限制则是作用于等同原则的外部，因此是等同原则的外延、外部限制。

等同原则的内涵是其内在的规定性，自身本质的属性。因此，法院在进行等同检验时必须主动适用的一种限制规则，不须当事人提出，法官应当主动按照这些规则来适用等同原则。因此也有学者将其称之为对等同原则的"积极限制标准"。[①]等同原则的内涵经历了从"整体技术等同"到"全部技术特征等同"的发展；学界还针对"全部技术特征等同"的不足，提出了"本质技术特征等同"这一学说。下面对以上三种学说作逐一分析。

1. 整体技术等同

整体技术等同，简称整体等同，是指在适用等同原则进行等同侵权检验时，将专利的权利要求作为一个整体来进行综合考虑，若被控侵权物在整体上满足"三一致"标准，则构成等同侵权。整体等同原则采用了整体主义方法论，即在整体与局部的关系上，将整体视为事物的本质。

第一，整体主义方法论从哲学上来讲本身就是存在问题的，是一种形而上学的观点。整体技术等同原则的适用将导致权利要求范围不适当地扩大。具体到专利添附与等同侵权的判断中，整体等同原则的适用将不可避免地使权利要求的解释变得过于宽泛，忽略掉一些必要技术特征之间的区别，使得非等同物也被认定为等同物，从而不适当地扩大专利权的保护范围，这样的结果就是导致权利要求的界定功能和告知公众的功能出现不确定性，侵害社会公共利益，这样的结果显然也是背离了等同原则的宗旨的。

比如，专利权人的技术由 A+B+C 三项必要技术特征构成，而被控侵权物则是由 A+B+C′三项技术特征组成。假如 C′已经超出 C 的等同范围，那么即便两者实现了基本相同的功能、基本相同的效果，但被

[①] 杨志敏. 德国法院对专利等同原则的适用及其启示[J]. 法商研究，2011（4）：127-134.

控侵权物在实现方式上已经与 ABC 的原专利技术有了实质上的差别，也就表明了被控侵权物实际上已经具备了创造性，按"三一致"的思路来说，被控侵权物是"以不同的方式实现了基本相同的效果和功能"，故二者之间已不存在等同性，这是采用"全部技术特征原则"的结论。但是如果采用"整体等同原则"的话，就很可能把 A + B + C′ 纳入 A + B + C 的等同范围，因为 A + B + C′ 和 A + B + C 从整体上综合考虑时，其实现方式的差别可能就无法体现出来。比如目前智能手机市场上的滑动解锁技术，从整体效果来看，苹果和安卓手机的滑动解锁技术无论是从实现方式还是效果、功能上来讲都是一样的。如果从整体来看待，安卓手机就极有可能涉嫌侵权苹果的技术。但是熟悉智能机终端技术的人都知道，安卓手机无论是从架构还是程序编译上都与苹果手机实质上不同，因此从微观技术特征上来看，安卓的滑动解锁技术的实现方式完全采用了另一种途径，与苹果的实质不同。①

显而易见，整体等同原则是有利于专利权人的，但却有悖于专利立法的宗旨。毕竟，专利立法的宗旨是促进社会技术进步。专利权保护范围的不适当扩大就会导致专利添附的空间缩小，进而将阻碍社会技术的进步。整体等同对社会技术进步而言也是非常不利的，具体来说：其一，专利添附有利于与原专利权人产生竞争，这在原专利权人处于技术垄断地位时尤其具有反垄断法上的意义；其二，专利添附本身就是改进创新的类型之一。整个专利制度的目标就是鼓励创新，鼓励新技术的实施。改进创新从专利制度创始之初就是客观存在的现象，更是技术创新技术进步的一种重要模式，属于其当然鼓励保护的范畴。

第二，整体技术等同导致权利要求被宽泛解释，超出其本来含义，使社会公众难以对专利权的保护范围做出判断，即权利要求失去了公众告知的功能。如前文所述，尽管美国的各个判例法几乎一致承认等同原则存在合理性，但等同侵权的具体判定问题却弹性极大，很难用精确细化的标准来对其合理范围进行界定，需要结合不同的行业领域，在不同

---

① 苹果与摩托罗拉在德国的专利战中，德国法院驳回了苹果诉摩托罗拉 Xoom 平板电脑侵犯了其滑动解锁专利的请求，理由是苹果的解锁方式是直线侧滑，而 Xoom 的解锁方式是曲线滑动。

的个案中探寻其边界。因此等同物的表现形式差异极大,如果采取整体等同,就更容易导致公众对专利技术认知的不确定性。

专利制度的一大重要作用就是将专利技术公之于众,让打算使用该专利、正在使用相近技术、计划对专利技术进行添附或改进的公众知悉自身在技术链条上的地位,以及预判改进、添附行为可能引起的法律效果。因此,权利要求必须要划定出比较明确的范围,才能让公众针对自己的情况做出相应的对策,所以整体等同导致的不确定性阻碍公众对专利的认知,特别是在专利添附的情况下,专利添附人由于难以确定原专利权的范围,其添附行为就将面临更大的风险。这也就使得人们更不愿意把技术资源花费在专利添附上。如果人们可以从公开记录中确定地知晓专利权利,那么,添附人将会更乐意投资于专利添附,进行专利添附或者其他开发。

因此,整体等同原则从方法论角度,以及对保护范围确定性和公众告知功能的负面影响最终都将导致技术进步受到阻碍。所以"整体等同"这一原则自从确立起来后,在等同侵权和专利添附案件中,专利权人的胜诉率明显高于被告,各界对此也充满争议,主管专利案件的巡回法院甚至获得了"亲专利权人"的绰号。所以说,整体等同原则并没有反应等同原则的合理客观性、本质属性,因此在之后的判例中,美国法院在此问题上发展出了"全部技术特征等同原则"。

2. 全部技术特征等同

(1) 全部技术特征等同的含义。

全部技术特征等同原则,又称全面覆盖原则,是指如果被控物或者方法侵权成立,那么该产品或者方法应该具备专利权利要求中所描述的每一项特征,缺一不可。即如果专利权利要求中的技术特征由A、B、C组成,则被控侵权物的技术特征之中只要含有A、B、C三项或其等同特征,即可被认定为侵权,否则都不应当被认定为侵权(比如A、B或A、B、D)。

1997年3月美国最高法院在Warner-Jenkinson Co. 诉 Hilton DavisChem. Co.案的判决中对等同原则作了全面总结和澄清,明确肯定了"全部技术特征"原则为普遍适用的原则。应当说，美国联邦最高法院的选择是与专利制度的发展趋势相一致的。说明书、权利要求书产生的历史表明，法律对专利保护范围的确定性要求越来越高。如今，各国、各地区的专利法都普遍要求专利申请人通过权利要求书来明确告知社会公众专利保护范围的大小。虽然是为了公平保护发明人的利益及防止他人窃取专利的实质，从而激发更多发明创造，等同原则有其存在的必要性，但也不能因此而损坏专利保护范围的确定性，损坏权利要求的各项功能和作用。整体等同论所确定的等同范围，显然要大于根据全部技术特征规则所确定的等同范围。由于被控侵权物中即使缺少权利要求中所记载的部分技术特征，被控侵权物在整体上仍然能够与发明相等同，所以在整体等同论下，权利要求中的每一个技术特征并非都是重要的、必不可少的。这使得专利保护范围的确定性大大降低，显然有损权利要求的界定发明和确定专利保护范围的作用，有损权利要求的告知功能，与专利制度的基本要求不相吻合。而在全部技术特征规则下，权利要求中的每一个技术特征都是重要的、必不可少的，从而专利的保护范围是确定的，符合专利制度的基本要求。因此，全部技术特征规则是限制等同范围不当扩张的一种有效手段，有利于保障专利制度要求界定和告知功能，专利添附人从而能够更加放心地进行改进创新，并满足从整体上推动技术发展的必然要求。

（2）全部技术特征等同原则的局限性。

从方法论的角度来说，显而易见，全部技术特征是一种个体主义的方法论。换言之，在整体与个体这一对矛盾的处理过程中，更为关注的是单个的个体，而不是由单个的个体构成的整体。由于这一方法论的偏颇和哲学思维的处理不当，全部技术特征等同原则不可避免地会存在这样或者那样的争议。

首先"技术特征"如何确定有待厘清。关于"技术特征"的定义，我国尚未有相关法律法规给予界定。从实践中看，技术特征是一个权利要求的组成部分，一个单词和一句描述都可以成为技术特征；两个技术特征之间的关系也可以成为一种技术特征。《专利审查指南》在化学方法专利一节中对技术特征进行了一定的列举，比如涉及工艺的方法特征，包括工艺步骤（也可以是反应步骤）和工艺条件，例如温度、压力、时间、各工艺步骤中所需的催化剂或者其他助剂等；涉及物质的方法特征包括该方法中所采用的原料和产品的化学成分、化学结构式、理化特性参数等；涉及设备的方法特征包括该方法所专用的设备类型及其与方法发明相关的特性或者功能等。①

可见，权利要求的技术特征划定是一项比较重要的工作。就司法裁判来说，技术特征的划定将直接影响全面技术特征原则的适用，也可以看出技术特征的划定又是缺乏法律或司法的直接界定的。事实上，技术特征因其门类繁多、多种多样，法律法规或司法裁判既不可能也不应当对其进行什么直接的界定。不同的申请人对同一技术方案完全可能写出不同的技术特征，因此全部技术特征原则对专利申请人、专利权人来说有更高的要求。

其次，完全忽略整体效果并不能保证公平。假设专利权人的专利技术由 $A+B+C$ 三项必要技术特征组成，被控侵权人的技术由 $A'+B'+C'$ 三项必要技术特征组成。从微观上看，A'、B'、C'均处于 A、B、C 的等同范围之内，但 $A'+B'+C'$的整体效果较之 $A+B+C$ 的整体而言，其功能和效果已可能有实质性的进步，被控侵权技术已经在整体上超越了 $A+B+C$ 这一在先技术，形成新的发明创造，具有了可专利性。最为典型的便是某些集成创新，类似专利添附的混合，确实可能产生了产品或产业的重大技术进步和显著经济效益。但是，如果仍从"特征逐一对应"的全部技术特征的方法入手，便可能会得出错误结论。

再次，增加技术特征的专利添附问题。专利添附是要在原专利上添附新的技术特征，在原专利上增加技术特征的改进成果，必然会全面覆盖原专利的技术特征，同时又增加一个以上的技术特征。对于这种情形，2003 年的《关于审理专利权纠纷案件若干问题的规定》（征求意见稿）中就已经明确："增加技术特征"的情形，无论增加后功能、效果如何，在专利侵权诉讼中将被认定为侵权。2009 正式出台的司法解释虽然删除了这一条文，但这只是出于简化条文的技术上的考虑。最高法院的法官

---

① 《专利审查指南》(2010)，第二部分第十章第 4.4 节"化学方法权利要求"。

在阐述2009年司法解释时曾特别提道：只要被诉侵权技术方案的技术特征包含了专利权保护范围的技术特征，即认定其落入了专利权的保护范围。被诉侵权技术方案是否包括其他增加的技术特征，在所不问。[①]

增加技术特征的行为（其中包括了专利添附行为）在专利侵权诉讼中，将被认定为构成侵权，显然与《专利法》第五十一条从属专利制度的主旨不相一致；同时也很好地证明了全部技术特征原则的局限性。从属专利属于专利添附的适用法律规定这便是例证。当然，等同侵权也是有为了依赖性专利生产经营目的的即发或实施侵权。

（3）全部技术特征等同原则与"变劣专利"。

变劣专利，是指被控侵权物在原有专利技术的基础上减少了一个以上的技术特征。在这样的情况下，全部技术特征原则将使得变劣专利难以被认定为侵权。以手机为例，如果一种新的手机产品仅仅将原有专利手机产品的某一项技术特征去掉，比如新的手机产品在原有基础上去掉了多点触控技术，而代之以比较落后的且已处于公有领域的单点触控技术，其余部分则完全相似，那么在此种情况下，新产品的技术特征是 A+B+C，而原专利产品的技术则是 A+B+C+D，如果严格按照全部技术特征原则适用等同原则，那么新产品变劣后将不会被认定为侵权。

变劣专利的问题在学界和司法界引起了一定程度的争议，我国在2009年12月之前的所有相关司法判例和司法解释对变劣专利的态度都是认定其为侵权[②]：但2009年12月发布的《最高人民法院关于审理侵犯专利权纠纷案件应用法律若干问题的解释》（下称《专利纠纷司法解

---

① 最高人民法院知识产权庭负责人就《关于审理侵犯专利权纠纷案件应用法律若干问题的解释》答记者问。http://www.law-lib.com/fzdt/newshtml/21/20091229091313.htm.

② 如著名的"颅内血肿粉碎穿刺针"实用新型专利侵权纠纷案，被控侵权产品省略了原专利方案中的"血肿粉碎器"这一必要技术特征，用普通注射器替代之。法院认为虽然被控侵权产品的方式优于涉案专利申请前的已有技术，但其技术效果明显低于专利技术，由此判定被告构成侵权。
另外，《北京市高级人民法院关于专利侵权判定若干问题的意见（试行）》第四十一条规定："对于故意省略专利权利要求中个别必要技术特征，使其技术方案成为在性能和效果上均不如专利技术方案优越的变劣技术方案，而且这一变劣技术方案明显是由于省略该必要技术特征造成的，应当适用等同原则，认定构成侵犯专利权。"

释》）第七条却明文规定变劣专利不构成专利侵权。[①]

变劣专利虽然证明了全部技术特征原则存在局限性，但这并不代表变劣专利就当然构成等同侵权。首先，"变劣专利"并不必然等于"专利变劣"，即"变劣专利"仅指减少了原专利的技术特征，如果"变劣专利"所减少的技术特征恰恰是原专利中冗余的技术特征，那么变劣专利实际上就对技术改良产生了积极作用，这样的例子是屡见不鲜的。其次，变劣专利即便并未带来技术改良，即便是真正的变劣，也不构成侵权。因为一项技术减少了原专利的技术特征之后，就必定处于原专利权利要求的保护范围之外，因此变劣专利不构成对原专利技术的侵权是权利要求制度的必然结果。上述两种情况符合多余指定原则，是专利添附的情形之一，也符合最高人民法院司法解释精神。再次，如果能证明真正的变劣是：（1）故意省略专利权利要求中个别必要技术特征；（2）方案在性能和效果上均不如专利技术方案；（3）省略的个别必要技术特征与性能和效果差异存在因果关系，则变劣专利就是专利变劣，属于等同侵权。

可见，变劣专利不应当然地被视为专利添附行为。变劣专利虽然也可能对专利技术产生改良作用，但改良的变劣专利同样不是当然的专利添附行为。一方面，从技术特征的视角，变劣专利是对原专利的简化；专利添附主要是对原专利的弥补或增加。虽从技术层面看，简化和增加都可能对原专利技术产生改进作用（功能或效果）。另一方面，变劣专利处于原专利的权利要求范围之外，如果其实施不依赖原专利则不属于专利添附，反之则属于专利添附。

总之，变劣专利不一定构成侵权，也不一定就是专利添附，需要视变劣专利具体情况做专门分析，而且也未必需要在变劣专利人与原专利权人之间取得利益平衡。

3. 本质技术等同

（1）本质技术等同的含义。

本质技术等同，又称本质技术特征等同原则，是日本法院所确立的

[①] 刘立平. 环形滑动滚珠轴承三审判案及等同侵权五要件[M]//专利法研究. 北京：知识产权出版社，1999：103.

一项原则。日本最高法院在"无限折动用滚珠花键轴承"案中明确了认定等同的五个要件,即"非本质部分、置换可能性、置换容易性、非公知技术和禁止反悔特别事由",其中前三个要件为认定等同的标准,而后两个要件是对等同原则适用的限制要件。①

日本法学界对该判例的解读是,在实践中,等同侵权都是对那些非本质的技术特征进行等同替换,而不存在等同侵权对本质的技术特征进行替换的案例,因为一旦对本质性的技术特征进行替换,则替换后的技术方案在整体上必将与原专利技术在技术思想上产生明显不同。②所以,在本质技术特征原则下,等同侵权只能是对非本质技术特征的等同替换。一旦对本质的技术特征进行了替换,哪怕这种替换是等同替换,也不构成等同侵权。

我国亦有学者对该项原则的合理性进行了阐释,认为:"一个国家开创型发明创造数量越多,采用全部技术特征准则就越有利;反之,一个国家改进型发明创造数量越多,采用技术特征区分就越有利。结合我国国情,我们应该将权利要求中的技术特征进行本质和非本质的划分,其目的就是为了将等同原则适用到专利技术构成中的非本质的从属技术,制止那种利用专利的精髓技术,而对专利技术的从属部分采用替换手段逃避专利侵权责任的行为。"③

(2)本质技术等同的评价。

本质技术特征说明了在一套技术方案中,某一个技术特征将使得该技术在整体上区别于其他专利技术,如果对其进行改进,那么其改进成果在整体上就必然区别于原专利技术。在本质技术特征等同原则下,只有在"本质技术特征"为"相同"的情况下,才一定会出现侵权。如果"本质技术特征"仅是"等同"的程度,即便其他技术特征全是等同,改进成果也不一定被认定为侵权。从原理上来看,对"本质技术特征"即便只是做了微小的改进,也可能使改进成果与原专利之间产生实质性的差异。

---

① [日]本间崇."等同原则杂感"[M]//专利审判中的等同原则——日美欧的比较,经济产业调查会,2003:693.
② 吴胜华.等同原则的适用及限制——以规制专利权滥用为视角[M].科技与法律,2010(3):85.
③ 同上。

这实际上是对全部技术特征所划定的保护范围了进行一定的缩限——全部技术特征原则中，技术特征如果全部等同，那么改进成果就等同侵权了原专利技术；而在本质技术特征中，只有本质技术相同并且其他技术特征等同时，才是等同侵权。从公平角度来说，本质技术特征等同原则的这一思想更能反映技术改进的客观面貌，因此在区别究竟是"技术改进"还是"等同侵权"的时候也就更合理。

上文中所提及的"全面技术特征原则没有考虑技术的整体效果问题"在本质技术特征原则的思想下，将得到解决。一项改进成果 A′+B′+C′ 虽然全部技术特征都等同了原专利的 A+B+C，但就整体效果而言，改进成果也可能已有了实质性的进步。比如布染工艺中，如果专利添附后的改进成果仅仅是在某一关键染制环节上的温度调高了 1 摄氏度，但正是这一度的温度调整却使得生产出来的布料颜色更加符合设计的颜色要求，或者更加适应当地的生产环境。那么显然，虽然改进后的布染工艺的各个环节各个技术特征都与原专利等同，但是其整体效果确实是不同的。因此全部技术特征等同并不一定就可以完全符合于等同原则"三一致"标准。但是在本质技术特征等同原则的思想下，布染工艺中的关键环节中温度的微小变化已经是一种对本质技术特征的改进，由于这一度的变化使得改进成果在本质技术特征上与原专利并不等同，因此当然不会被认定为等同侵权。这样就有效地解决了全部技术特征等同可能导致的与"三一致"标准发生冲突的情况。

我国最高人民法院在制定相关司法解释征求意见时，就等同判定问题曾经有过如下表述："等同特征不应当属于发明创造发明点的技术特征。发明点的技术特征是指导致该发明创造区别于现有技术并使其具有创造性的技术特征。""发明点的技术特征"便是所谓"本质技术特征"，但后来的正式文稿中删除了上述结论性意见。[①]

这次删除也说明本质技术特征原则还存在不足，即"缺乏实例"予以验证。本质技术特征与非本质技术特征的划分究竟在实践中有无操作性是很大的问题，在技术特征的划定都缺乏判例和法律指导的前提下，要想进一步从技术特征中再划分本质和非本质，就更加不具有可操作性

---

① 同上。

了。所以要检验此原则是否科学，一定要经过实践的积累。本质技术特征原则这一思想能够提出，无论如何已经折射出学界对全面技术特征原则的合理性产生了质疑，并希望对之予以修正。

从对等同原则内涵界定历程的分析不难发现，学者和法官们正在不断明晰、精准其本质属性或确定性；在其适用中，进行"三一致"标准的判断时，采用了从"整体等同"到"全部技术特征等同"的变化；而"全部技术特征等同"经过一段时间的司法实践之后，也出现了一些问题，一些实质性的改进成果也可能被纳入等同原则的范围，说明"全部技术特征原则"仍然没有准确地反映出等同原则与专利添附之间的合理界限。正因为如此，学界提出了"本质技术特征等同"这一概念，将技术特征分为本质性和非本质性两类。这在一定程度上释放了专利添附的空间，但从上文中也可以看出，本质技术特征等同也确实更加合理化。

整体技术等同—全面技术特征等同—本质技术特征等同的发展过程体现了等同原则所受到的限制越来越科学化，其专利权的保护范围一直处于一个不断合理化的过程，这一过程至今也尚未停止。

6.1.2.2 等同原则的外延

等同原则外延，是指等同原则所确定的范围，即在其本质属性下所包括的具体内容。事物外延的确定，一方面可以通过其内涵形成范围，另方面也可以通过各种外部的限制反过来确定其范围。专利授予范围的确定便是后一种。虽然说鼓励、保护阳光下一切发明创造，但永远还是有些发明创造不能被授予或无法被授予专利，于是专利法一般采取相反的方法，通过规定不能授予专利的情形、方式来明确专利可授予的范围。[①]等同原则的适用范围便是通过包括公知技术抗辩原则、禁止反悔原则、捐献原则，以及逆等同原则等限制等同原则的适用，相对应地形成了等同原则的范围。因此，也有人称之为外部限制，是在等同侵权诉讼中须由当事人提出，法院才能适用的原则。还有学者将其称之为对等同原则的"消极限制标准"。[②]

---

① 参见《专利法》第二十五条"对下列各项不授予专利权"。
② 杨志敏. 德国法院对专利等同原则的适用及其启示[J]. 法商研究，2011（4）：127-134.

1. 公知技术抗辩原则

（1）公知技术抗辩原则的概念。

公知技术抗辩，是指在专利侵权诉讼中，被控侵权人只要举出确凿证据，证明其所实施的技术属于公知技术或与公知技术等同或很接近时，法院就应判定其不侵权。我国《专利法》第六十二条对此也做出明确规定："在专利侵权纠纷中，被控侵权人有证据证明其实施的技术或者设计属于现有技术或者现有设计的，不构成侵犯专利权。"2003年《最高人民法院关于专利侵权纠纷案件若干问题的规定（讨论稿）》也将公知技术抗辩作为不侵权抗辩的一种，即公知技术抗辩本身并不仅仅适用于专利等同侵权，而是当然地也可用作相同侵权的抗辩。只要认定被控侵权人实施的确实属于公知技术，就可以认定公知技术抗辩成立。同时该稿还提出一旦被告提出了公知技术抗辩，则无论被告是否提出原告专利无效的请求，法院都应当对其进行专利无效审查。可见，公知技术抗辩原则同样是一种限制等同原则的标准。

至于何谓公知技术？公知技术是指在涉诉专利的申请日之前已经为公众所能得知的技术。①最高人民法院在2003年的会议讨论稿中也对公知技术进行过定义："……公知技术，是指发明或者实用新型专利申请日以前在国内外出版物上公开发表、在国内公开使用或者以其他方式为公众所知的技术。已经公开的专利抵触申请视为本规定所称公知技术。"②最高人民法院讨论稿的定义更加合理，其明确了抵触申请③的技术地位，有助于实践中的操作。当然，这份讨论稿最终并未颁布，而2009年颁布的《专利纠纷司法解释》也并未保留有关公知技术抗辩的内容，不过这对等同原则的研究仍然有重要价值。

---

① 尹新天.专利权的保护[M].北京：知识产权出版社，2005：486.
② 《最高人民法院关于审理专利侵权纠纷案件若干问题的规定》（会议讨论稿，2003-10-27—2003-10-29）第四十条第二款。
③ 抵触申请，是指损害新颖性的专利申请，是指在申请日以前，任何单位或个人就同样的技术已向专利行政部门提出过申请，并且记载在申请日以后公布的专利申请文件中，那么这一申请就为被审查之申请的抵触申请。现行专利法对抵触申请的规定与修改前相比已发生变化，即从"他人"修改为"任何单位或个人"，主体包括申请人自己。抵触申请的申请日在先，公开日在后，则损害了该发明或者实用新型专利申请的新颖性，新颖性受损，但不影响创造性。

（2）公知技术抗辩原则与等同原则。

公知技术对等同原则的限制分为两个层次，其中公知技术抗辩原则是指第二个层次：第一，原专利技术为公知技术，则原专利技术可能是无效的专利，此时等同原则将不再有适用的必要。因为等同原则是以原告专利权有效为基础，若原告的专利技术本身就是公知技术，那么其专利权的保护范围当然就为零，不可能对其进行等同侵权。当然，如果原告的专利之中有部分技术特征属于公知技术，那就要考察其技术特征之间的关系，如果数个技术特征之间的组合关系具有专利三性，那么原告专利技术仍然具有专利性，适用等同原则。这一层次是专利无效制度中的内容。第二，被控侵权物与公知技术相同或等同，那么被控侵权物不构成侵权。被控侵权技术与公知技术很接近或等同时也允许适用公知技术抗辩，这在德国是由德国联邦最高法院于1986年4月29日通过对"模制路缘石"一案的判决所扩展出的。德国联邦最高法院在其判决中指出："在确定专利权的保护范围时，允许被控侵权人进行这样的抗辩，即他实施的被认为与权利要求相等同的技术方案相对于现有技术来说不构成一项能够获得专利权的发明。不但在被控侵权人实施的技术方案属于现有技术时能够进行抗辩，而且在其实施的技术方案相对于现有技术来说是显而易见时也能够进行上述抗辩。"[1]

公知技术对等同原则的限制，可通过下面的简单举例来表示：（1）专利权利要求包含特征 A+B；（2）被控等同侵权物包含特征 A+B′，其中，B′与 B 等同；（3）用于对比的那份公知技术包含特征 A+B″，其中，B″与 B′等同。此时，被控侵权物不构成侵权。2003 年的最高人民法院会议讨论稿在其第四十条中承认了德国法院的这一项原则[2]，不过 2009 年正式颁布的司法解释删除了这一内容。

---

[1] 杨志敏. 德国法院对专利等同原则的适用及其启示[J]. 法商研究，2011（4）：127-134.

[2]《最高人民法院关于审理专利侵权纠纷案件若干问题的规定》（会议讨论稿 2003-10-27—2013-10-29）第四十条第三款：判断公知技术抗辩是否成立时，应当将被控侵权物与单独一份公知技术进行对比。经对比，被控侵权物的技术特征与一份公知技术相同的，或者虽不完全相同，但属于一份公知技术与所属领域技术人员的常识或者熟知技术的简单组合的，不论被控侵权物的技术特征与权利要求记载的技术特征是否相同或者等同，人民法院均应当认定公知技术抗辩成立，被控侵权人不构成专利侵权。

但是，从公平对待和有效保护社会公共利益这一层面看，在被控等同侵权技术与公知技术很接近或等同时，允许适用公知技术抗辩原则是很合理的。等同原则之所以有存在的必要性是因为字面描述无法涵盖专利技术的全貌，因此需要适用等同原则将专利权利要求的文字内容所表达的保护范围进行适当补充。但这样势必会在一定程度上牺牲专利保护范围对于公众的确定性，既然允许专利权人享有此等利益，那么出于公平起见，也就没有理由不允许公众享有等同利益。当专利权人主张被控侵权人的实施行为构成等同侵权时，基于上述公平对待原则，被控侵权人自然也能对等地主张其实施技术与一份公知技术相比是很接近的或等同的。而且出于公平原则，对公知技术的等同判断最好也适用等同侵权中所确立的"三一致标准"和"显而易见标准"。确立公知技术抗辩原则非常重要，目前我国的专利技术的结构中，实用新型所占的比例较大，且对其申请不实行实质审查，经过初审授权的专利落入公知技术的可能性很大，如果不赋予被控侵权人公知技术的抗辩手段，对被控侵权人极为不公平。

要说明的是，公知技术抗辩是一项抗辩权，其针对的是原告所提起的侵权责任请求权。正因为这是一项抗辩权，具有相对性，这就意味着公知技术抗辩不能证明被控侵权物是绝对合法的。公知技术还可能包含了"虽公开但不自由"的公知技术，即该项公知技术上有他人的权利存在。此时被告的公知技术抗辩只能对抗原告的等同侵权请求，被告对此公知技术的使用是否合法，还涉及了被告与该公知技术专有人的关系。当然，如果该公知技术是完全自由的公知技术，那么被控侵权物就将是完全合法的。

同时，采用公知技术的技术成果与专利添附的改进成果是两种不同的技术成果，其法律后果也并不相同。因此，公知技术抗辩虽是针对等同原则的一项限制标准，但与专利添附是两种现象，公知技术抗辩与专利添附不具有直接关联性。

2. 禁止反悔原则

（1）禁止反悔原则的概念。

禁止反悔原则，专利权人在专利授权或者无效宣告程序中，通过对权利要求、说明书的修改或者意见陈述而放弃的技术方案,权利人在侵犯专利权纠纷案件中又将其纳入专利权保护范围的,人民法院不予支持。①

我国司法实践承认禁止反悔原则,即法院适用等同原则确定专利权的保护范围时,禁止专利权人将已经被限制、排除或放弃的内容重新纳入专利权的保护范围,被控侵权的一方可以依据此项原则,主张自己的改进成果已经处于原专利技术的保护范围之外。所以说,禁止反悔是一项对等同原则的限制性原则,即范围确定原则。

(2)禁止反悔原则与等同原则。

禁止反悔原则与等同原则的关系主要表现在:第一,禁止反悔原则的适用以等同原则的适用为前提。专利侵权案件中,被告只有在原告对法院提起专利侵权判决请求时,才能提起禁止反悔原则的抗辩。否则,被告不得率先提起禁止反悔的请求。这证明了禁止反悔原则是一项对等同原则的消极限制标准,法院亦不得主动适用禁止反悔原则来处理等同侵权案件。第二,对于保留的技术方案,不适用禁止反悔原则。在专利权人为了满足专利的三性而通过修改声明放弃一部分技术方案后,其剩余的未放弃的那一部分技术方案仍然可以使用等同原则,即禁止反悔原则对等同原则的限制是有限的,它并不排除等同原则的适用,而仅是对等同原则进一步合理化。第三,并非所有修改都会导致禁止反悔原则的适用。最高人民法院的司法解释明确指出,在专利授权和无效宣告程序中的修改和意见陈述才会导致专利权人对技术方案的放弃。首先,在授权和无效宣告程序中的修改、意见陈述只能为了满足专利三性而做出,如果仅是为了满足权利要求书的撰写要"清楚简明"要求而修改的部分,将不得适用禁止反悔原则。其次,即便是为了满足专利三性而做出的修

---

① 参见2009年颁布的《最高人民法院关于审理侵犯专利权纠纷案件应用法律若干问题的解释》第六条的规定。同时,《北京市最高人民法院专利侵权判定若干问题的意见(试行)》规定,禁止反悔原则是指在专利审批或无效程序中,专利权人为确定其专利具备新颖性和创造性,通过书面声明或修改专利文件的方式,对专利权利要求的保护范围作出限定承诺或部分的放弃相应权利,并因此获得了专利权利,而在专利侵权诉讼中,法院适用等同原则确定专利权的保护范围时,应当禁止专利权人将已经被限制、排除或放弃的内容重新纳入专利权的保护范围。

改，也应当区分情形，比如为了满足三性而对技术特征进行进一步限定而增写的部分，仍然应当适用等同原则。

可见，禁止反悔不仅可以平衡社会公众和专利权人的利益，促进科技进步和创新；而且能够合理地限制等同原则，使人们不至于担心等同原则与专利法的宗旨相矛盾；禁止反悔原则适用的目的是剔除专利权权利要求中所包含的公知技术部分（放弃部分），而并不是简单地针对专利权人的修改行为，也并不是专利添附的抗辩原则。

3. 捐献原则

禁止反悔原则用于剔除专利权利要求中的公知技术部分，那么对于作为权利要求解释的说明书和附图，是否有同样的问题呢？捐献原则就是一项规则，用于处理说明书、附图与公知技术的问题。

专利权人若在说明书中写明了其发明构思的多种实施方案，但是由于种种原因在专利权利要求书中只要求保护一种或几种实施方案。在这种侵权诉讼中，法院能否认定仅仅在说明书中记载而没有被权利要求覆盖的实施方案对权利要求所保护的技术方案构成等同侵权行为？针对这种情况，美国联邦巡回上诉法院在 1991 年的一份判决中指出"在说明书中予以披露，但没有纳入保护范围的主题视为捐献给了社会"。[①]我国最高人民法院在 2009 年的《专利纠纷司法解释》中同样确立了捐献原则[②]。

捐献原则的适用使得专利权的一部分可能因为申请人的撰写问题而成为自由公知技术，这平衡了专利权人的利益与社会公共利益的矛盾。对于社会公众来说，权利要求书是他们了解专利权保护范围的法定依据，在说明书中披露但没有被纳入权利要求保护范围的内容，如果没有法律对其地位进行明确，将十分明显地造成专利权的不确定性。那么之所以要将这部分内容明确为对社会的捐献，是因为如果要求公众对权利要求以外的内容进行考虑，不仅对社会公众不公平，而且也影响了权利要求书的核心地位和告示公众的意义。

---

① 何晓平. 专利等同侵权研究[D]. 重庆：西南政法大学，2009.
② 《最高人民法院关于审理侵犯专利权纠纷案件应用法律若干问题的解释》第五条：对于仅在说明书或者附图中描述而在权利要求中未记载的技术方案，权利人在侵犯专利权纠纷案件中将其纳入专利权保护范围的，人民法院不予支持。

4. 逆等同原则

逆等同原则,是指被控侵权物虽然落入了专利权利要求的字面范围中,但由于被控侵权物与原专利相比,是以原理上实质不同的方式实现相同或者相似的功能,则应当认定不构成专利侵权。我国台湾地区称之为逆均等论或者消极均等论:"系为防止专利权人任意扩大申请专利范围之文义范围,而对申请专利范围之文义范围予以限缩。若待鉴定对象已为申请专利范围之文义范围所涵盖,但待鉴定对象系以实质不同之技术手段达成实质相同之功能或结果时,则阻却文义读取,应判断未落入专利权文义范围。"[1]逆等同原则是在专利侵权案件审判中确立的一项对发明人利益与公众利益以及在先发明人利益和在后发明人利益进行动态衡平的原则,用于对等同比较的结果进行修正。

逆等同原则起源于美国 1898 年的 Boyden Power Brake Westinghouse 诉 Boyden Power Brake 公司一案(以下简称 Boyden 案)。在双方对于改进发明的纠纷中,美国联邦最高法院提出:Boyden 的装置基本包含了权利要求中的部件,Westinghouse 专利的保护范围覆盖了 Boyden 的装置,然而 Boyden 装置的具体组合关系已经与专利有着本质的不同,从而使它跳出了专利的保护范围。"即使 Boyden 的装置被认为落入了 Westinghouse 专利的字面范围,也并没有确定地解决侵权问题。被控侵权物即使不在权利要求的字面范围内,侵权指控在某些情况下仍然成立。反之,亦然。专利权人可以证明被控侵权物落入了权利要求的字面范围,但如果被控侵权物在原理上已经发生了如此大的改变,使得专利权利要求的字面范围与专利权人的实际发明之间出现了脱节(即发明内容不足以支持权利要求,权利要求的范围过于宽泛),那被控侵权物就不在专利的保护范围之中,没有侵犯专利权。"[2]

逆等同原则具有客观存在性和合理性主要表现为两方面:首先,科技创新的爆炸式增长以及产业技术的迅猛发展可能使专利中技术特征的

---

[1] 中国台湾地区智慧财产局主编. 专利侵害鉴定要点[M]. 2004, 42.
[2] 何晓平. 论专利侵权判定中的逆等同原则[J]. 知识产权, 2011 (1): 53-57.

内涵和外延都发生了巨大甚至是颠覆性的变化，进而出现了技术特征的权利要求字面保护范围的扩大。但是，说明书中记载的具体技术内容要求具体而未必扩张，造成了权利要求的字面范围与说明书中具体技术内容产生脱节。一些新兴技术领域表现尤为典型，后续技术落入在先专利权利要求的字面范围之中。其次，是由于专利权利要求在撰写和解释时，在范围上使用了不当的抽象或上位概念或基于特定的权利要求写作方式造成字面范围与说明书中的记载发生脱节的情况产生①。这也表明专利添附的客观存在性和合理性。

逆等同原则的适用存在认可被控侵权物落入原专利权利要求字面范围后再论证不侵权可能失败的高风险，也可能会对原专利的有效性产生影响，加剧法院与专利局在确定权利要求保护范围方面存在的矛盾。法院认为的被控侵权物落入原专利权利要求字面范围但实质上未利用发明说明书所揭示技术手段所确认的专利保护范围，显然与经专利局审查授权得到的专利保护范围存在不一致的情况。有学者还通过对 Boyden 案判例的解读，认为逆等同原则的适用余地较小，是一种对相同侵权的抗辩②。其实，该判例已经明确被控侵权物在原理上的重大改变足以使其"不构成侵权"，这说明该案中所称的改进已经超越了等同原则的标准，其中所谓的重大改变并不包含等同替换，是创新程度高于等同替换的改进，否则怎能"足以"不侵犯专利权？可见，该判例的基本精神就是"实质性的改进不是侵权"，而并非"实质性的改进不是'相同'侵权"。所以，逆等同原则中的改进当然意味着"不是等同侵权"。无论是学界还是美国司法依然承认逆等同原则为有效法律原则，尤其是在一些技术发展较快的科技领域，该原则对新技术的保护会起到越来越明显的作用。所以说，逆等同原则不仅是一项针对相同侵权的抗辩原则，也是一种对等同侵权的抗辩原则。逆等同原则所反映的客观事实，也正是专利添附的客观存在。

---

① 席锋. 论逆等同原则[D]. 上海：华东政法大学，2016.4.
② 何晓平. 论专利侵权判定中的逆等同原则[J]. 知识产权，2011（1）：53-57.

6.1.3 等同原则与专利添附

6.1.3.1 等同原则的嬗变价值

基于等同原则在美国的发展历史，可以看出其产生乃是缘于专利添附的客观存在。因此，对等同原则研究，是从专利侵权的角度来研究专利添附的范围，当等同原则的范围越来越合理化、越来越明确时，专利添附的空间也就逐渐显现出来。等同原则和专利添附本身也是此消彼长的关系。

司法判例表明，美国也在不断地探索等同原则的界限。即便是在美国19世纪第一次工业革命初期阶段,美国也并没有因为鼓励首创创新而在专利改进纠纷中过多地保护专利权人；相反，在专利改进纠纷中，美国的法律界一直注意平衡专利权人与专利改进人之间的矛盾，追求法律的公平。在等同原则的萌芽时期，美国法院就明确了等同侵权是"实质相似"的原则，并提出了"方式—结果"的两项适用标准。当中心限定理论在美国确立之后，等同原则由于在被用于扩大权利要求范围的时候过于扩大了专利权的保护范围，美国法院便对等同原则的适用报以激烈的批评和争议。直到周边限定理论在美国确立时，美国法院甚至放弃了等同原则的适用，以免专利法成为"亲专利权人法"；但是由于周边限定理论的严格适用以及对等同原则的放弃最终导致了专利权的保护范围被过度压缩，因此美国随之也采取了折中态度，力求将等同原则和专利改进的界限调整到合理的程度。

从美国专利保护的中心限定理论、周边限定理论和折中说的发展轨迹来看，等同原则的适用与权利要求书的地位密切相关，权利要求书处于不同的地位，等同原则在适用时，就会采取不同的解释方式。在中心限定理论思想下，等同原则使得权利要求书的解释变得过于宽泛，专利保护的范围也就随之超过合理限度，从而压缩专利改进的合理空间，阻碍技术进步。相反，周边限定理论下，等同原则一度被弃用，权利要求书所覆盖的范围就被严格限制，小于了合理的限度。这里的专利改进便是专利添附的一种。

一项改进成果能否作为添附而适用专利添附制度，实际就是检验其是否侵犯了原专利技术。等同原则的适用深刻影响原专利权人和专利添附人的利益。因此，专利侵权判定中必须合理、科学地适用等同原则，即等同原则从基于中心限定理论下进行整体技术特征的界定，发展为周边限定理论下权利要求书为核心地位的淡出，到权利要求书为核心地位的具体技术特征的检验规则，使专利权的保护范围被限定在合理公平的范围内，既保护专利权人的合法利益，同时又保护合理的专利添附成果，促进技术持续创新。

6.1.3.2 等同原则的合理界定

1. 等同原则的具体标准

等同原则必须符合"三一致标准"和"显而易见标准"：首先，"被控侵权物与专利技术相比，以基本相同的方式，实现了基本相同的功能，达到了基本相同的效果"。其次，"基本相同"必须对"所属领域的普通技术人员"来说"显而易见"。由于专利侵权诉讼的专业性较强，需要相关工程技术知识才能进行判断，所以对于一项被控侵权物是否"等同"，其判断的主体应当了解涉案领域的技术背景，才能保证诉讼的公正。

等同侵权中一个重要的问题是主体标准，即谁来判断是否"以等同的方式运作、履行实质上等同的功能且取得实质上等同的效果"。"所属领域的技术人员"如何界定？按照社会常识来讲，企业中从事技术工作的普通员工就是人们通常理解的普通技术人员，但在专利法上却并非如此，专利法上的"所属领域的技术人员"有着严格的标准。如我国《专利审查指南》规定："所属技术领域的技术人员，也可称为本领域的技术人员，是指一种假设的'人'，假定他知晓申请日或者优先权日之前发明所属技术领域所有的普通技术知识，能够获知该领域中所有的现有技术，并且具有应用该日期之前常规实验手段的能力，但他不具有创造能力。如果所要解决的技术问题能够促使本领域的技术人员在其他技术领域寻找技术手段，他也应具有从该其他技术领域中获知该申请日或优先权日之前的相关现有技术、普通技术知识和常规实验手段的能力。设定这一概念的目的，在于统一审查标准，尽量避免审查员主观因素的影响。"[①]

---

① 《专利审查指南》（2010）第二部分第四章第 2.4 节。

可见,"所属领域的普通技术人员"是法律规定上拟制的人,并不是现实社会中真正普通的技术人员,是《专利审查指南》所规定的"所属领域的技术人员"的标准。还有,"等同"的改变对这些技术人员来说必须是显而易见的,否则就不是"等同"。"显而易见"则是通过常规的实验或者简单的逻辑推理等没有创造性的劳动就能同样发现。

2. 等同原则的实际界限

人们对等同原则的内在规定及其适用范围即具体内容一直在进行探索,以求得等同原则适用的合理界限。等同原则的合理化包括内涵与外延两方面。等同原则的内涵是对其适用上本质属性的限制,表现为一般情况下等同检验专利技术特征;等同原则的外延是其适用上外部范围的限制,表现为实质上是对等同原则的例外情况所做出的规定,满足这些例外情况,将不再属于等同侵权。

等同原则的内涵,是指在适用技术特征检验时,不是简单的整体技术特征,也不是一概的全面技术特征,增加技术特征或变劣专利都可能产生专利添附;而且还应当分析专利本质技术特征。同时,通过对公知技术抗辩原则、禁止反悔原则、捐献原则,以及逆等同原则分析,与公知技术等同,与权利要求的修改或者意见陈述而放弃的技术方案等同,与在说明书中记载而没有被权利要求覆盖的实施方案等同,与被控侵权物即使在权利要求的字面范围内但发生实质性的改进等同,构成了对等同原则适用的一个具体范围,即明确了等同原则的外延。反之,等同原则内容之外,不符合等同原则内涵、不属于等同原则范围,则构成专利添附。

6.2 基于许可限制的专利添附

6.2.1 许可限制的价值分析

1. 许可限制的含义

许可限制,是指专利许可限制,既包含限制性条款,即专利许可限制的规制性内容，又包括其他合法的许可限制。

所谓限制性条款，学界虽然对其有不同认识，但一般认为"限制性条款"是非法的限制。如有人认为限制性条款是指"技术的许可方凭借其在交易中的优势地位而对被许可方施加的、为法律所禁止的、造成不合理限制的合同条款或做法"。①也有学者把限制性条款定义为"知识产权出让方凭借其优势地位对知识产权受让方利用、吸收和改进技术以及销售技术产品施加的、法律所禁止的限制从而损害技术受让方利益的条款"。②总体来看，限制性条款主要是针对专利许可协议中的被许可人进行各种技术改进的不合理限制，并有可能阻碍自由竞争的条款。③专利许可限制显然并非都是此类非法的限制性条款，它还包括合法的许可限制，如专利权人有权限制许可的类型、许可的实施地域、分许可权等事项作出的限制。许可限制有专利许可限制、商标许可限制等知识产权许可限制，本书的研究限于专利许可限制。

2. 许可限制的价值

专利许可限制的价值，可从以下方面理解。

第一，专利许可限制具有法理上的正当性，是人们选择的必然。专利权是私权，允许许可方设置专利许可限制，是专利权的应有之义。一般情况下，专利权人有"拒绝给予许可"的权利。与"拒绝给予许可"相比，"给予许可的同时也给予一定限制"显然更有利于被许可人、有利于社会公共利益。因此，既然专利权人有拒绝许可的权利，那他当然就有给予许可但同时也给予限制的权利。人们如果一概认为专利许可限制是不合理的、是无效的，一概禁止专利权人设置专利许可限制，就将逼迫专利权人干脆不给予许可。因为如果给予了许可又不能对被许可方加以限制，那么专利权人的专利就很容易遭到被许可方的侵害。比如被许可方利用专利技术反过来抢占专利权人的市场。苹果购买摩托罗拉的手机专利技术进而抢夺其在智能机市场的份额，导致摩托罗拉手机最终被

---

① 蔡四青. 国际贸易与知识产权[M]. 北京：中国社会科学出版社，2007：246.
② 刘剑文. 视野下的中国知识产权制度研究[M]. 北京：人民出版社，2003：332.
③ 付永生. 专利许可限制性条款及其法律规制研究[M]. 北京：中国政法大学出版社，2010.

兼并就是此中典型案例。专利权人虽然因此获得了专利费的利益，但与失去市场的损失相比，完全得不偿失。

经济学的理性人总是偏好于更高收益的结果而不是更低收益的结果。专利权人当然愿意利用许可限制来约束被许可方，使其不能对专利技术进行改进或改进了则必须无偿无条件地回馈，以维持自己的技术优势。专利权人在自己实施专利和让他人随意实施专利之间，必然更倾向于自己实施专利，而不许可给他人。从这一意义来讲，对专利人、个案正义而言，专利许可限制具有正当性、合理性。如果不允许专利许可限制的存在，将降低专利权人给予许可的积极性，不利于专利技术的广泛实施，这样专利技术就难以转化成生产力，技术知识也难以在社会中普及，最终仍然不利于技术的发展，不利于社会公共利益。

第二，专利权具有合法的垄断性，专利许可限制是合法垄断性的延伸。一般而言，专利权人有权利用专利，建立市场进入壁垒，保持自己的垄断地位。①专利权人对专利权的客体拥有制造、销售、进口、许诺销售等专有权利，专利权的这种"专有性"为"专利许可限制"提供了存在的基础，只要不超出专利权的合理范围，专利许可限制就理应得到法律的承认和保护。

第三，通过专利许可限制，可以保护专利专有权，激发人们的创新动力。专利权人对其知识或智力成果享有独占或排他的权利，未经其许可，任何人非依法不得使用，否则构成侵权。因此权利人在专利许可时通过限定专利权被行使的方式、区域、期限、分许可权等，来实现专利专有权，保证其合法利益不受侵害。专利许可限制不仅不会当然地阻碍技术进步，反而更能促进人们积极地进行发明创新活动。

第四，专利许可限制是一种当事人意思自治的行为。合同条款是合同内容的固定化和表现，是确定合同当事人权利义务的依据。②人们可以依照自己意志去创设权利义务，当事人的意志不仅是权利义务的渊源，而且是其发生的根据。③因此，专利许可限制在意思表示一致的基础上

---

① 赵耀，吴玉岭. 专利滥用的博弈分析[J]. 统计与决策，2009（24）：62.
② 王利明. 合同法研究北京[M]. 北京：中国人民大学出版社，2002：347.
③ 尹田. 法国现代合同法[M]. 北京：法律出版社，1995：13.

具有合同法上的正当性。在专利许可协议中，约定双方权利义务的专利许可限制本质上是一种合同条款、意思自治，无可厚非。

当然，一方面，专利许可合同中双方的地位实际上通常是不平等的，专利许可方因拥有专有权往往更加强势，使得其设置的限制性条款并不公平合理，所以对专利许可方应当进行必要的规制。另一方面，专利许可合同的签订，对技术提供方而言不仅仅是专利技术的传播，更是培育了一批潜在的竞争对手。因此，技术转让的合同双方既有"合作和利益与共的关系，又有潜在的利益冲突。为了保护自己的利益，一方必然向另一方施加限制"①。比如专利权人可以限制专利的实施地区，防止被许可方的专利产品平行进口至许可方的市场，等等。所以说，专利许可限制实际上是专利权人利用许可合同约束被许可方从而实现自己对专利技术的专有权。两者是既竞争又合作，既保护又限制的关系。

3. 许可限制的规制

专利许可限制不仅具有正当性、合理性，而且还是专利权内在的延伸，有利于保护专利权促进技术创新，是专利许可各方的意思自治。但是，专利权人如果滥用依据专利法被授予的合法垄断权，必然会对社会公共利益造成损害，背离专利制度的价值目标。②其中，最典型的便是专利权人滥用专利许可限制，利用自己相对被许可人的优势地位，在许可合同中设置不公平的对专利技术进行改进的条款。

专利权人对专利许可限制的滥用，超出专利权保护范围的合理界限，将一些并非侵害专利权的行为也纳入了权利要求的范围，设置对专利技术进行改进的不合理限制条款时，不仅损害被许可人的权益，可能变为专利许可方攫取对方合法利益的武器，甚至还会扼杀技术进步的空间，侵害社会公共利益。尤其是，被许可方急需引进专利技术时通常处于极大的劣势地位，对许可方不合理的限制性条款常常无可奈何，严重阻碍了技术进步。为此，法律必须对专利限制进行必要的规制，既允许专利许可中有必要的许可限制，保护专利权人专利权的实现，同时又对专利

---

① 李咏箑. 论技术许可中反竞争行为的控制[M]. 北京：对外经济贸易大学出版社，2001.
② 严业福. 专利权滥用问题研究[D]. 济南：山东大学，2005：28.

许可限制进行适当限制，保障被许可人、第三人对许可专利技术的改进利益，促进技术不断发展，实现专利权人利益与被许可人、第三人权益以及社会公共利益的平衡。

6.2.2 许可限制的法律规制

关于专利许可限制的规制，我国《合同法》《技术进出口管理条例》及相关司法解释有相应规定。同时，专利许可限制是指现行有关专利许可中的非法限制性规定，即限制性条款，不允许专利权人通过限制性条款来约束被许可方的专利改进行为，否则按无效条款处理。另外，我国立法目前并没有"专利添附"的概念，而是用"后续技术改进""技术改进"等概念笼统规定之。

我国有关法律法规对专利许可限制的规制主要包括以下内容。[①]

6.2.2.1 不得限制进行专利改进

《合同法》中"限制当事人一方在合同标的技术基础上进行新的研究开发"，主要包含了：第一，双方当事人都不得限制对方，也不得限制自己对合同标的技术进行改进，如果被许可方限制许可方进行改进，同样也是无效的限制条款；第二，对合同标的技术的新的研究开发，不仅是传统意义上的"形成成果"的改进，还包括标的技术新方法、新材料、

---

① 《中华人民共和国合同法》第三百二十九条规定："非法垄断技术、妨碍技术进步或者侵害他人技术成果的技术合同无效。"
2005年颁布的《最高人民法院关于审理技术合同纠纷案件适用法律若干问题的解释》第十条规定："下列情形，属于合同法第三百二十九条所称的'非法垄断技术、妨碍技术进步'：（一）限制当事人一方在合同标的技术基础上进行新的研究开发或者限制其使用所改进的技术，或者双方交换改进技术的条件不对等，包括要求一方将其自行改进的技术无偿提供给对方、非互惠性转让给对方、无偿独占或者共享该改进技术的知识产权；（二）限制当事人一方从其他来源获得与技术提供方类似技术或者与其竞争的技术；（三）阻碍当事人一方根据市场需求，按照合理方式充分实施合同标的技术，包括明显不合理地限制技术接受方实施合同标的技术生产产品或者提供服务的数量、品种、价格、销售渠道和出口市场；（四）要求技术接受方接受并非实施技术必不可少的附带条件，包括购买非必需的技术、原材料、产品、设备、服务以及接收非必需的人员等；（五）不合理地限制技术接受方购买原材料、零部件、产品或者设备等的渠道或者来源；（六）禁止技术接受方对合同标的技术知识产权的有效性提出异议或者对提出异议附加条件。"

新工艺、新领域等研究,不仅是研究还包括市场开发,从而促进成果的实施。

同时,《合同法》还进一步规定,技术转让合同可以约定转让人和受让人实施专利或者使用技术秘密的范围,但不得限制技术竞争和技术发展。最高人民法院则明确"实施专利或者使用技术秘密的范围",包括实施专利或者使用技术秘密的期限、地域、方式以及接触技术秘密的人员等。当事人对实施专利或者使用技术秘密的期限没有约定或者约定不明确的,受让人实施专利或者使用技术秘密不受期限限制。①

6.2.2.2 不得约定改进成果的非法归属

合同法中"双方交换改进技术的条件不对等,包括要求一方将其自行改进的技术无偿提供给对方、非互惠性转让给对方、无偿独占或者共享该改进技术的知识产权",表明只是允许当事人对合同标的技术进行改进还不够,在改进形成新的技术成果后,当事人还必须要对此成果的归属进行公平对等的约定,通过保障其合法权益促进改进人不断改进技术。改进成果的归属包括改进成果的确权和利益分享。改进成果应当由改进人享有;同时,一方应当将其自行改进的技术有偿提供给对方、互惠性转让给对方、有偿独占或者共享该改进技术。

要特别提出的是,2001 年,国务院颁布的《技术进出口管理条例》第二十七条规定:"在技术进口合同有效期内,改进技术的成果属于改进方。"该规定与合同法相关规定不相一致。《合同法》第三百五十五条明确规定了:法律、行政法规对技术进出口合同或者专利、专利申请合同另有规定的,依照其规定。也就是说,《技术进出口管理条例》的该项内容属于是行政法规的"另有规定",国际专利许可合同、技术进出口合同

---

① 《中华人民共和国合同法》第三百四十三条规定:"技术转让合同可以约定转让人和受让人实施专利或者使用技术秘密的范围,但不得限制技术竞争和技术发展。" 2004 年颁布的《最高人民法院关于审理技术合同纠纷案件适用法律若干问题的解释》对此进行了进一步阐释,其中第二十八条规定:"合同法第三百四十三条所称'实施专利或者使用技术秘密的范围',包括实施专利或者使用技术秘密的期限、地域、方式以及接触技术秘密的人员等。当事人对实施专利或者使用技术秘密的期限没有约定或者约定不明确的,受让人实施专利或者使用技术秘密不受期限限制。"

适用《技术进出口管理条例》的规定,引进技术的改进成果一律归于改进方所有。

6.2.2.3 不得限制改进成果的使用

"限制当事人一方在合同标的技术基础上进行新的研究开发或者限制其使用所改进的技术",其中,不得"限制其使用所改进的技术",形成成果后的"改进成果",双方都不得限制自己或者限制对方使用这项改进技术,即保证该项改进成果能够得到实施。2001 年,国务院颁布的《技术进出口管理条例》第二十九条第三款对专利许可此类限制性条款进行了专门规定:不得限制受让人改进让与人提供的技术或者限制受让人使用所改进的技术。

同时,相关法律法规还规定了专利许可限制条款:(1)不得非法垄断技术,如限制当事人一方从其他来源获得与技术提供方类似技术或者与其竞争的技术;或禁止技术接受方对合同标的技术知识产权的有效性提出异议或者对提出异议附加条件。(2)不得进行权利滥用,如阻碍当事人一方根据市场需求,按照合理方式充分实施合同标的技术,包括明显不合理地限制技术接受方实施合同标的技术生产产品或者提供服务的数量、品种、价格、销售渠道和出口市场;或者要求技术接受方接受并非实施技术必不可少的附带条件,包括购买非必需的技术、原材料、产品、设备、服务以及接收非必需的人员等;或者不合理地限制技术接受方购买原材料、零部件、产品或者设备等的渠道或者来源。

6.2.3 现有法律规制的局限

6.2.3.1 合同主体的本位局限

专利改进既涉及专利许可的许可方(专利权人)与被许可人(专利改进人)的主体间利益平衡,还攸关技术进步、公众享受技术进步成果,涉及当事人与社会公共利益的平衡。注重保护专利添附人,并不就等于促进了技术进步,在专利及其改进中,原专利人和专利改进(添附)人都有智力投入,既应保护原专利人的专有权以促进技术原始创新,同样还应当保护专利改进人改进成果的权益以促进技术持续创新。其中，原专利人专有权与技术改进的社会价值是有一定冲突的，或者说保护原专利权人专有权对技术进步的作用是一种间接的作用，而保证专利改进人的权益能够直接推动技术进步。这便需要进行利益平衡，即既要尊重专利改进人的劳动成果，肯定其对技术改进的权益，又应当保证原专利权人在其合法范围内的利益不会受到损害，使专利改进人和原专利权人能够同时发挥自身的经济效用、社会价值，最终更有效地推动技术进步。

但是，当事人约定归属不可能以"促进技术进步"为宗旨。作为市场主体，为追求无止境的个体利益，满足没有尽头的财富欲望，他们会不择手段，忽视经济的外部性影响。①合同约定是当事人的博弈，是双方追求个人利益最大化的手段，是私权行为、主体意思自治的结果，不可能以促进社会技术进步——社会本位为宗旨而协商，所以通过约定方式来确定归属，难以保障旨在促进技术的实施和进步。当事人约定只能在个案层面产生公平、合理作用，所以当事人即便能达成约定，也不能完全依赖约定的方式去解决技术改进、专利添附的所有问题。因此，需要有一套以促进社会技术进步为宗旨的法律制度来约束、规制许可合同主体，克服许可合同的主体局限，以保障技术许可中改进成果归属有利于促进技术改进、专利添附。

6.2.3.2 改进成果归属的局限

1. 约定优先，约定不成由改进方享有

《合同法》技术合同专章中规定了改进成果的归属方法，其中第三百五十四条规定："当事人可以按照互利的原则，在技术转让合同中约定实施专利、使用技术秘密后续改进的技术成果的分享办法。没有约定或者约定不明确，依照本法第六十一条的规定仍不能确定的，一方后续改进的技术成果，其他各方无权分享。"

按照该第三百五十四条的规定，专利许可合同中的后续改进成果即专利添附的归属主要是按照以下四个步骤进行：第一，事前约定优先。

---

① 马忠法. 论经济全球化下的国际技术转让法律协调制度[D]. 上海：复旦大学，2005.

专利许可人和被许可人双方可以在专利许可合同中对改进成果的归属进行约定，如果双方进行了约定且约定明确，按照当事人之间的约定处理，这也是合同意思自治原则的体现。需要强调的是约定必须遵照平等互利的原则。比如说专利许可合同中不得约定被许可人必须将改进成果无偿回授给许可人，不得约定被许可人不得使用改进后的技术，如果约定了交叉许可的也必须是互惠性的，等等。第二，补充协议约定。如果当事人双方没有对改进成果的归属做出约定，或者约定不明确，按照《合同法》第六十一条的规定，双方可以在事后进行补充协议。第三，按交易习惯确定。这也是《合同法》第六十一条的规定，如果双方在事后补充协议不成，则可以按交易习惯确定。第四，改进方所有。当没有约定或约定不明，事后协议不成，又不能按照交易习惯进行确定的，合同法规定改进成果归属改进方，并且其他各方均无权分享。

《合同法》的这一条规定比较明显地考虑了我国社会技术发展的现实与需求。之所以要求双方事先约定必须遵守平等互利原则，主要是为了保护通常处于弱势的被许可方，避免技术许可方凭借优势地位攫取被许可方的改进成果。同时，在之后的法定归属中，将改进成果规定归属改进方所有。最后，还特别明确了其他各方没有分享改进成果的权利。这样的规定虽然保护了专利添附人的权益，明确了改进成果的权属，符合我国以前以及现阶段国情，有利于我国社会经济技术的发展，但是如果从未来发展与个案正义来看，明显存在不足，具体包括以下几点：

第一，条款立法精神前后并不一致，平等互利原则应当既适用约定也适用法定情形。条款约定与法定归属都是为了保护技术改进方专利添附人的利益，但是在适用平等互利原则的问题上，却前后不一。《合同法》第三百五十四条规定要求双方约定须遵守平等互利原则，表明当事人就改进成果而产生的利益冲突也应当遵守平等互利原则。平等互利原则的目的在于通过保护技术改进的被许可方利益以实现技术进步，但是这并不代表许可方的权利就可以被忽视。所谓的"平等互利"原则就是双方的合法利益都要得到重视和保证。比如说在专利许可中，当改进成果的实施必须依赖原专利技术时，原专利权人应当得到合理补偿，这才是平等、互利和公平的价值体现。但是，该条规定的"其他各方无权分享"

走向了极端，这显然是不合理的。原专利人在其专利技术研发时，同样投入了大量的智力劳动以及物力财力，原专利技术同时也是改进技术成果的基础，改进成果中同样包含了原专利人的投入。改进成果权益特别是在原专利许可的其他领域且依赖原专利的实施，如果原专利人没有任何权益分享，或者说不考虑原专利人的利益，显然是忽视了原专利权人的劳动投入，原专利权人也有权禁止改进成果实施时依赖实施其专利技术。即便合同法出于我国国情的需要，将许可合同中的被许可方作为弱势一方给予倾斜保护，也应当考虑原专利权人的利益分享。合同法在约定的归属部分已经考虑到了双方的利益需要平衡，用平等互利原则来阻止一方企图侵占另一方技术成果的行为，那么在法定部分也同样应当体现出这一立法精神。合同各方都应当按照各自贡献大小分享改进成果的收益。

第二，"其他各方无权分享"过于简单，没有明确是无权分享所有权还是使用权、收益权。法律之所以要强行规定其他各方无权分享改进成果，本意是防止其他各方无偿享有改进成果。分享的含义并不当然等于无偿分享，分享的方式可以是多种多样的，内容也是丰富的，可以采用经济补偿的方式来平衡双方的利益，这种方式既不会让被许可方的改进成果受到侵占，也能够让许可方的合法利益得到保障，还可以让新技术新成果更快更广泛地惠及社会。

第三，该条规定与专利法相关规定出现了冲突。专利法与合同法是专门法与特别法的关系，并不存在竞合。合同法该条规定排除了原专利权人的法定双向交叉许可使用权以及有偿交叉许可使用权。许可合同技术改进出现专利法上依赖性专利，应当优先适用专利法。该条规定便与专利法相关规定出现了明显的不一致。根据专利法的规定，改进成果如果具有重大进步和显著经济意义则可申请交叉依赖许可，进行有条件的分享。

2. 改进方享有国际许可中的改进成果

我国《技术进出口管理条例》规定：在技术进口合同有效期内，改进技术的成果属于改进方。同时，合同法明确法律、行政法规对技术进出口合同或者专利、专利申请合同另有规定的,依照其规定。①相比《合同法》的第三百五十四条,《技术进口管理条例》取消了事先约定的规定、也取消了可能的补充协议、交易习惯,直接规定了技术进口合同有效期内,改进成果归改进方所有。要说明的是,这里直接规定了技术合同有效期内,改进成果归改进方所有,仅仅限于进口技术合同。显然,这一规定与我国技术发展水平及其发展阶段相适应。我国目前技术转让市场还是卖方市场,尽管我国已不完全是一个技术引进大国,但不可否认在今后一段时间内我国仍旧会扮演着技术受让方的角色。②

但是,技术合同人为地分割为"国内"和"涉外"两个部分,这不仅在许多方面不符合国际规则,而且给中国企业或个人从事技术转让活动带来了一些不必要的麻烦。③同时,经过这么多年的发展,我国已经从一个纯粹的技术输入国,向技术输入与技术输出平衡的方向发展。④越来越多的我国企业成为技术转让方,将走出国门,如华为5G技术、高铁的很多技术。因此在限制性条款立法的价值取向上要更加理性,应当将关注的重点从注重保护国内企业作为技术受让方的经济利益,转向促进技术贸易发展、加强对技术的吸收与创新上,⑤乃至更加有利于我国企业走出国门。

3. 技术合同无效时以改进方享有为原则

在《技术进出口管理条例》颁布以后,最高人民法院根据其立法精神,于2001年出台了《全国法院知识产权审判工作会议关于审理技术合

---

① 《中华人民共和国技术进出口管理条例》第二十七条规定:"在技术进口合同有效期内,改进技术的成果属于改进方。"《中华人民共和国合同法》第三百五十五条中进行了明确规定:"法律、行政法规对技术进出口合同或者专利、专利申请合同另有规定的,依照其规定。"
② 王高平. 国际技术转让中的回授条款法律问题研究[D]. 上海:复旦大学,2011.
③ 李明德. 中国技术进出口制度的新发展[A]. http://www.iolaw.org.cn/showarticle.asp?id=168.
④ 20世纪70年代技术出口额很小,每年合同总成交金额约1000万美元左右,后来技术出口额逐年增加,1991年达12.8亿美元,1994年达16亿美元。2002年企业输出技术交易额达到44亿美元。2004年企业共签订技术输出合同8.9万项,比2003年增长了21.8%,实现合同交易额94亿美元,比上年增长了45.4%。温丽琴. 我国技术出口的现状及发展战略[J]. 经济问题,2007(4):118.
⑤ 杨晓东. 关于我国技术转让中限制性条款的法律问题研究[D]. 苏州:苏州大学,2008.

同纠纷案件若干问题的纪要》(以下简称《技术合同会议纪要》),并在第十九条规定:"技术合同无效或者被撤销后,因履行合同所完成的新的技术成果或者在他人技术成果的基础上完成的后续改进部分的技术成果的权利归属和利益分享,当事人不能重新协议确定的,由完成技术成果的一方当事人享有。"由此可见,此条司法解释强调了技术合同无效时的处理方式,与《合同法》第三百五十四条的规定相同。

但是,正如上文中提及的,有关技术合同的规定过于极端,甚至与专利法产生了不一致的规定,《技术合同会议纪要》公布仅3年以后,司法部门就意识到了其中的问题,法院难以在合同法和专利法的冲突之间适用法律。为此,2004年最高人民法院在《关于审理技术合同纠纷案件适用法律若干问题的解释》(以下简称《技术合同解释》)第十一条规定对《技术合同会议纪要》进行了修改,规定为:技术合同无效或者被撤销后,因履行合同所完成新的技术成果或者在他人技术成果基础上完成后续改进技术成果的权利归属和利益分享,当事人不能重新协议确定的,人民法院"可以"判决由完成技术成果的一方享有。比对新旧解释,可以发现,《技术合同解释》在改进成果的归属问题上有所软化,当限制改进的条款被确认为无效后,将改进成果"(一律)归于"改进方享有,改为"可以"归于改进方享有,这就意味着司法裁判中只是以保护改进方为原则,同时也允许例外情况的存在,这种改变显然也证明了在技术改进,包括专利添附的问题中,也应当考虑原专利人、原技术人的利益,根据个案的不同采取更加灵活的解决方式。

然而,此处的修改也可以说对《合同法》第三百五十四条意义不大,《技术合同解释》的规定中的前提条件须是"合同无效或者被撤销后",此时才"可以"由改进方享有。即只有在专利许可合同中对改进行为的限制条款被确认无效或者被撤销后,对改进成果的权属争议才能适用《技术合同解释》第十一条——"可以"由改进方享有。那么如果双方没有事先约定,或者事先约定不明的话,那就还要按照《合同法》第三百五十四条的规定来处理,那么此时,改进成果又是(一律)归于改进方,而且其他各方无权分享了。

有趣的是，在这样的法律框架之下出现了一种奇怪现象：在专利许可合同中，如果许可人严格遵守法律规定，不给被许可人施加限制条款，那么此时出现的改进成果将会"一律"归属于改进方。相反，如果许可人无视法律规定，积极地给被许可人施加限制，设置不合理的限制性条款，那么这种限制将被认定为无效，此时改进成果则是"可以"归属于改进方，当然也可以归属被改进方即许可人。许可人若"守法"将完全不可能获得改进成果，"违法"却反而还有了获取成果的可能。这显然不合理，表明我们在专利改进方面的立法还有待进一步协调、完善。

4. 改进成果不限于从属专利

专利改进成果与原专利之间的关系有多种情况：有的达到了专利标准，有的没有达到。达到专利标准的，也可分为几种情形：（1）新专利是独立专利，实施不依赖原专利。（2）新专利是独立专利，可以独立实施，甚至可用于其他领域，但是依赖性实施效果显著。（3）新专利包含了原专利所有技术特征，实施有赖于原专利，经济意义显著、技术进步重大。（4）新专利有赖于原专利技术的实施，虽没有显著的经济意义和重大的技术进步，却也有一定的经济、技术价值。

显然，《专利法》第五十一条的法定交叉许可又称依赖实施情形，即从属专利仅属于第三种情形，只解决了专利改进后众多可能结果中的一种，因此，现有法律规定不能圆满地解决专利改进或专利添附问题。

6.2.3.3　合同责任形式的局限

专利许可限制无效后，专利改进成果归属按照合同无效的规则来处理，合同无效后的几种责任形式并不能有效解决专利改进问题。下面参见《合同法》第五十八条、五十九条的规定[①]，对合同无效后责任形式下专利添附的可能问题逐一分析。

---

① 第五十八条合同无效或者被撤销后，因该合同取得的财产，应当予以返还；不能返还或者没有必要返还的，应当折价补偿。有过错的一方应当赔偿对方因此所受到的损失，双方都有过错的，应当各自承担相应的责任。
第五十九条当事人恶意串通，损害国家、集体或者第三人利益的，因此取得的财产收归国家所有或者返还集体、第三人。

（1）返还财产。

返还财产是指合同被确认无效或者被撤销以后，当事人依据合同取得的财产应当返还归对方。由于合同无效或者被撤销后，双方当事人之间就没有任何合同关系存在，通过返还财产使得双方当事人的财产状况恢复到合同尚未订立时的状态。返还财产又分为单方返还和双方返还两种形式，前者是指当事人一方履行了合同而对方未履行，未履行的一方应将取得的财产返还归对方的情况；后者是指双方都履行了合同，应当分别返还的情况。对于单方返还而言，之前已交付的是货币就应当返还货币，是财物就应该返还财物；对于双方返还而言，亦是如此，但如果双方当事人故意违法，则之前交付的财产都要上缴国库。

由此看来，合同无效后责任中的返还财产，只能是能够返还和有必要返还的财产，在现实中，这类财产肯定只能是物，不可能是技术秘密、专利技术这些智慧成果、无形资产，因此在专利许可限制条款无效或被撤销以后，专利改进人所获得的改进成果是不可能返还给原专利人的。首先，改进成果并非是原专利人交付给专利改进人的，而是专利改进人通过自己的劳动获得，因此专利改进人取得改进成果是不用返还的。其次，制定专利许可限制条款，肯定是原专利人的意图，也就是说，在专利许可限制因为不合法而无效的过错在于原专利人，专利改进人一般来说是没有过错的。那么从法理上来讲，合同无效中的过错方，也是没有请求返还财产的权利的。再次，这部分财产如果因违法必须上缴国库，显然专利改进人也不用返还财产给原专利人，且原专利技术也不能因为不合法限制和被改进这两个事实就上缴国家所有。可见，返还财产并不适合解决专利改进的纠纷。

（2）折价补偿。

折价补偿是指在合同无效后，受害人的财产不能或者没有必要返还时，对其损失财产的价值进行折算后，以金钱的方式对受害人进行补偿。"所谓不能返还，包括法律上的不能和事实上的不能。法律上不能系基于法律禁止性规定，返还财产为不可能；事实上不能，是指原物已灭失而事实上无法返还。"[1]

---

[1] 李仁玉，等. 合同效力研究[M]. 北京：北京大学出版社，2006：262.

折价补偿的方式能够在一定程度上解决专利改进纠纷。为了促进社会进步，保护专利改进人，可以鼓励人们对技术不断改进，其中包括鼓励人们对技术改进不断投入物力、财力，因此不能一概把改进成果归属于原专利人或改进人。那么这样一来，原专利人或被许可人的利益都可能会受到损失，因此折价补偿的方式实际上就是通过经济补偿来弥补一方的损失。其中，专利改进人取得享有改进成果的权利，同时给予原专利人一定的经济补偿。这样既能鼓励人们不断改进创新，又能让首创新者不担心自己的技术因为被改进而丧失价值。因此折价补偿是一种较为有效的解决专利改进问题的方式。

折价补偿本质上是物物交换下的一种平衡机制，对于无形的专利技术来说，折价补偿虽然能发挥一定作用，但并不能充分地平衡当事人的利益，一项专利技术的价值涉及该行业的技术环境、发展前景，很难用一次性折价的方式来量化，为此，相互许可方式则是原专利及改进技术不仅能够实施而且价值得到平衡的特有方式。比如《专利法》第五十一条的"交叉许可"就是这样一种制度，并不局限于经济上的折价补偿，而是通过互相将技术许可给对方，通过实施来达到充分平衡双方利益的目的。

（3）赔偿损失。

合同无效后损害赔偿一般要求：有损害事实发生；导致合同无效的行为方具有主观过错；该过错行为与损害事实之间存在因果关系。如果双方都对合同无效有过错，那么双方应当按照其各自过错的程度来分担损失。在划定责任分担时，应考虑过错在合同无效中所发挥的作用，即该过错是合同无效的主要原因还是次要原因；还应当考虑过错人的主观恶性，即该过错是故意还是重大过失、一般过失。

合同无效后的损害赔偿并不同于侵权损害赔偿，因为民法对合同无效的处理是以恢复原状为原则，而且在合同无效后的损害赔偿中，通说认为此种赔偿责任系缔约过失责任，乃基于信赖利益损害产生且赔偿不得超过履行利益。[①]

---

① 王利明. 合同法研究（第一卷）[M]. 北京：中国人民大学出版社，2002：723-724.

合同损害赔偿损失，根据前文分析如果主要是合同无效后因专利改进受到损失，并非产生于合同无效；同时，专利改进人对专利许可限制条款的无效并不具有任何过错。这就表明：专利权人虽然对合同无效存在过错，但这一过错并未带来损失；专利改进人的改进行为虽然给原专利权人造成了损失，但专利改进人与合同无效并无关联。所以说，合同无效与专利改进没有关联性，原专利权人不可能根据合同无效后的责任来请求专利改进人进行适当补偿。

（4）非民事性后果。

合同被确认无效或被撤销后，除发生返还财产、赔偿损失等民事性法律后果外，在特殊情况下还发生非民事性后果。《合同法》第五十九条具体规定了合同当事人恶意串通，损害国家、集体或者第三人利益的，发生追缴财产的法律后果，即将当事人恶意串通损害国家、集体或者第三人利益所取得的财产追缴回来，收归国家或返还给受损失的集体、第三人。学界传统观点认为，追缴财产是一种行政法乃至刑法上的制裁措施，非民法上的法律后果。[1]依《民法通则若干问题的意见》中对《民法通则》第六十一条第二款"追缴双方取得的财产"的解释，应追缴财产包括双方当事人已经取得的财产和约定取得的财产，体现了法律对行为人故意违反法律的禁止性规范的惩戒。[2]

这种双方恶意串通损害社会公共利益的现象，在专利许可限制下的专利改进中一般是不存在的，被许可方为了损害国家利益而无偿将改进成果让与许可方，这显然不符合逻辑，这种被许可方甘愿受损同时这一损失又会造成社会利益受损的情形只可能发生在国际许可中，即外国企业凭借自己的优势地位来强迫国内企业让出自己的改进成果，这显然不是恶意串通，而是胁迫行为。因此，这一责任形式也不适用专利改进。

综上可见，现有法律是通过"约定方式"和"合同无效后责任"两种方式来处理改进纠纷。之所以这样规定，实在是因为在专利改进问题上，不适用违约责任制度，否则违约责任和专利改进会形成对抗。为此，

---

[1] 王家福.中国民法学民法债权[M].北京：法律出版社，1991：341.
[2] 王家福.中国民法学民法债权[M].北京：法律出版社，1991：340.

合同法规定限制专利改进行为的条款一律无效,之所以要一概把这类许可限制规定为无效,就是因为这个问题不能简单用违约责任制度来调整。

试想,如果允许专利权人在许可中限制专利改进行为(不准进行技术改进),那么此时改进人若实施了改进行为,就要承担违约责任。在违约责任的调整机制下,改进人要赔偿自己违约而对原专利人所造成的损失。那么一旦如此,改进人的劳动付出将得不到任何补偿,不仅改进成果要归属于原专利权人,而且因违约而造成的损失也要由改进人承担。这样的结果显然是非常不公平的,完全与应然状态不一致,而且严重阻碍了技术的发展和进步。正因为如此,在物权添附中,添附人实际上就是用添附规则来抗辩合同相对人所提起的合同之债请求权。

可见,合同约定方式具有很大的局限性,当事人约定很难以促进技术进步为目标,难以保障社会公共利益的实现;合同无效后的责任承担中,只有折价补偿可以对解决专利改进纠纷起到一定的作用,相互许可是专利改进纠纷解决的特殊方式。另外,专利改进中可能出现"等同侵权"等,专利改进成果的利益分享,还与改进成果的创新程度、经济意义等有重要关系。因此专利改进涉及面很广,合同制度的框架不可能完全解决专利改进纠纷。这也进一步证明专利添附制度是与合同制度平行的另一制度。

6.3 专利添附规则

一般地说,一项法律制度构成要件的设计,取决于该项法律制度的功能。动产添附的功能不仅仅在于定纷止争,更在于物发生结合以后维护物的社会经济价值。专利添附的功能除具有动产添附的功能外,更在于促进专利添附人在原专利基础上进行新的智力投入,保护新的技术成果并促进其实施,促进技术持续创新和人类社会进步。

专利添附需要构建专门的制度。专利添附制度需要借鉴国外添附制度经验,吸收物权添附养分,衔接等同侵权,处理好与专利许可限制的关系；设置好专利添附归属、依赖性实施及其利益分享问题，需要更有针对性、更专门化的系统制度安排，实现制度功能。

构建专门的专利添附制度，应以促进技术持续进步为宗旨，以公正公平为原则，以利益平衡为目标，确定添附成果的归属，通过相互许可分享权益，公平、合理和有效地处理各类添附纠纷，真正促进技术持续进步与高效实施。

6.3.1 专利添附的法律构成

专利添附，是指对原专利进行改进并形成新成果的行为，是一种有成效的科学研究过程。原专利之上改进成果的归属、使用与收益分享的规则便是专利添附制度。因此，专利添附是一种行为、过程，是一项技术改进的成果，也是一项制度规则。

1. 专利添附人原则上与原专利人不是同一人

专利添附人进行添附的现有专利一般属于非专利添附人。这也似乎是不言自明的要件，如果专利添附人是对自己的专利技术进行改进创新，不仅改进成果权自然归于专利权人，新成果的使用及其效益分享也不存在障碍。但是，共有专利虽可能是部分共有人为之，也构成专利添附。

2. 专利添附必须是"新物"

专利添附是"新的技术成果""改进成果""新成果"，即"新物"。专利添附成果比较原有专利有实质的技术提升，不能简单地落入原专利的保护范围，更不是一种简单的变劣行为。如果一项技术改进，简单地落入了原专利的权利要求范围，且无专门的生产、市场价值或社会公共利益，则构成专利侵权；反之，虽然落入了原专利的权利要求范围，但有专门的生产、市场价值或社会公共利益，或与原专利相比有实质性的改进（逆等同原则项下的创造），则形成专利添附。相同或等同侵权，原专利被使用又无专门的生产、市场价值或社会公共利益，即构成有价值的物、交易物，则构成侵权。反之，则成立专利添附。由此，可以推理出，等同侵权的空间决定了专利添附的空间，此消彼长。也可以说，只要科学合理地界定了等同侵权的范围，专利添附的范围也便得到了确定。等同原则发展至今，不断趋于合理，既有原则本身的内涵限制，包括检验对象和检验方法的限制，也有原则外延的限制，包括禁止反悔原则、公知技术抗辩原则、捐献原则、可预见原则和逆等同原则的限制。几项外延限制原则中，与专利添附联系最紧密的原则是逆等同原则，逆等同原则源于美国判例，是被告针对等同侵权指控初步成立后的抗辩手段。当原告通过举证，证明被控侵权物落入权利要求的字面范围、相同侵权成立的情况下，被告也可以通过举证来证明其产品或方法在原理上与发明存在实质性的区别，已经以实质不同的方式实现了发明的功能，从而诉诸逆等同原则来推翻原告的侵权指控。专利添附人对现有专利进行新的智力投入，这种智力投入之上形成的专利添附成果相比现有的专利技术是一种进步，有专门的生产、市场价值或社会公共利益，而不是一种简单的变劣行为，这也符合专利权标准的实用性。

不同国家对"新物"有不同规定，罗马法规定"[所有者]不得触动或取去[属于他的]，而被[他人]用作建筑房屋或培植葡萄园用的木料[或木柱]"，法国法规定"但非经毁损不能分离或虽能分离但耗费过大"，以及德国法则是"不毁坏或在本质上改变其中一个成分或另一个成分就不能互相加以分离的，不得为特别权利的客体"，日本法强调"附合致非毁损不能分离时？……因分离需要过巨费用时"，英美法主张"可以被人拥有""可以交易的"。其本质在于：附合不能分离、分离（改变或恢复）损失更大，混合不能识别，加工则成为"新的价值更高的物"时，即"成一整体""特殊权利的客体"发生添附，结合技术特征，专利法上的"新物"应当具有自身特点。

改进技术必须存在技术进步。判断一项改进是否能够作为专利添附而适用专利添附规则，首先应该考察这项成果有无技术进步、技术成果有多大程度的进步。如果这项成果没有技术进步，仅是形式上的改进，实质上是抄袭，构成字面侵权及或等同侵权，专利侵权判定中必须合理、科学地适用等同原则，使专利权的保护范围被限定在合理公平的范围内，使侵权由侵权制度去调整。技术进步程度的简单判断便是申请并获得了专利，但现实中大量技术成果申请未获得专利或未申请专利，有待进一步思考。

关于申请未获得专利或未申请专利的新成果是否存在进步足以构成添附，在国外法有关添附归属的规制中有很多研究成果值得借鉴。罗马法添附理论一是比较添附前后的价值大小，二是考察添附后新物的经济价值。法国法"主要部分"的标准是：（1）一物附合于另一物，仅仅是为使用、装饰或补充另一物时，该另一物视为主要部分；（2）两物附合形成一个整体，无法区分主从时，其中价值较高之物视为主物；（3）两物的价值大致相同时，体积较大之物视为主物。德国法则明确是"主要成分"，不能是"表见成分"，即（1）将物分离时必然导致一个或另一个成分的毁坏；（2）将物分离时必然导致在本质上改变其中一个或另一个成分，构成"重要成分"。"仅为临时的目的"[①]或"行使他人土地上的权利"，这些附合物虽然表面上看是重要成分，实则却是"表见成分"，等等。由此可见，结合专利添附的技术特征、技术进步程度的判断：一是需要明确技术改进的目的，不能是临时的。如临时通过中国领陆、领水、领空的外国运输工具等，也不是为提供行政审批所需要的信息，制造、使用、进口专利药品或者专利医疗器械的，以及专门为其制造、进口专利药品或者专利医疗器械的。二是应当分析技术改进在原专利实施中的作用，不能仅仅"为使用、装饰或补充另一物"。当然这里需要作具体分析，有的原专利技术还不能产品化、市场化，有的还需要本地化，这样的技术改进是添附，但显然不是主物。可以许可改进方使用但应当向原专利权人支付费用；还可以倒过来，许可原专利其他被许可人有偿使用新成果而不被禁令。三是要进行改进成果与原专利价值大小的比较。国外法有不同标准，法国法要求"远远超过"，日本法规定"显著超过"，德国法则强调"不显著小于"，涉及在不同国家不同发展阶段根据其技术发展水平应当有所区别。鉴于专利制度目的在于鼓励技术进步量的积累，改进成果的价值应当是"不显著小于"即可。

另外，改进成果虽构成独特侵权但是能够证明属于以下情况的，也

[①] 陈卫佐. 德国民法典[M]. 北京：法律出版社，2010：32.

属于形成了"新物",是专利添附:

第一,社会公共利益显著。改进成果虽属于等同侵权,证明也不是实施的主物,但是社会公共利益显著,其实施可以不适用禁令。如美国Z4Technologies, Inc. 诉 Microsoft Corp.案,法院以"产品激活是微软产品很小组成部分"并且"软件侵权激活部分不可能是用户购买产品核心功能"为由驳回了原告申请禁令的请求。专利保护让人们能够接触、享有新技术及其所带来的惠益,对个人的关注开始让位于对社会的关注是社会发展的重要趋势,相对于过去而言更加关注社会公共利益。

第二,社会经济价值显著。法定交叉许可(法定依赖专利)情形只是其中之一,还有非重大的技术进步但有显著的社会经济价值情形,如前述产品化、市场化以及本地化的需要,一项专利技术可能因为产品化、市场化以及本地化能带来显著的社会经济价值,为了促进技术的实施,为了给人们带来福利,应当通过添附规则予以鼓励支持。

3. 专利添附与原专利的实施依赖性

实施依赖性是指专利添附的实施依赖原专利,即专利添附成果不能"分离"。这里所说的不能"分离"不是物理上的不能分离,因为专利技术都是由一些信息组成的,所以专利拆分不可能出现如动产添附中的拆分所费甚巨的情况。这里的不能"分离"有多层含义:(1)是必须不能拆分。如解决治疗癌症药物毒性的专利技术,离开了原癌症药物的专利不能实施;原癌症药物的专利离开了解决毒性技术的专利同样不能实施。(2)可以拆分担拆分会使成本、效能和质量等下降。如新的灯丝专利技术可以延长其理论寿命,但需要高效能的螺口才能承受灯丝产生的热量,如果用新的螺口那么灯丝的寿命就能基本达到其理论寿命,如果不用新的螺口专利,新灯丝的寿命根本无法企及其理论寿命时间。这里,螺口的专利当然可以适用于其他的地方,但是新的灯丝专利如果不与新螺口的专利结合,灯丝专利根本无法发挥到最优的使用状态。(3)专利添附依赖原专利,且发现有新用途、新功能、新范围。

新成果是原专利的技术进步,新成果实施包含原专利技术特征。为了社会公共利益,为了促进技术进步,必须促进新成果的实施。改进成果实施如果不依赖原专利,包括在新用途、新功能、新范围的实施,则不属于添附范畴。

6.3.2 专利添附的法律效果

1. 专利添附的主观状态

专利添附的法律效果并不是简单的一个专利权经过添附又出现另一个改进成果的权利而已,正如有的学者将物权添附的法律效果简单地归纳为:主要是一方取得他人的所有权(混合、附合),或一方取得经加工改造的新的财产所有权,一方取得所有权,另一方丧失了对原物的所有权。这种简单的处理方式实际上是有问题的,仅仅是为了满足法律技术上的便宜措施。①专利添附是一种旨在促进社会进步,促进科学技术创新与实施的制度,专利添附的法律效果具有多方面内容,包括主观状态。

专利添附主观状态,是指添附人在进行添附时善恶的主观态度。动产添附存在主观善恶意之分,有的最终还影响添附形成物的归属及其补偿的适用。专利添附一般不存在主观善恶意之分,其理由是:第一,专利权人以公开专利内容换取专利法保护,专利技术方案是公开的,专利添附人对公开的专利技术进行添附的过程,不存在盗窃、秘密进行。第二,相反对现有专利进行改进为专利法所鼓励,是技术进步、促进社会发展的常态。第三,缘于专利信息的无形性和可复制性,专利添附人的添附不会损害原有专利技术的存在状态,特别是原有专利权"完好无损",并不存在原专利权的丧失或被吸收。因此在专利添附过程中不存在善恶。但是,在专利添附新成果使用时,因专利的无形性和可复制性,对专利权人是否造成实质性伤害要视具体情况而定,但存在未经专利权人的许可而使用原专利的主观恶意。

专利添附中的其他恶意情形:(1)原专利人专利许可中限制技术改进,具有恶意则应当承担法律责任;(2)原专利权人采取积极行动阻挠专利添附人添附等违法情节比较严重的,原专利人则无权获得改进成果

---

① 王泽鉴. 王泽鉴法学全集(第四卷)[M]. 北京:中国政法大学出版社,2003:249-250.

实施的补偿；(3)添附人如果为了获取原专利故意做出微小改进，具有恶意，则属于等同侵权，改进成果归属于原专利权人，或者改进成果虽属于专利添附人，但不享有强制实施原专利的权利，等等。

2. 专利添附法律效果的确定

专利添附的法律效果，是指专利添附的权利归属、使用、实施乃至权益分享。首先，专利添附发生时因其自身特点而不存在专利添附对在先专利（物、权）的吸收，也就不存在简单的专利添附归属在先专利权人或专利添附人。其次，专利添附属于专利权，专利权是私权，应当尊重当事人在不违反法律如许可限制之外的各项约定，包括且不限于专利添附的归属、使用、实施乃至权益分享。专利添附人与原专利权人通过约定按照意思自治的原则处分其权利，同时也可以预防、减少和解决专利添附纠纷。最后，专利添附的归属、实施及其收益在没有约定或协商达不成一致，包括事后也达不成一致时，结合专利添附与在先专利关系及其各自价值、效用，以及比较在先专利与专利添附的市场竞争关系等综合考虑、判断来确定适用规则。

法国法的"添附权"突破了传统添附的客体范围，将无形财产包括知识产权添附纳入其中[①]。为此，专利添附的法律效果可以借鉴法国法将专利添附可分为加工、附合与混合三种类型并进一步结合专利添附的类型加以分析。

专利加工。专利加工实施必须依赖在先专利。各国专利法除依赖专利外一般都未作许可规定，更未见包括依赖专利的专利加工实施后利益分享的规定。因利益、市场竞争与投资策略等便可能出现专利加工实施僵局与纠纷，因而影响专利实施、技术传播与进步。法国法在这方面提供了借鉴。法国法规定，加工物原则上属于材料所有人所有，材料所有人向加工人支付手工费；但当"手工费用很高，远远超过被使用的材料的价值"时，加工人取得加工物的所有权，向材料所有人支付材料的价值。这里加工物"价值""很高"成为加工物归属的标准。[②]因此，在双

---

① 尹田. 法国物权法[M]. 北京：法律出版社，2009：78.
② 参见《法国民法典》第570条。法国民法典[M]. 罗结珍，译. 北京：北京大学出版社，2010.

方没有约定、协商也未达成一致时,(1)原专利人有权优先实施"新物",但需支付专利改进人的改进付出;(2)当且仅当"手工费用很高,远远超过被使用的材料的价值"时,即专利加工价值远远超过在先专利时,类似"依赖专利",原专利人和专利加工人都有权申请依赖实施权,许可费在不能协商时,专利加工人需要补偿原专利人。

专利附合。专利附合属于但不同于动产附合,(1)当附合技术与他人专利进行附合,借鉴法国法①,附合技术仅仅为使用、装饰、补充原专利的,该原专利视为附合"主物",为了消费者或社会公共利益,原专利人有权优先实施该专利附合(不是指专利附合或专利附合形成的新成果权归属原专利人),但需向专利附合人或附合技术人补偿实施附合技术的费用。附合技术能独立于专利附合进行实施的,专利附合人可以自行实施附合技术;附合技术不能独立于原专利实施的,专利附合人或附合技术人包括专利附合被许可人除非获得原专利人的许可,否则不得实施该专利附合新成果。(2)专利附合新成果(技术)的效用远比原专利的大,专利附合人(附合技术人)有权实施使用专利附合新成果,但需向原专利人补偿使用原专利的费用。(3)专利附合并不当然影响原专利人对其专利权的享有、使用,而且为了产生"新成果"、使用"新成果",专利制度鼓励专利附合;同时"对善意的坚持会减弱潜在的侵权人探索专利技术的动机"。②为此,专利附合即使是在被附合人不知情的情况下发生,只要没有对原专利权人造成无法挽回的损失,不会被当然禁止继续使用、实施(下达禁止令或采取诉前措施)。当然,使用专利附合方须向其他一方或各方支付一定的补偿费用。③专利附合时,即使两个或两个以上附合技术可以分割且独立存在、使用,相互不影响效用,法律仍然规定专利附合人或原专利人可无需另一方同意自行实施但需支付费用的规则,以利于促使专利附合人与原专利人自行达成许可协议,促进专利附合的实施,实现技术进步。

---

① 同前,参见第 566-569 条。
② Peter Lee. The accession insight and patent infringement remedies[J]. Michigan Law Review, Vol. 2011 (110): 211. UC Davis Legal Studies Research Paper No. 246.
③ 在美国 Z4Technologies, Inc. v. Microsoft Corp. 案中,法院以"产品激活是微软产品很小组成部分"并且"软件侵权激活部分不可能是用户购买产品核心功能"为由驳回了原告申请禁令的请求。这一判例表明"在集成产品中包含相对不那么重要元素时不适用禁令救济"。这一判例印证了本文主张的专利附合规则。

专利混合。为了促进专利混合的实施与技术进步等"共同利益",专利法需要有进一步的规制,形成促进"新物"实施与保护原专利人权利、保障专利混合人及社会权益的机制,如拍卖或共有人自己实施或普通许可他人无需其他共有人同意,但应当给对方适当补偿。①

3. 专利添附利益平衡新方法

专利添附础采取传统动产添附的方式方法外,可以采取新方法构建新制度进行原专利权人、添附人、第三人及社会公共利益的平衡,以促进原专利、专利添附的实施,进而促进持续技术创新。

(1) 放宽交叉许可。

《专利法》第五十一条的规定就是一种法定的交叉许可。当然,交叉许可也可以在专利许可中加以约定,进行交叉许可约定的条件应当不限于"重大技术进步""显著经济效益"两个条件同时具备,具备其一或"明显经济效益"也可以。

放宽交叉许可是指交叉许可还可以成为专利添附的规则。交叉许可专利添附规则,是指在专利法中明确,出现专利添附不限于"重大技术进步""显著经济效益"同时具备两个条件,包括具备其一或"明显经济效益",在没有约定、约定不明或达不成补充协议时,任何一方可以申请交叉许可,作为原专利和专利添附实施的兜底适用条款。这样,有助于促进原专利人与专利添附人间达成原专利及其改进成果的实施协议,也有利于平衡专利添附中各方当事人的利益冲突并惠及社会。

(2) 构建免费使用权。

免费使用权,是指赋予原专利人不必向专利添附人支付使用费而使用专利添附技术的权利;同时专利添附人获得实施原专利的权利。这种方式不同于强制许可,强制许可也是需要支付专利使用费的。免费使用权之所以对专利添附的构建有意义,在于在不能放宽交叉许可的情况下进一步完善《专利法》第五十一条的"交叉许可"制度。交叉许可是互

---

① 《法国知识产权法典》规定:各共有人都可以为了自己的利益向第三方发放非独占的许可,但必须付予其它未实施或未发放使用许可的共有人以公平的补偿。关于补偿金额,如达不成协议,由大审法院确定。法国知识产权法典[M]. 黄晖,译. 郑成思,审校. 北京:商务印书馆,1999:102.

相允许对方使用自己的技术，并互相给付专利使用费的使用。

如果将交叉许可中的一方许可替换成免费使用权，就成为"B将其专利添附技术无偿给A使用，A许可B实施A的原专利"，这种看似略微的不平等正好可以用于解决专利添附中改进成果的价值比较低的情形。如果改进成果的价值没有达到现有专利法的交叉许可的标准，那么此时给予原专利权人以"免费使用权"，同时将原专利技术许可给专利添附人，让其使用原专利并付给原专利人使用费，显然就比《专利法》第五十一条更加公平，更有助于促进专利技术的实施。

在专利添附中，改进成果明显比原专利技术价值低的情况下，免费使用权可以和强制许可组成一个"倾斜的交叉许可"，这样就更为公平地处理此类情况。以"倾斜的交叉许可"为思路，我们可以发现，解决专利添附的各种不同情况几乎均可采用此种方式，唯一需要调整的是"倾斜的幅度"。可见，我们可以通过实践不断地发现更多的利益平衡的方法。

（3）设置优先受让权或优先被许可权。

优先受让权是指技术出让中一方在同等条件下享有优先受让的权利。专利添附优先受让权，是指原专利权人或专利添附人相互享有另一方专利权（包括原专利、专利添附）转让时同等条件下的优先受让权。原专利权人转让原专利时，专利添附人享有同等条件下的优先受让原专利权的权利；同时，专利添附人转让专利添附时，原专利人享有同等条件下的优先受让专利添附的权利。专利添附优先被许可权，是指原专利权人或专利添附人相互享有另一方专利权（包括原专利、专利添附）许可时同等条件下的优先被许可权。

原专利人最担心的问题是专利添附归属专利添附人之后其在技术竞争上优势地位的保障。专利添附人如果故意把专利添附转让给他人或许可给其他更多的竞争对手，原专利人的竞争优势将被迫下降。优先受让权（被许可权）就可以很好地解决原专利人的这种担心：原专利人享有专利添附优先受让权，则可以选择优先享有专利添附的受让或被许可，避免造成自己竞争力下降的危险。原专利权人转让或许可原专利时，专利添附人也享有同等条件下的优先受让原专利权的权利。优先受让权或被许可权有利于促进专利及其添附的实施，有利于专利技术持续创新惠及人类社会。

7 中国高铁技术专利添附实证研究

7.1 中国高铁技术创新与发展

7.1.1 高铁技术发展及其规律

1. 高铁技术发展概述

高速铁路简称高铁,按照国际铁路联盟(UIC)的定义,一般是指新线设计速度 250 km/h 以上,提速线路 200 km/h 以上的铁路。我国对高速铁路的定义略有差异,特指新建设计开行 250 km/h(含预留)及以上动车组列车,初期运营速度不小于 200 km/h 的客运专线铁路。高速铁路列车追踪间隔时间最小按 3 分钟设计,轴重不大于 17 吨,编组不大于 16 辆。可见,我国高铁仅指动车组列车的客运专线铁路。

就全球而言,高铁的发展先后经历了三次建设高潮[①]:

第一次浪潮始于 20 世纪 60 年代,止于 20 世纪 80 年代末。自 1964 年日本建成世界上第一条高速铁路以来,一些发达国家,如日本、法国、意大利和德国纷纷铺设了各自的高铁线路。这期间比较有代表性的高铁线路有日本的新干线,法国的东南 TGV(Train 'a Grande Vitesse)线、大西洋 TGV 线,意大利罗马至佛罗伦萨线,以及德国汉诺威至维尔茨堡高速新线。此间的世界高速铁路总里程达 3198 公里。

第二次浪潮从 20 世纪 80 年代末开始,至 20 世纪 90 年代中期。由于日本等国高速铁路建设巨大成就的示范效应,世界各国对高速铁路投入了极大关注并付诸实践。欧洲的法国、德国、意大利、西班牙、比利时、荷兰、瑞典和英国等表现最为突出:1991 年瑞典开通 X2000 "摆式

---

① 徐飞. 中国高铁"走出去"的十大挑战与战略对策[J]. 人民论坛·学术前沿,2016,14:58-78.

列车";1992年西班牙引进法、德两国技术建成471公里长的马德里至塞维利亚高速铁路;1994年第一条高速铁路国际连接线,经英吉利海峡隧道把法国与英国连接在一起;1997年从巴黎开出的"欧洲之星"列车,又将法国、比利时、荷兰和德国相连接。

第三次浪潮自20世纪90年代中期至今,波及亚、欧、北美以及大洋洲,可谓世界交通运输业的一场革命。俄罗斯、韩国、澳大利亚、英国、荷兰等国家和中国台湾地区先后开始了高铁建设。为配合欧洲高铁网建设,东欧与中欧的捷克、匈牙利、波兰、奥地利、希腊以及罗马尼亚等国家,也对其干线铁路进行全面提速改造。此外,美国、加拿大、印度等国也开始对高铁给予关注。在第三次浪潮中,中国高铁后来居上,不仅技术先进、安全可靠,而且兼容性好、性价比高。

回顾世界高铁发展史,我们发现:日本用半个世纪的时间实现了2300多公里的高铁里程运行,平均运营时速243公里;法国历时40余年建设了1900多公里的TGV高速路,平均运营时速277公里;德国历时20余年建设了近1600公里的ICE高速铁路,平均运营时速232公里。到200年底,世界高速铁路总长6858公里,已经投入运行和正在修建的高速铁路里程超过1.4万公里。[①]

中国则只用不到七年的时间便取得了举世瞩目的成就,已经建设并运营着世界最大的高铁网络,积累了应对复杂多样地质条件和气候环境以及长距离、高密度、不同速度等级共线跨线运行的高铁建设与运营技术,建立了完备的中国高铁技术体系。中国高铁具有技术先进、安全可靠、性价比高、兼容性好、产品交货期有保证、运营经验丰富、建设运营适应性强等比较优势,还有建设与装备有机结合的整体优势,以及投融资支持的综合优势。建设运营了1.9万公里高速铁路,超过世界其他国家高铁运营里程的总和,高铁成就举世瞩目。

2. 高铁技术发展的规律

引进消化吸收再创新是世界主要发达国家重大技术进步的一般规

---

① 王哲,杨青,朱欣昱. 高铁产业上市公司中国专利申请统计与分析[J]. 中国发明与专利,2011(4):46.

律。从历史上看，美国在19世纪，日本在第二次世界大战之后的经济腾飞过程中，都经历了从其他国家引进技术，从而取得快速技术进步的过程。从18世纪末开始，欧洲在发明蒸汽轮船、铁路、电报、炼钢、内燃机、汽车、真空电子二极管等技术后，美国均很快引进，并凭借自身领土、资源优势后来居上，且在有些技术上也是引进后进行消化吸收再创新。如20世纪初，美国创造了福特流水线生产方式，开现代汽车产业之先河并成为汽车工业最先进的生产国；在真空电子二极管基础上开发出真空电子三极管，处于无线电技术领先地位，成为无线电技术的先进制造国家。总之，美国19世纪是其工业化奠基的时代，其工业基础无一例外都是技术引进的产物，20世纪初才开始进行模仿基础上的自主创新。①

日本是世界上引进技术最多的国家。1950—1958年日本战后的经济恢复期，日本每年引进项目250项左右。1959—1967年日本经济的成长期，日本引进速度也加快，达到每年1200项左右。1968年以来，日本经济进入高速发展阶段，技术引进项目达到每年2400项左右。日本经济高速发展之后，引进项目虽然有所减少，但每年仍达2000多项，而且重点引进的是原子能、飞机、计算机、宇宙开发等高级技术。日本非常重视引进技术的国产化，一般只允许引进后5年内能使国产化率达到90%的企业引进技术。据日本科技厅统计，1950—1966年，在1500家公司中有83%对引进技术进行了不同程度的消化创新工作。②

高铁技术发展也遵循重大技术进步的普遍规律。铁路起源于18世纪末的英国，美国在1850年铁路通车里程超过了英国居世界第一。德国、法国在20世纪初相继发展了高铁技术，将列车时速提高到100～160公里。日本20世纪50年代借鉴欧洲技术，把列车时速从100多公里提升到200公里以上。中国在20世纪末21世纪初把世界高铁技术等级从时速200公里级提升到350公里级，自主研发超过了包括日本在内的掌握高铁技术的多个国家③，已经掌握了完备的高铁建设铁路技术体系，包

---

① 李宽，王会利. 美国、日本和中国技术引进与创新的比较[J]. 经济管理，2004（3）：75-78.
② 阎莉. 日本技术引进成功经验探析[J]. 日本研究，2008（2）：40-44.
③ 陈栋栋. 铁道部驳斥阿尔斯通对中国的指责[N]. 中国工业报，2009-02-12：B03.

括工程建造技术、高铁动车组技术、列车控制技术、牵引供电技术、运营管理技术和风险安全技术。正如莫邦富先生认为的，中国在日本等国提供技术以后，通过自己的努力提高了高铁技术，这是世界铁路发展的重大进步。

7.1.2 中国高铁技术的国际意义

中国高铁建设在取得"重大技术进步"的同时，也具有"显著经济意义"和"重大民生价值"。正如日本"新干线开通后带来了所有指标的大幅增长，给城市和区域都带来了巨大的收益。……新干线对振兴城市和区域经济发展所做出的贡献确实功勋卓著"。法国高速铁路 TGV 所产生的社会经济效益主要表现在以下 5 个方面：（1）旅客时间的节约；（2）能源消耗小；（3）减少环境污染；（4）安全性能高；（5）能带动房地产业的发展和增加就业机会。①以我国京沪高速铁路项目为例，该项目成果辐射到了我国高铁工程建设和装备制造，形成了完整的高铁工程建设产业链，带动了我国材料、冶金、机械、电子、信息等相关产业协同发展。人员流动带动了海量的信息流动、交流与发展。我国京沪高铁开通后，每年释放既有铁路货运能力 5500 万吨；运营三年半，共发送旅客 2.7 亿人次，运营收入 754 亿元，新增税收 12.8 亿元，2014 年度赢利 10 亿元。"京沪高速铁路建设和开通运营，对国家经济和社会发展具有重大意义；通过技术创新和标准化管理，工程技术、质量和管理等达到世界先进水平。"②

中国在西部不发达省份建设高铁更彰显出重大民生价值。20 世纪 30 年代，地理学家胡焕庸提出我国人口地理分界线，被称为胡焕庸线③。在中国版图上，由东北至西南，从黑龙江黑河到云南腾冲作一条直线，以此线为界，东南半壁占国土面积的 42.9%，人口占 94.4%，西北半壁

---

① Francois Bressy. 法国 TGV 高速列车的社会经济效益[J]. 中国铁路，1998（10）：7-13.
② http：//sro. swjtu. edu. cn/Info. aspx？ModelId＝1&Id＝3693/2015/06/17：2015 年度国家科技进步特等奖拟推荐项目"京沪高速铁路工程"公示。
③ 杨芳. 李克强之问："胡焕庸线"怎么破？[N]. 人民网，2014-11-28.

占 57.1%，而人口仅占 5.6%。"胡焕庸线"在某种程度上也成为我国目前城镇化水平的分割线。这条线的东南各省区市，绝大多数城镇化水平高于全国平均水平；而这条线的西北各省区，绝大多数低于全国平均水平。从世界拥有高铁的国家看，高速铁路联通的都是该国人口最稠密、经济最发达的地区，"对于世界的铁路运输业，今后都把促进主要城市间移动的高速化，开拓新的时空作为首要课题"①。如日本东京-大阪，法国巴黎-里昂，西班牙马德里-塞维利亚，韩国首尔-釜山等。这样选择有利于最大限度发挥高速铁路的作用，收回巨大的资本投入，中国首先选择北京-上海也是基于这样的考虑。如今，高速铁路在中国被定义为"大众化的交通工具"。"不久的将来，全世界将布满和日本新干线一样的高速铁路网络，到那个时候，高速铁路将成为一种普通的交通工具而走进每一个家庭，作为基础设施发挥着支撑社会和经济的重要作用。"②从政府的施政理念说，高速铁路技术带来的福祉应为全民共享。尽管在中国西部地区，仅仅从经济的回报看，不适宜做出修建高速铁路的决策，但从民生提升、民族团结、国家安全的角度，中国政府早在 2004 年就规划了西部地区的高速铁路网，并坚定地实施了该计划。2014 年年底，沪昆高铁东线的开通，江西这一中部地区最后的高铁"洼地"将完全融入全国高铁网络；兰新高铁乌鲁木齐至哈密段正式开通运行，新疆由此正式开通首列高铁列车，广大的西北地区由此跨入高铁新时代；贵广高铁开通，西南边陲的贵州也拥有了面向中东部的快速通道。可见，中国高铁技术发展遵循了世界重大技术进步的普遍规律，既具有"重大技术进步"，还具有"显著经济意义"和"重大民生价值"。

同时，中国高铁走出去不仅仅是中国经济社会进一步发展的需要，也是促进国际社会分享重大科技进步成果，促进国际区域和平和谐发展与社会文明进步的重要方式。发展权是第三代人权即集体人权的重要内容。按国际人权公约的说法，是所有人民"自由谋求他们的经济、社会和文化的发展"的权利，反映了第三世界民族主义的出现以及它对权力、

---

① 林上. 日本高速铁路建设及其社会经济影响[J]. 冯雷，译. 城市与区域规划研究，2011（3）：132-156.
② 同上。

财富以及其他重要资源在全球范围内分配的要求。1974 年的《各国经济权利和义务宪章》对发展权作了明确诠释：发展权是普遍的权利，即"每个国家有权分享科学技术进步和发展的利益，以加速其经济与社会发展"。发展权对发展中国家尤为迫切和重要，该宪章要求"所有国家应促进发展中国家取得现代科学和技术成果""帮助发展和改造发展中国家的经济"。然而，发展中国家的发展权并没有在知识产权国际保护体系中得到充分的实现。1978 年在日内瓦召开的关于制定《技术转让国际守则》的国际会议，由于知识产权的利益分歧等问题，发达国家与发展中国家未能达成协议；反之，1994 年《知识产权协定》的生效，则实现了发达国家建立一个较高标准和保障有力的知识产权制度的战略目标，进一步维系了发达国家在国际贸易中的技术优势，一个以知识产权为后盾的技术优势。据资料统计，在全球经济中，工业化国家当前拥有全部专利的 97%，70% 的版权和许可证收入为发达国家的跨国公司所获得。《知识产权协定》虽然对促进技术转让和知识传播作了原则规定，并强调发达国家应鼓励其企业和机构对最不发达国家进行技术转让，但《知识产权协定》实施后的事实表明，这些原则规定并没有得到真正落实。国际人权专家认为，在知识产权高水平保护的条件下，主要受益者将是外国的跨国公司，而且不一定会刺激当地的研究和革新。此外，由于发展中国家往往缺乏利用先进技术的设施和力量，无力充分地分享科学技术进步带来的利益，从而在社会发展问题上总是处于不利的地位。为此，我国国家领导人通过 APC 会议等多个国际场合提出、倡导并推动"一带一路"促进亚太等国家实现和平和谐发展。高铁便是其基础建设的重要内容之一。

中国高铁"走出去"已不仅仅是自身发展的需要，其更能为世界铁路发展注入新的血液和活力，是推进世界铁路发展与进步、让更多国家和地区特别是发展中国家和地区在更短时间内享受到高速铁路优质服务的客观要求。[①]在高铁需求方面，美洲、东南亚、非洲的美国、巴西、越南、泰国、南非等国都表示了需求意向；澳大利亚、俄罗斯等也有现实的需求，此外连接欧亚大陆以及东亚、南亚的长大干线也有潜在的需

---

① 攀一江. 高铁"走出去"：世界的召唤与中国的期待[N]. 世界知识, 2010 (23): 14-22.

求。2014年7月,世界银行驻中国代表处发表的一份关于中国高铁建设成本的报告中指出,中国高铁的加权平均单位成本:时速350公里的项目为1.29亿元/公里;时速250公里的项目为0.87亿元/公里。而国际上,高铁建设的成本多为每公里 3 亿元以上。① 同时,中国高铁具有技术先进、安全可靠、污染少、节省能源等优点。中国高铁"走出去",实际上是把中国自主创新的重大技术成果用于促进处在发展中的东道国科技进步、经济发展和社会进步。泰国国家广播电台资深记者颂颇占法认为,引进中国高铁,泰国可以利用好其在整个中南半岛中处于地理上的中心位置,连接南北,贯通东西,成为地区的交通枢纽进而成为东南亚的中心;今后贸易往来和人员交流将会更加便利,泰国的大米、橡胶、新鲜蔬菜等农产品将能够通过高铁运送到中国和周边国家②。国际社会分享与保护中国高铁技术重大进步成果,高铁技术进步驱动国际(区域)和谐发展与社会文明进步,必将成为国际社会的普遍共识。

中国推进"一带一路"倡议和高铁"走出去"战略。从2013年下半年至今,李克强总理在多次国事访问中,打出中国高铁这张"名片"。在外事团访华过程中,乘坐高铁也基本成为必备的活动安排。20 世纪 70 年代,外国政要造访日本必游"新干线"。邓小平在考察新干线时曾感慨:"就感觉到快,有催人跑的意思,我们现在正适合坐这样的车。"30 多年过去了,如今来华的外国政要乘坐中国高铁出行,两相对照,令人感慨万千。

近年来,中国铁路特别是高铁"走出去"呈现良好态势。中国企业在海外承建的第一条高铁——土耳其安伊高铁二期工程顺利通车,中国为马来西亚生产的世界最高运营速度米轨动车下线;中老铁路、印尼"雅加达—万隆"高铁已经开工建设;中泰铁路、匈塞铁路塞尔维亚段已经正式启动;中俄签署"莫斯科—喀山"高铁发展合作谅解备忘录和勘察设计合同;中美签署"美国西部快线"设立合资公司框架协议;中伊签署"德黑兰—马什哈德"铁路高速改造商务合同;马来西亚至新加坡高铁项目进展加速;印度"德里—金奈"高铁科研工作稳步推进;连接巴

---

① 刘勇. 中国高铁赢在哪:每公里成本不足国际一半[N]. 羊城晚报,2014-09-01.
② 参见 http://world.huanqiu.com/article/2014-12/5267745.html, 2015.05.30./world.huanqiu.com, 2014.12.20.

西和智利长度达 3560 公里的"两洋"（大西洋、太平洋）铁路可行性基础研究工作取得阶段性重要成果。

中国高铁"走出去"在建设方面表现不俗，在装备出口方面的成绩更是令人侧目。据《法兰克福汇报》网站 2015 年 5 月 26 日的报道，德国铁路公司会在北京设立采购办公室，中国高铁机车也会获得德国铁路部门的进口许可，中国在德国铁路的机车及零部件采购领域占有一定地位。实际上，中国高铁供应商已具备在西方工业国家中标的实力，其产能将满足全球机车市场一半的需求。高铁强国德国传统供应商西门子公司已表示，将积极应对新的国际竞争对手——"中国中车"。

7.2　中国高铁技术专利添附分析

7.2.1　中国高铁技术及其特征

1. 中国高铁技术创新与发展

中国高铁技术的研发早在 20 世纪 80 年代便已经开始。1988 年修改的《铁路主要技术政策》中，将主要干线旅客列车最高速度从 120 km/h 提高到 140 km/h。1990 年 3 月，原铁道部向国家提交了《关于"八五"期间开展高速铁路技术攻关的报告》并进行了高速铁路技术的立项与研究。1991 年 3 月，国家公布的《中华人民共和国国民经济和社会发展十年计划和第八个五年计划纲要》，将铁路高速技术作为我国科技攻关的重点课题，国家计委正式将此课题列入"八五"国家重点科技攻关计划。原铁道部在《铁路科技发展十年规划和"八五"计划纲要》《铁路科技发展"九五"计划和 2010 年长期规划纲要》《中共铁道部党组关于增强铁路自主创新能力，推进和谐铁路建设的决定》等文件和规划中，均把发展高速铁路技术作为核心内容。在这个过程中，原铁道部先后立项研究课题达 460 多项，其中约 50 项为"八五""九五""十五"国家科技攻关项目，内容包括运输经济、工务工程、机车车辆、通信信号、牵引供电、材料工艺及运营管理等各方面。主持研究的人员涉及约 40 个单位，参人员上万人。"1991年5月，原铁道部组织100多位专家参加了200 km/h 速度以上高速铁路技术论证会，对发展高速铁路的必要性、可行性、速度目标值和技术模式等问题进行了论证。同年6月举行了中日、中法高速铁路技术研讨会。与此同时，开展了京沪高速铁路可行性研究，进行了运量预测、运输组织、高速线路标准、运价、经济分析等9个专题的研究工作，1992年7月已全部完成"①，为我国高速铁路技术体系研发、应用作了基础性准备。

与此同时，中国铁路技术部门通过工程实践检验积极推进铁路高速技术研究。国家通过改造广深铁路和建设秦沈客运专线，相继掌握了时速160公里和时速250公里铁路建造技术，先后实验并研制了国产"神州号""先锋号"及"中华之星号"高速列车。仅2002年11月—12月，采用"中华之星"动力集中型电动车组进行了三次综合试验，动车组全编组的最高试验速度达到305.9 km/h，2M + 3T 编组的最高试验速度达到321.5 km/h。在绥中北—皇姑屯325公里线路的拉通试验中，运行时间为1小时31分钟，平均速度为213.8 km/h。可见，中国在2004年前就已经有"准高铁"，为引进国外高铁先进技术并进行消化吸收再创新奠定了坚实基础。正如我国著名铁路工程专家、西南交通大学原校长孙翔所言，"我国已具备了发展高速铁路的工业基础及技术条件，应在抓紧与国外技术合作的同时，自主研制具有中国特色的高速列车。""我国在机车车辆一些新型走行部的研究中达到了相当高的水平，已为世界各国同行所公认。例如车辆的迫导向转向架，准高速机车的转向架（最高试验速度已超过180 km/h，整体动力学性能很好，还可进一步提高）。"②

中国高铁产业兴起于21世纪初，通过"市场换技术"的方式实现市场化技术引进。2004年10月，日本的川崎重工、三菱商事、三菱电机、日立制作所、伊藤忠商事、丸红六家企业组成"日本企业联合体"，与中国南车集团旗下的四方机车车辆股份有限公司联合投标并成功中标，与原铁道部在北京签订进口60列时速200公里级别动车组CRH2A铁路车

---

① 沈之介. 加快我国高速铁路的发展中国铁路[J]. 中国铁路，1993（7）：1-4.
② 孙翔. 发展具有中国技术特色的高速铁路[J]. 中国铁路，1994（10）：19-23.

辆、转让技术的合同，总价值93亿元人民币。①、②2005年6月至9月，原铁道部进行了第二轮300公里级别的高速动车组招标，四方机车车辆股份有限公司和"日本企业联合体"再次联合成功中标，并获得60列CRH2C型动车组的订单，其中包括了CRH2C第一阶段和CRH2C第二阶段，合同金额总值95亿元人民币③。随后我国相继修建了京津高铁、京沪高铁。

高铁技术是具有综合性、复杂性和本土性的重大技术。中国高铁技术在引进"日本企业联合体"技术，借鉴德国、法国等国高铁技术的同时，在几十年原始创新基础上，建立了以政府为主导、企业为主体，集国内外科研、设计、制造、施工、运营多位一体的协同攻关创新机制，实现了从无到有，从有到优，中国成为世界上高铁发展最快、系统技术最全、集成能力最强、运营里程最长、运行速度最高、在建规模最大的国家。以京沪高铁为例，创新了深水、大跨、高速、六线轨道大胜关长江大桥等系列高速铁路复杂结构桥梁建造技术；创新了超长高架桥上无砟轨道无缝线路建造技术、软土地区刚性桩复合路基沉降控制技术；构建了多种运输方式高效运行的大型综合交通枢纽技术；构建了高速铁路接触网大张力体系，研制了高强高导接触线；从而突破了复杂工程环境下的高速铁路基础设施建设关键技术，形成了350 km/h高速铁路建造标准体系和成套技术，实现了自主创新；还研制了高速铁路CTCS-3级列车运行控制系统，实现了多制式互联互通的集成创新。同时，研制了新一代时速350公里系列高速动车组，形成了高速列车技术标准，实现了高速铁路重大技术装备再创新，提升了重大装备的创新能力。京沪高铁仅一个项目便获发明专利51项、实用新型专利114项、外观设计专利5项、软件著作权8项，国家级工法9项，出版专著18部，发表论文243篇。④我国在进行原始创新的基础上，通过引进消化吸收法国阿尔斯通、

---

① 王若竹，李己平，刘成. 赶超世界先进水平的契机——我国铁路引进时速200公里客车动车组中标企业巡礼[N]. 经济日报，2004-09-11：2.
② 左志坚. 铁道部曲线招标京沪高铁[N]. 21世纪经济报道，2004-05-20.
③ http://jp.mofcom.gov.cn/aarticle/jmxw/200411/20041100300572.html（2015-06-17）：川崎重工与中国铁道部签订高速铁路改造合同。
④ http://sro.swjtu.edu.cn/Info.aspx? ModelId=1&Id=3693/2015/06/17：2015年度国家科技进步特等奖拟推荐项目"京沪高速铁路工程"公示。

日本川崎重工、加拿大庞巴迪、德国西门子四种世界最先进的高速铁路技术，进而集成创新和再创新，创造出世界顶尖水平的高速铁路技术体系，打造了独一无二的中国高铁品牌。先后自主设计出 350 km/h、380 km/h 的高速动车组，并于 2010 年 9 月 28 日，在沪杭高铁线路的试运行中创造了世界运营铁路的最高速度——416.6 km/h。"中国高铁"已系统掌握了集设计施工、装备制造、车辆控制、系统集成、运营管理于一体的高速铁路成套技术。[①]可见，中国高铁技术是铁路科技工作者进行了长达数十年的科技积累，着力推进了原始创新、集成创新和引进消化吸收再创新等，在十几年原始创新基础上兼容并蓄的自主创新成果。中国如果没有高铁科学技术积累与原始创新，是不可能在短时间内集成创新、吸收消化，更不可能迅速掌握高铁核心技术、提升高铁整体技术乃至市场化与产业升级。因此，中国高铁技术是在 20 世纪 90 年代乃至更早就进行原始创新基础上的兼容并蓄，中国高铁产业的兴起是"市场换技术"，引进吸收消化再创新是其重要但不是唯一特征。

但是，在中、美、日、欧 4 个国家或地区中，美、日、欧都在其他国家进行了大量的专利布局，而我国的对外专利申请量甚微，在美、日、欧 3 个国家或地区的专利申请量尚不足该区域申请总量的 1%，见图 7-1[②]。据调查，我国高铁行业龙头企业四方机车车辆股份有限公司虽然在中国本土申请了大量的专利，但基本没有向其他国家进行专利申请。一方面，这说明我国高铁技术与其他国家相比仍然存在一定差距。另一方面，专利的缺失使得我国高铁行业在"走出去"参与全球竞争时面临着非常艰难的局面，使我国企业的全球创新步伐变得更加困难。对外专利布局是企业全球市场拓展活动的重要组成部分。以日本为例，它在美国、欧洲都拥有 1/4 以上的专利申请份额，而在中国，尽管由于中国本土专利申请量的爆发，日本专利申请比例相对较小，但也占到了 13%。这种布局既是各国为争取全球市场份额所进行的积极努力，也体现出他们对自身技术实力的信心。图 7-2 展示了全球高速铁路技术领域主要申

---

① 攀一江. 高铁"走出去"：世界的召唤与中国的期待[J]. 世界知识，2010（23）：14-22.
② 图 7-1、7-2 来源：国家知识产权局规划发展司. 我国高速铁路的技术创新之路——基于专利统计角度的分析[D]. 2012（7）：16.

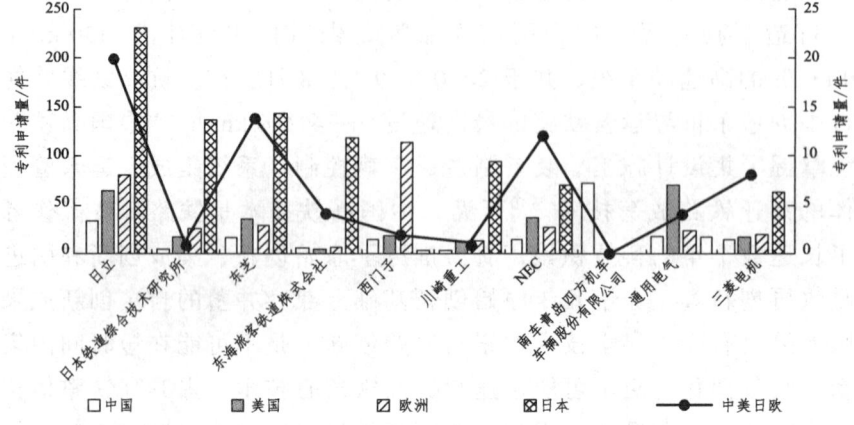

图 7-1 中、美、欧、日高铁技术专利申请

（注：柱状图使用左侧刻度，折线图使用右侧刻度）

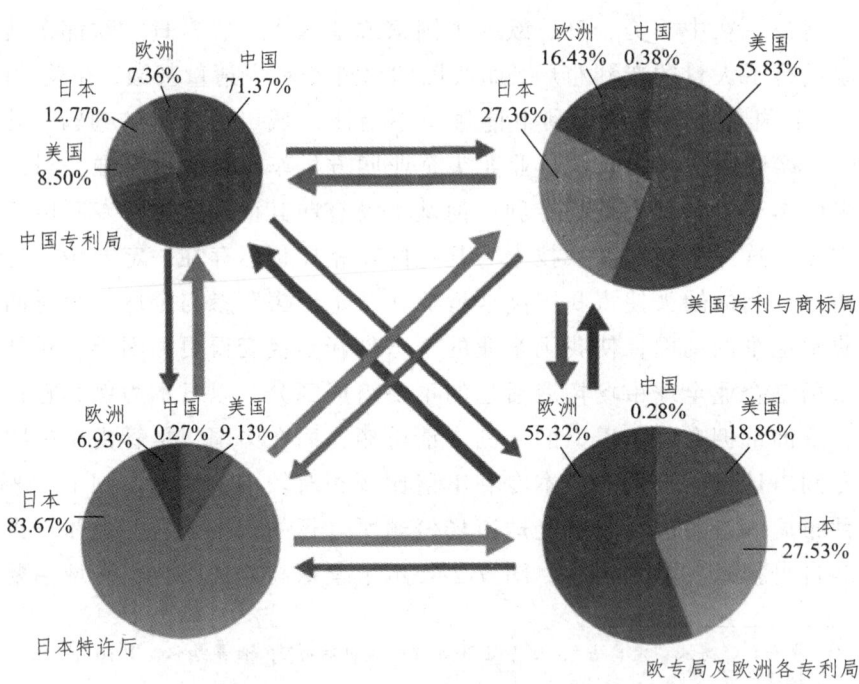

图 7-2 全球高铁技术申请量前十申请人在中美欧日的专利布局图

请人在中、美、欧、日四方专利申请的状况，其中，柱状图为申请人分别在各个国家的专利申请量，折线图表示申请人同时在4个国家申请专利的状况。图中数据显示，全球高铁领域的主要申请人，包括日立、东芝、NEC等，均在欧洲和美国进行了较大数量的专利申请。从图中还可以看出，刚刚加入高铁建设行列的中国也已成为主要的专利申请目标区域，日立、NEC、通用电气、西门子等国外企业已在中国进行了一定规模的专利布局。各技术优势地区及企业的国外布局推动了各国、各企业间的技术交流与融合，但同时，也为我国高铁行业迈向全球的技术创新之路增加了许多障碍。为此，我国在加强知识产权国际化战略强化海外市场专利申请和布局同时，还需进一步完善专利法的相关制度促进高铁技术走出去、高铁技术持续创新发展。

2. 中国高铁技术发展的技术特征[①]

截至2015年年底，中国高速铁路已突破1.9万公里，是世界上高速铁路运营里程最长、在建规模最大、拥有动车组列车最多、运营最繁忙的国家。以2015年国庆"黄金周"为例，全国开行动车组列车即达3672列，同比增加852列，共发送旅客4340.7万人次，同比增长30.3%，日均发送旅客434.1万人次，占全国铁路旅客发送总量的44.4%。其中，9月30日发送旅客480.9万人次，创动车组单日发送旅客最高纪录。京沪、京广等近20条高铁旅客发送量再次刷新历史纪录，其中京沪高铁最高日发送旅客43万人次，京广高铁最高日发送49.2万人次。中国高铁发展态势由此可见一斑。中国高铁具有以下技术特征。

（1）轨道和机车安全技术可靠。

2011年"7·23"甬温线事故的列车运行速度只有100 km/h左右，根据国务院"7·23"甬温线特别重大铁路交通事故调查组的《"7·23"甬温线特别重大铁路交通事故调查报告》，"7·23"甬温线特别重大铁路交通事故是"一起因列控中心设备存在严重设计缺陷、上道使用审查把关不严、雷击导致设备故障后应急处置不力等因素造成的责任事故"，并非高铁轨道或高铁机车原因。中国工程院院士、中国铁路隧道专家王梦

---

① 徐飞. 中国高铁的全球战略价值[J]. 人民论坛·学术前沿，2016（2）：6-20.

恕教授曾明确表示，我国高铁设计运行速度可达 400 km/h，不按最高额定速度运行并非因为担心安全问题。按照中国现有的轨道技术，即使按照 385 km/h 运行，我们也完全能够保证安全。只是出于延长机车和轨道寿命等更多考虑，我们才要寻找最为"经济"的实际运行速度。

中国高铁在运营过程中，不仅构建了闭环管理的安全保障体系，各种移动设备和固定设施的信息实时采集、实时分析，还建造了庞大的铁路调度指挥系统，有力地保障了列车大密度开行。目前，每天全路运行旅客列车 7000 多列，其中动车组 3000 多列，货物列车 20 000 多列。同时，依靠先进的高速综合检测车，在开通前对列车进行验证，在开通后，每 10 天对所有线路巡检一次。此外，正在研发的全国地震监测台网监测的地震监控预警系统，利用电磁波和地震波速度差及 P 波和 S 波速度差，提前发布地震强度和到达时间的预警信息，向影响区域高速铁路提供数秒至数十秒的预警时间，使高速列车能提早制动，运行安全。

（2）兼容性技术好。

中国高铁在工程建设、动车组、列控、牵引供电等主要领域，与世界先进技术具有良好的兼容性。不仅融合 UIC（国际铁路联盟标准）、IEC（国际电工委员会标准）、ISO（国际标准化组织标准）、EN（欧洲标准）、JIS（日本工业标准）等国际先进标准，也与德国的西门子（Velaro-E）、日本的川崎重工（E2-1000）、法国阿尔斯通（SM3）、加拿大的庞巴迪（Regina）等完全兼容。

兼容性好源于中国高铁发展过程中突出的系统集成创新能力。当前，我国不仅全面掌握了高铁总体设计、接口管理、联调联试等关键技术，还依托中国高铁运营大数据，就进一步降低高铁运行的全寿命周期成本、提高列车调度的效率、减缓机车零部件老化磨损等前沿问题展开研究，以不断优化高铁的整体性能。

（3）建造技术性价比高。

中国高铁性价比高，首先体现在建设工期和质量上。通过创新施工组织动态管理模式，以工厂化、机械化等为支撑，实现施工方案、资源配置与控制目标的最佳匹配，大大提高了建设效率，确保了工期和质量。工期短并不是不合理地压缩工期，而是通过科学测算合理确定工期。见图 7-3。

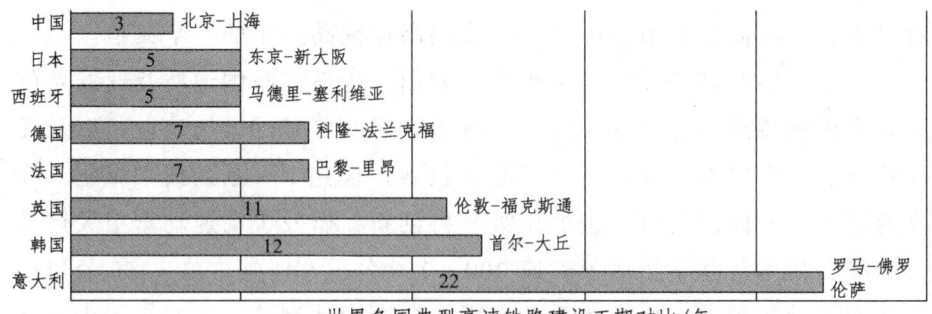

图 7-3　世界各国高铁建设周期比较

其次，根据世界银行 2014 年 7 月的研究报告，中国高铁每公里建设成本约为发达国家的 2/3。新研发的列车采用镁合金、碳纤维等先进的轻量化材料，运用有"中国元素"的低阻力设计，采用高效的牵引制动系统，关注最易损耗的每个零部件，从而使整车寿命可达 30 年。

（4）节能环保。

节能环保是中国高铁的一大优势。研究发现，如果设定普通铁路每人每公里能耗为 1.0，则高铁为 1.42，小汽车为 8.5，飞机为 7.44。不仅如此，随着高铁节能技术的进步，其节能效果也得到不断改进。国际铁路联盟（UIC）研究表明，在同一条线路上高速列车需消耗的能量比普速列车要小。中国高速动车组人均百公里耗电不到 8 度。高铁车站采用太阳能光伏发电、地缘热泵等新能源技术。在节地和降噪方面，中国高铁在线路上大量采用以桥带路方式，与路基相比，桥梁每公里节约土地 3/5。施工时采取路基边坡植物防护、覆土复耕复植等水土保持措施，通过设置声屏障和减振措施，有效降低高铁噪声对环境的影响。

另外，我国是世界上少数几个掌握高铁永磁牵引系统技术的国家之一。就技术系统的演进而言，从直流传动牵引系统，到交流传动牵引系统，从感应异步传动，转向永磁同步传动，永磁同步牵引系统契合了当前节能减排、绿色环保的技术发展趋势，成为世界大国竞相研究的技术热点。中国研制的永磁同步牵引系统，呈现出高效率、高功率密度优势，显著降低了高速列车的牵引能耗。目前，电机额定效率达到 98%以上，电机损耗降至原来的三分之一。在世界各国追求"绿色交通"的时代大背景下，永磁同步牵引系统已成为我国高速铁路技术的一个典范。

总之，中国高铁技术在工程建造方面，为适应我国地质及气候条件复杂多样的特点，在路基、桥梁、隧道、客站等基础设施建设，以及无砟轨道、牵引供电、通信信号等专业领域，攻克了一系列技术难题。在高速动车组方面，通过引进消化吸收再创新，研发了高速动车组关键技术和配套技术，基本形成了时速200~250公里和时速300~350公里两个序列的动车组技术标准体系，实现了国内设计制造，着力打造中国标准动车组品牌。在运营管理方面，掌握了复杂路网条件下的高铁运营调度技术，建立了适应大客流、高密度的客运服务系统，构建了高铁安全风险防控体系，为高铁安全运营提供了可靠技术保障。未来，中国高铁将研制不设分相、远程监控的牵引供电系统，基于LTE通信的列控系统，基于大数据的固定、移动设备智能监测和预警技术等，以确立世界高铁领头羊的地位。

同时，中国高铁技术通过持续推进自主创新，高铁机车车辆装备制造领域一批核心关键技术实现重大突破：牵引变流技术、微机网络技术、制动技术等核心技术，打破了国外技术和产业垄断；开发研制了以高铁为代表的一系列技术先进、安全可靠、具有价格优势的各类高端轨道交通装备产品；形成了较为完善的轨道交通装备的创新平台、产品开发平台和生产制造平台；以中国标准研制成功的动车组，成为突破动车组核心技术、掌握自主知识产权的国家战略体现。而且在2010年12月3日，CRH380AL高速动车组在京沪高铁枣庄至蚌埠段，试验运行最高时速达486.1公里，再次刷新此前在沪杭高铁创下的时速416.6公里的世界运营铁路最高纪录。虽然早在2007年4月3日，法国高速列车V150在行驶试验中时速达574.8公里，但需指出的是，我国创造的486.1公里最高时速，是用正常运行的动车组CRH380A在日常运营线路上跑出的，运行后列车完好无损。而法国创造最高时速574.8公里的列车，是经过特殊试验改装而成，机车采用并列4座的窄车体设计，运行线路也是特意建造的花岗岩特级道砟；试验结束后，列车则几乎完全报废。

7.2.2 中国高铁技术的添附类型

1. 中国高铁技术原始创新

中国高铁技术原始创新集中体现以下方面：(1) 20 世纪 80 年代掌握了时速 160 公里和时速 250 公里铁路建造技术，先后实验并研制了国产"神州号""先锋号"及"中华之星号"高速列车，其中我国在机车车辆一些新型走行部的研究中达到了各国同行所公认水平，如车辆的迫导向转向架、准高速机车的转向架；(2) 高铁永磁牵引系统技术，电机额定效率达到 98% 以上，电机损耗降至原来的三分之一；(3) 构建了高速铁路接触网大张力体系，研制了高强高导接触线；(4) 京沪高铁时速高于 350 公里的列车，世界运行速度最高的高速列车和牵引供电系统，留下了 600 页的实验记录、数百兆的电子数据奖励，进行了长达 6 万公里的线路运行试验和 110 项优化设计，成功研制了 CRH380A 新一代高速动车；(5) 京津城际，120 公里没有一个轨缝，中国的无砟轨道技术、中国的无缝线路技术，在世界上也是领先的。京津城际的软土路基处理技术，武广高铁的岩溶路基处理技术，郑西高铁的黄土湿陷性路基处理技术，日本、法国、德国都没有这样的地质条件。在这样的地质条件下建铁路，尤其是建高速铁路，需要我国攻克无数难题，掌握好地基以及路基的填入技术；(6) 创新了深水、大跨、高速、六线轨道大胜关长江大桥等系列高速铁路复杂结构桥梁建造技术，武汉天兴洲长江大桥、南京大胜关长江大桥的跨度、荷载、宽度等指标，是世界第一；(7) 创新了超长高架桥上无砟轨道无缝线路建造技术、软土地区刚性桩复合路基沉降控制技术，等等。

其中，2011 年 6 月中国南车集团公司制定完成的《轨道交通 地面装置 电力牵引 架空接触网用复合绝缘子的特殊要求》IEC62621 获得国际电工委员会 (IEC) 全票通过并正式颁布，这是中国企业在世界轨道交通领域主导起早的第一项国际标准。①

迄止 2011 年 6 月，中国高铁已向国家知识产权局申请了 1902 项专

---

① 中央企业管理提升活动领导小组. 企业科技创新管理辅导手册[M]. 北京:北京教育出版社，2012：260.

利。中国高铁产业上市公司公开的专利申请总量为 1783 件，其中，实用新型专利申请公开量最多，为 1007 件，占专利申请总量的 56.5%；发明专利申请公开量位居第二，为 541 件，占专利申请总量的 30.3%；外观设计专利申请公开量为 235 件，占专利申请总量的 13.2%。近年来，在政策推动、市场拉动以及企业及研发机构的大力投入之下，我国高铁产业各技术分支都获得了充分发展。近 5 年中，中国在高铁各技术分支的专利申请量都比较高，尤其在车体、转向架、制动系统、轨道技术等分支上，申请量都高于其他国家。截至 2016 年 12 月我国高铁相关高等院校科研机构（24 家）、勘察设计企业（14）、工程建设企业（24 家）、设备制造企业（23 家）、通信信号企业（34 家）和交通运输企业（19 家），共 138 家高铁相关地位申请专利总量 130 922 件，其中，发明专利、实用新型和外观设计分别为 115 113 件、12 676 件、3133 件，发明专利授予 62 549 件。①

中国高铁技术原始创新有多种情形下的创造发明：一是 20 世纪 60 年代就开始的对轮轨关系的研究理论及其成果，以及 20 世纪 80 年代研发的部分关键建造技术；二是在铁路、高铁某些领域一直坚持并保持领先的研发成果；三是在引进高铁技术的生产，以及市场化乃至本土化中配套的关键技术的研发成果；四是在高铁引进技术基础上进行消化吸收再创新的自主研发成果；五是部分引进产品、技术不对中国开放，保密或垄断技术，对此的专项攻关研发的成果，等等。有的技术仅用于高铁技术或产品，有的则包括轨道交通、航空航天、船舶驱动、智能电网、电力电子新能源汽车等；有的生产实施还必须依赖引进技术，有的则是独立实施的、有专门效用的技术。

2. 中国高铁技术集成创新

集成创新，是为了一定的技术目的，在现有技术之上，对自身拥有或各企事业单位乃至各国专利、专有技术进行的混合、附合，为完成特定目标的技术创新方式之一。高铁技术本身就是综合性、复杂性极高的

---

① 陈家宏，等. 中国高铁企业知识产权能力发展报告（1990—2016）[M]. 北京：社会科学文献出版社，2018：52-53.

技术,仅就高速动车组头型设计就要解决地面气流扰动、两车交会时车体振荡、车体通过隧道时气压变化等难题;加之中国高铁的实现还有其地形地貌与地质,环境气候以及建造、建设的工程化、本土化,单一、简单或完全依靠引进技术是无法适应中国高铁建设与运行实际需要的。

中国高铁技术集成创新具体体现为:(1)实现好的兼容性创新。中国高铁发展过程中突出的系统集成创新能力,包括高铁总体设计、接口管理、联调联试等关键技术,实现各类高铁国际标准良好兼容;(2)系统集成技术,高速铁路是一个超大的、复杂的系统,这些系统要解决好顶层设计、接口设计、联调联试等问题,我国采用综合检测列车,对基础设施、通信信号、接触网进行检测,根据检测的数据对设备进行精调细整的方法,实现高铁生产化、市场化和本土化,使高速铁路时速达到350公里的目标;(3)以京沪高铁为例,构建了多种运输方式高效运行的大型综合交通枢纽技术;研制了高速铁路 CTCS-3 级列车运行控制系统,实现了多制式互联互通的集成创新;(4)在引进 8 轴 9600 kW 大功率电力机车技术后进行自主开发、集成世界一流水准的 6 轴 9200 kW、7200 kW 大功率交流传动电力机车,集成了当今世界大功率交流传动电力机车的高端前沿技术。[①]

3. 中国高铁技术引进、消化吸收再创新

中国高铁技术引进、消化吸收再创新是其重要的特征、方式之一,是在受让、被许可专利专有技术之上的改进、发展,包括附合、混合与加工。其主要方面:(1)高速动车组,通过引进消化吸收再创新,研发了高速动车组关键技术和配套技术,基本形成了时速 200~250 公里和时速 300~350 公里两个序列的动车组技术标准体系,实现了国内设计制造,着力打造中国标准动车组品牌。(2)欧洲有 ETCS2,但是通过大面积地应用和第六次提速,我国成功地应用了 CTCS2 这套列控系统,在这个基础上,我们进一步开发了 CTCS3 系统,居全世界先进地位。(3)"和谐号"动车组的核心技术来自阿尔斯通、西门子、川崎重工、庞巴迪等

---

① 中央企业管理提升活动领导小组.企业科技创新管理辅导手册[M].北京:北京教育出版社,2012:224.

国外企业，9项核心技术，可以概括为五大方面：列车总成、高速转向架、车体、牵引传动控制、制动系统及网络控制，我国已完全掌握，时速200公里动车组的国产化程度已达到70%以上。这个级别的动车组一共采购了160列，其中整车进口只有6列，散件进口国内总装12列，其他142列全部由掌握了国外技术的国内企业制造。

4. 中国高铁技术自身的不断创新

中国高铁技术在前述原始创新、集成创新与引进、消化吸收再重新的基础上不断创新，改进既有技术，突破新领域，突破未转让、许可关键技术，等等，包括但不限于：（1）研制了新一代时速350公里系列高速动车组，形成了高速列车技术标准，实现了高速铁路重大技术装备再创新，提升了重大装备的创新能力；（2）构建了闭环管理的安全保障体系，各种移动设备和固定设施的信息实时采集、实时分析；（3）正在研发的全国地震监测台网监测的地震监控预警系统，利用电磁波和地震波速度差及P波和S波速度差，提前发布地震强度和到达时间的预警信息，向影响区域高速铁路提供数秒至数十秒的预警时间，使高速列车能提早制动；（4）新研发的列车采用镁合金、碳纤维等先进的轻量化材料，运用有"中国元素"的低阻力设计，采用高效的牵引制动系统，关注最易损耗的每个零部件，从而使整车寿命可达30年；（5）中国高铁将研制不设分相、远程监控的牵引供电系统，基于LTE通信的列控系统，基于大数据的固定、移动设备智能监测和预警技术等，以确立世界高铁的领头羊地位；（6）高铁机车车辆装备制造领域一批核心关键技术实现重大突破：牵引变流技术、微机网络技术、制动技术等核心技术，打破了国外技术和产业垄断。

以京沪高速铁路建设为例，我国仅就CRH380A新一代高速动车组在9个方面进行了自主技术创新。（1）流线型头型。CRH380A头型综合气动性能通过技术创新有较大提升：头车气动阻力减小15.4%，头车侧向力降低6.1%，列车尾车升力降低50%以上，气动噪声降低7%。（2）气密强度与气密性。通过技术创新在车体结构重量仅增加约4%的情况下，车体气密承载能力增加50%（由±4 kPa提高到±6 kPa）；车内压力从

4000 Pa 降到 1000 Pa 超过 180 s（标准 50 s）；车内最大压力变化低于 800 Pa（标准 1000 Pa）；线路试验实测车体气动载荷为 ±4638 Pa，从而保障车体安全、可靠，乘坐舒适。（3）车体振动模态。通过技术创新车体整体和局部刚度明显提高，车体重量仅增加 6%，车体结构模态的一阶垂向弯曲频率提高 10%，地板一阶固有频率增加 22%，端墙一阶固有频率增加 21%。实现了与轨道周期性激扰频率无重叠，未发生共振。（4）高速转向架。通过技术创新实现了转向架台架试验速度达到 586 km/h，满足了临界速度 550 km/h 以上的目标。线路试验 420 km/h 条件下，实测构架横向加速度最大值为标准限值（8 m/s2）的 45%；脱轨系数 0.13 为标准限值（0.8）的 16.3%；实测轮轴横向力最大值为标准限值（53 kN）的 43.6%，运行安全性指标具有足够的安全裕量。运行平稳性改善了 30% 至 50%。转向架构架动应力降低了 30%，疲劳寿命提高了 2 倍，可以确保转向架结构在 30 年全寿命周期内的安全可靠性。（5）噪声控制。CRH380A 试验车通过技术创新在时速 300 公里速度下，客室噪声水平小于 65 dB（A），时速 350 公里速度下，客室噪声水平小于 68 dB（A），均达到 UIC660-2002 标准的最优值。（6）牵引传动系统。通过技术创新实现了 CRH380A16 辆编组总功率 20 440 kW，单电机功率 365 kW，相比原 6M2T 的 8 辆编组动车组（总功率 8760 kW），牵引系统单元功率提升了 23%，而重量仅增加了 10% 左右，牵引设备单位重量功率提高了 10%。列车以 380 km/h 运行时，人均百公里能耗 5.12 kWh，能耗指标优良。（7）制动系统。通过技术创新充分利用再生制动，最大再生制动功率 30 000 千瓦以上。初时速 380 公里，紧急制动距离 7500 米，低于 8500 米的标准值，满足安全平稳停车需要。（8）高速双弓受流。通过技术创新平均接触压力不超过 200 N，离线火花率低于 6.25 次/公里，在运行时速 380 公里，保证实现稳定受流，满足最高试验速度 420 公里每小时的受流需要。（9）旅客界面。以乘客的基本需求为基础，调查不同乘客的生活习惯和行为特点，系统分析旅客的需求与车辆设置功能之间的关系，确定了列车车种配置为 VIP、一等、二等、餐车等车厢（座椅比例按照

1∶5∶28配置），服务设施功能完备。①

  同时，中国高铁技术发展中也存在不足有待克服。中国高铁技术原始创新不够全面、深入，具有完全自主知识产权的核心技术和专利数量不多，促进持续创新制度供应不足，国际知识产权保护意识不强制。其次，中国高铁行业在设计、制造和认证等方面缺乏统一、完善的标准体系。中国高铁标准有的技术水平尽管比欧洲标准更先进，但在规范性、严谨性和精准性方面与欧洲标准相比存在明显不足，尚需提高和完善。

  通过上述分析，中国高铁技术的专利添附情形主要有：（1）中国高铁技术原始创新中有一部分是原专利或自主技术，如中国在"铁路、高铁某些领域一直坚持并保持领先的研发成果""部分引进产品、技术不对中国开放，保密或垄断技术，对此的专项攻关研发的成果"等，不同主体对其进行进一步研发的成果便也是专利附合。（2）"在高铁引进技术基础上进行消化吸收再创新的自主研发成果"，其中，如果是受让类引进技术基础上进行的消化吸收再创新则不属于专利添附；如果是许可类引进技术基础上进行的消化吸收再创新则属于典型的专利附合。（3）"在引进高铁技术的生产，以及市场化乃至本土化中配套的关键技术的研发成果"，则既有专利加工，还有专利混合和专利加工。（4）在各条新建、改建的高铁专线的建设中，则既有针对高寒、高温、环境差异大等进行的专门性技术创新，新技术、新产品、新工艺、新方法的原始专利，也有根据高铁建设线在新理论、新技术乃至不同国家实行的标准规范下的工程化、本土化和现代化需求并在既有技术上的各类专利添附。

  综上，一项研发的高铁新技术成果是否属于原始创新，还是何类专利添附，需要针对成果所属的不同主体及其关系，以及成果属性及其相互间关系，乃至还需要进行研发过程、应用过程等进行综合具体地分析进而加以确认。就主体而言，是国内外不同主体、还是国内不同企业，是委托还是合作开发关系，是转让还是许可引进等等；就成果来说，是原始创新、重大技术突破，还是技术改进、技术聚集抑或技术挖掘。

---

① 陈家宏，等.中国高铁企业知识产权能力发展报告（1990—2016）[M].北京：社会科学文献出版社，2018：17.

7.3 中国高铁技术的专利添附对策

7.3.1 中国高铁技术保护的制度完善

1. 中国高铁技术专利添附的自身特征

添附是取得财产权的重要方法与制度，引起物权的变动，具有增进社会财富、充分发挥物的效用。专利添附属于但不同于物权添附，专利添附是科学技术进步的必然产物，或者说专利添附不是以人的意志为转移必将发生的技术进步的客观事实。专利及其添附都是无形财产，以致非专利权人对专利（原物）进行再创新形成新物的事实，具有不吸收"原物"及其所有权，其实施与原物具有"不可分离"性，是新物实施依赖原物的规则。

中国高铁技术除具有专利添附的一般特征之外，其添附还具有以下自身特征：

首先，中国高铁技术创新是以市场需求为主导，政府强力支持、规划与引导（规划、立项、投资、组织与主导实施等），由国有大型企事业单位（轨道交通企业、高校、科研院所等）为主要参与主体，多主体协作、多种模式并行的创新形式与成果归属方式促进高铁技术自主创新。因此，成果尤其是持续创新技术成果多为单位所有的职务成果，绝大多数为国有职务成果，早期技术创新成果专利申请权、成果权归属原铁道部的权属体制。

其次，中国高铁技术原始创新、集成创新与引进消化吸收再创新成果有机合成的技术综合性、复杂性。其原始创新成果与引进成果相融合（混合）、引进（受让、被许可）高铁技术之上消化吸收再创新成果（加工），以及各类各种技术成果的生产化、市场化与本土化的技术集成成果（附合）是高铁技术的客观事实。因此，中国高铁专利添附形式多种多样，更为复杂、新型，同时其是否许可实施及其利益分享需具体问题专门分析。

再次，专利法规定授予专利权需要有"三性"（新颖性、创造性和实用性），其中创造性、新颖性都有专门的理论探讨且不断深入与细致，但"实用性"一直未引起人们足够的重视，以致专利实施率不高一直为人们所诟病。依赖专利制度显然也不能全面覆盖中国高铁技术所有技术创新的情形，除部分核心技术具有"重大技术进步"，更多中国高铁技术具有"经济社会意义""重大民生价值"可以作为"实用性"标准，以及结合同等原则准确完整与科学界定，形成完善统一的专利确权制度体系以调动人们持续创新的积极性、创造性。

为此，中国高铁技术具有的"重大技术进步""显著经济社会意义""重大民生价值"成为再创新成果实施以及依赖实施引进成果、其他在先成果的原则依据。美国在这方面给出了范例，eBayInc.诉 MercExchange，L.L.C.案，经过美国地区法院、联邦巡回法院及最高法院，最终驳回了原告侵权诉讼中禁令请求，Z4Technologies, Inc.诉 Microsoft Corp.案，法院以"产品激活是微软产品很小组成部分"并且"软件侵权激活部分不可能是用户购买产品核心功能"为由驳回了原告申请禁令的请求。这一判例表明"在集成产品中包含相对不那么重要元素时不适用禁令救济"，开启了"促进技术进步""社会公共利益需要"情形下专利侵权不一定被禁止使用的先河。从 2011 年美国前总统奥巴马签署的《美国发明法案》及 2013 年美国众议院批准的《创新法案》等，可以看到对专利经营公司由先前的克制容忍转变为积极有效的规制这种变化，限制专利运营公司及涉及标准的基本专利持有人滥用其专利权。中国高铁技术是原始创新、引进消化吸收再创新、集成创新，以及持续再创新的技术总成，既包括专利改进、独立新专利，也不限于从属专利（又称附属专利、第二专利）、新科技成果等，是在在先成果基础上的再创新，具有添附（Accessio）属性，成果实施如果依赖引进成果、其他在先成果，应当适用强制许可、不适用禁止措施（禁止令）。

2. 中国高铁技术发展专利添附规则的构建

根据前述研究，明确专利添附规则，有利于完善我国专利制度，促进高铁等重大技术持续创新与发展。中国高铁技术持续创新发展专利添附的具体对策措施是：

（1）确立"重大技术进步""显著经济意义""重大民生价值"是促进中国高铁技术持续创新的基本原则。

高铁技术是综合复杂的技术集成，在新修、新建工程中涉及众多各类技术的创新与使用。对于哪些是原始创新或专利添附，属于合法、依约的正当使用，哪些则是违法违约，属于侵权违约行为，除了通常的法律规定、当事人约定外，应确定判断的基本原则。基于前述分析的中国高铁属性及其技术、经济和社会价值和法律本意，"重大技术进步""显著经济意义"不仅应当构成专利添附认定的基本原则，而且"重大民生价值"也应当是专利添附认定的基本原则，从而调动主体进行中国高铁技术持续创新的积极性和创造性，形成持续创新的新成果利益分享及其保护机制，促进既有成果和持续创新成果的依赖实施。

（2）引入"重大技术进步""显著经济意义""重大民生价值"作为中国高铁技术创新的"实用性"标准。

专利授予的实用性，是指该发明或者实用新型能够制造或者使用，并且能够产生积极效果。作为综合复杂的高铁技术，"重大技术进步""显著经济意义""重大民生价值"不仅仅是促进中国高铁技术持续创新的基本原则，还应当将"重大技术进步""显著经济社会意义""重大民生价值"作为专利审批的"实用性"标准，有利各类专利添附审批的科学、准确和规范，以切实落实其作为基本原则。①

（3）将"重大技术进步""显著经济意义""重大民生价值"作为当事人利益平衡的依据。

为贯彻中国高铁技术持续创新的"重大技术进步""显著经济意义""重大民生价值"基本原则，既要将其作为中国高铁技术创新的"实用性"标准，还需要将其作为原专利及专利添附依赖实施与运用的整体依据，以切实促进原专利技术、专利添附的实际实施；将其作为衡平添附人与原专利权人利益的整体依据，通过平衡原专利权人和专利添附人的权利权益促进原专利权人与专利添附人乃至社会公共利益间纠纷与诉讼的解

---

① 《中华人民共和国专利法（修改草案）》：第二十二条"实用性，是指该发明或者实用新型能够制造或者使用，并且能够产生积极效果。"其中，"积极效果"可作相关解释（来源：中华人民共和国家知识产权局网站）。

决，和谐专利添附各当事人间关系。

（4）制定中国高铁技术专利与标准衔接的制度。

我国可以通过制定中国高铁技术专利与标准衔接的制度，为将中国高铁最新技术成果引入中国高铁技术标准提供法律基础，从而固化中国高铁技术的创新成果和保护中国高铁创新技术，引领世界高铁技术发展和促进国际社会分享中国高铁技术创新成果。这一点，我国第四次《专利法》的修改及之前的修改草案已经有所体现[①]，专利法将搭建技术标准与标准必要专利间的衔接制度，其中当然包括中国高铁技术标准。这便需要我国交通（铁路）主管部门、高铁企业乃至相关组织（高校、科研机构、行业协会等）给予关注，制定相关政策采取相应措施，积极推动中国高铁创新技术中核心技术、关键技术等专利技术进入包括但不限于中国高铁技术标准、国际铁路联盟标准、国际标准化组织标准、国际电工委员会标准、欧盟标准等。

7.3.2　中国高铁技术发展的国际保护

1. 中国高铁技术国际保护的原则

中国高铁技术的进步与专利添附规则的形成有利于保护与发展高铁技术成果，有利于促进国际社会分享中国高铁技术进步成果，有利于促进国际社会的经济发展与社会进步，为此，"重大技术进步""显著经济意义""重大民生价值"应当成为各国知识产权法律制度、知识产权国际保护与纠纷解决的基本原则。

中国高铁技术的进步是建立在几十年的自主创新基础上的"兼容并蓄"，既有数十年原始创新的积累，又有集成创新和引进消化吸收再创新，

---

① 2020年10月17日第十三届全国人民代表大会常务委员会第二十二次会议对《中华人民共和国专利法》进行了修改，其中第五十条、第五十一条、第五十二条对开放许可，也称当然许可进行了规定。《专利法》第四次修改草案的第八十二条"参与国家标准制定的专利权人在标准制定过程中不披露其拥有的标准必要专利的，视为其许可该标准的实施者使用其专利技术。许可使用费由双方协商；双方不能达成协议的，可以请求国务院专利行政部门裁决。当事人对裁决不服的，可以自收到通知之日起十五日内向人民法院起诉。"有关专利与国家标准相关问题的规定，很遗憾未获通过，还有待进一步研究。

还有近十多年高铁技术持续不断地再创新。同时，中国高铁技术近十多年来实现了中国轨道交通技术长足的进步，促进了中国科学技术的进步，带动了中国社会经济的发展，极大地提升了中国的民生，也符合世界主要发达国家技术进步的一般规律。中国高铁"走出去"，将促进国际社会分享重大科技进步成果，促进国际区域和平和谐发展与社会文明进步。中国高铁"走出去"，已不仅仅是自身发展的需要，更能为世界铁路发展注入新的血液和活力，是推进世界铁路发展与进步、让更多国家和地区特别是发展中国家和地区在更短时间内享受到高速铁路优质服务的客观要求，有利于相关"每个国家有权分享科学技术进步和发展的利益，以加速其经济与社会发展"，以"帮助发展和改造发展中国家的经济"。因此，保护并分享中国高铁技术进步成果，高铁技术进步驱动国际（区域）和谐发展与社会文明进步，已经成为国际社会与国际公约的普遍共识。

2. 中国高铁技术国际保护的完善措施

中国高铁"走出去"的知识产权纠纷是难免的，首先是应当加强中国高铁走出去知识产权法律问题研究。中国高铁"走出去"的有关文献已经涉及中国高铁"走出去"知识产权先行、中国高铁专利国外部署等对策措施研究，等等。同时，我们需要开展促进中国高铁技术保护的知识产权国际公约研究，需要加强对发展水平不一样的东道国引进高铁技术相关法律制度比较研究，需要展开中国高铁走出去纠纷解决研究，类似美国"特别301""337条款"立法研究，高铁技术创新成果国际保护与专利添附的制度研究等，形成符合中国高铁"走出去"知识产权有效保护和纠纷及时公正解决的应对机制、政策，在促进中国高铁"走出去"的同时，推动高铁重大技术在发展中国家实施与保护的东道国法律制度与国际公约的发展与进步。

其次，应加强中国高铁技术标准化建设，衔接高铁技术标准与创新成果保护。现阶段国际上只有针对时速300公里的标准，对超过300公里时速的高铁还没有可供借鉴的标准。全球运营的高速铁路有近2.5万公里，分布在中、日、法、德、意等近20个国家和地区。截至2014年年底，我国已开通运营的高速铁路达1.6万公里，超过其他国家的总和。

中国高铁不仅在运营里程上居世界首位，350公里的设计时速也是全球最高。中国高铁线桥隧勘探设计的标准已相继出台，但完善的运营维护标准尚未形成，目前主要是一些规则、规章和暂行规定。①我国建立科学合理的中国高速铁路运营维护标准体系有一定的基础。中国科学院院士西南交通大学首席特聘教授翟婉明认为高速铁路是一个耦合大系统，由轨道线路、高速列车、受电弓、接触网等构成，又置于地表稠密大气中，系统的所有特性都与运行速度高度相关。高速列车要实现目标速度的安全运行，必须全面落实勘测设计、基础工程、装备制造、通信信号、系统集成和运营管理等6大系统的技术标准。研究、建立和完善中国高速铁路运营维护标准体系，这对高速铁路这一庞大工程系统地长期稳定健康运营以及国际化崛起具有重要意义。

　　高铁标准建设发展中各国都有特色，中国高铁标准建设应当取其所长、有所借鉴。德国西门子在制动安全、模块化车体、质量管理体系和可靠性方面有自己的创新技术；日本川崎重工在低阻力、轻量化和减灾防灾方面做了很多很好的创新；法国阿尔斯通在生态设计方面，加拿大庞巴迪在能源—效率—经济—生态（ECO4）等方面创新尤其突出。中国高铁技术同样有自己的技术核心、特征，应当在标准建设中重视发挥。在"原始创新""引进"到"引领"的过程中，中国高铁技术不断消化吸收再创新，在国内高铁建设过程中，已经形成了完整的高速铁路设计、建设、装备、运营、安全管理标准体系以及铁路装备品牌，拥有高铁的自主知识产权。中国高铁标准完全可以在汲取各国高铁标准之所长，总结高铁发展中国独特经验的基础上建设更为先进、规范和兼容的特色标准体系。

---

① 彭丽. 中国高铁亟待建立运营维护标准体系[N]. 中国科学报，2015-08-13：1.